악한 사람들

Evil Men

악한 사람들

중일전쟁 전범들을 인터뷰하다

제임스 도즈 지음 │ 변진경 옮김

오월의봄

독자들께

이 책은 중국귀환자연락회(중귀련)로 알려진 일본인 전범 집단의 고백에 기반을 두고 있습니다. 일본에서 그들과 마지막 인터뷰를 마치고 집에 돌아가 저는 녹음테이프를 캐비닛에 넣어둔 채 몇 달간 외면했습니다. 저는 무엇을 해야 할지 알 수 없었습니다. 그 고백들은 끔찍했습니다. 그 고백에 대해 말하는 것은 죽은 사람들에 대한 공격이자 그들의 사생활에 대한 무자비한 침해로 여겨졌고, 살아 있는 사람들에게는 잔인한 재현으로 느껴졌습니다. 하지만 그것을 말하지 않는 것도 잘못된 일로 보였습니다. 그들이 저지른 범죄는 은폐되었고 거짓으로 속였고 때로는 역사책에서 삭제되기도 했습니다. 이와 같은 부인 행위에 맞선 투쟁은 현재진행 중입니다. 매주 수요일 서울 일본대사관 앞에서 공식 사죄를 요구하는 위안부 피해 생존자들의 시위가 이루어지고 있습니다.

이 책에 나오는 인터뷰이들은 사죄하고 싶어 했습니다.

여러분이 책을 읽으면 알게 되겠지만 저는 그들의 사죄에 대해 어떻게 생각해야 할지 잘 모르겠습니다. 그들에게 사죄할 권리가 있을까요? 끔찍한 개인적인 설명과 함께 그들이 저지른 범죄에 대해 읽으면서 여러분은 어떻게 느끼게 될까요? 저는 이런 문제가 걱정됩니다. 어떤 범죄는 사죄를 넘어서기도 하지요.

하지만 이들의 회한은 중요하지 않더라도 적어도 이들의 진실은 중요할지도 모릅니다.

이 사람들과 이들의 고백에 대해 쓰기 시작할 때 저는 제 아내에게 보내는 편지로 글을 썼습니다. 그것은 치유적 접근을 시도한 것이었습니다. 제 아이들과 같은 나이였을 아이들을 죽이는 데서 시작하는 이들의 끔찍한 이야기에 대해 글을 쓰기 위한 노력이었습니다. 저는 이들과의 관계에서 저를 괴롭힌 것이 무엇인지 파악하고, 이들이 왜 그런 상상도 할 수 없는 범죄를 저질렀는지 이해하고, 악에 대한 개념을 알기 위해 아내에게 글을 썼습니다.

이제 이 번역을 통해 이 글은 여러분에게 전하는 편지가 됩니다.

제임스 도즈

차 례

일러두기 본문의 각주는 모두 옮긴이가 붙인 것이다.

고등학교 선생님들은 '역사'는 '삶의 스승'이라고 우리에게 주입시켰지요. 하지만 역사가 잔혹한 영광 속에서 무너져버렸을 때 고향 도시를 삼켜버린 불길의 진짜 불빛 속에서 나는 역사가 이상한 스승이라는 것을 알게 되었습니다. 역사는 의식적으로 살아남은 사람들 그리고 역사를 따라간 모든 사람들에게 오래된 연대기를 모두 합친 것보다 더 많은 생각할 거리를 주었습니다. 난해하고 모호한 자료. 그것을 밝혀내려면 수많은 양심들이 필요하겠지요.

—즈비그니에프 헤르베르트Zbigniew Herbert[*]

---

[*]   1924~1998. 폴란드의 시인이자 희곡작가.

서 문

이 책은 잔혹함을 다룬다. 그것이 어떻게 보이고 느껴지는지, 원인은 무엇인지, 어떻게 막을 수 있을지를 다룬다. 이 이야기는 내가 사진작가 애덤 나델Adam Nadel과 일본에서 중일전쟁 전범들을 인터뷰한 데서 시작되었다. 처음 만났을 당시에는 대부분 노쇠한 80대 노인이었던 그들은, 젊었을 때 상상도 할 수 없을 정도로 최악의 일을 저질렀다. 그리고 전쟁포로로 잡혀 수용소에서 10년간 억류되었다. 그들은 전시 중에 찍은 빛바랜 흑백사진을 보여주었다. 군복을 입고 자랑스러워하거나 두려워하며, 험악하거나 소년 같은 표정을 짓고 있는 젊은 시절 자신들에게서 그들은 공허함을 보았다고 말했다. 그들은 자신들에게서 악마를 보았다.

나는 수년간 인권공동체 일에 관여해왔지만 이 인터뷰를 하기 전에는 가해자들과 작업해본 적이 없었다. 이 일이 얼마나 혼란스러울지, 시간이 흐르면서 가해자의 시각으로 세상을 보는 나 자신을 발견하고 얼마나 놀라게 될지에 대해 준비가 되어 있지 않았다. 이 책의 문체와 구조는 그런 경험을 독자들과 나누기 위해 만들어진 것이다. 이 책은 전범들이 저지른 일만이 아니라 그들과 친구가 된다는 게 어떤 것인지에 대해서도 이야기한다.

서문에서는 그런 악이 이미 일어났고, 더욱 중요하게는 계속 일어나고 있다는 사실이 오늘날 우리에게 의미하는 바에 대해 질문을 전개한다. 그 질문은 이 책의 개념적 지도이기도 하다. 글은 사진작가가 줌렌즈를 통해 탐색해가는 시선의 흐름처럼 진행된다. 사진작가는 대략적으로 장면을 잡은 다음 시각적 세부에 서서히 접근해간다. 그리고 다시 더 큰 장면으로 보기 위해 줌아웃하면, 초점이 확장되면서 세부적인 것은 보이지 않는다. 하지만 그러면서도 그것은 여전히 생생하게 남아 있다. 마치 햇빛을 너무 오랫동안 바라본 후에 시각적 각인이 남는 것처럼. 그리고 관심 있는 다른 장소를 다시 줌인한다.

나는 질문을 살펴보면서 그것에 내재한 몇 가지 역설을 강조하고자 한다. 시인 존 키츠John Keats는 다른 맥락에서 '소극적 수용력negative capability'에 대해 말하는데, 이는 불확실하고 이해할 수 없으며 의심스러운 상황을 겪으면서도 그것에 대해 **열린** 상태를 유지하면서 모든 것을 우리가 통제할 수 있는 친숙한 표현과 범주로 바꾸려는 충동에 저항하는 능력이다. 소극적 수용력은 역설을, 그리고 형태 면에서 역설적인 것과 동류라고 할 수 있는 병렬을, 질문을 열어놓는 방식으로, 그리고 때로는 어떤 말로도 표현할 수 없는 의미를 열어놓는 방식으로 경험할 수 있게 한다.

1. 시작하기: 이 책을 쓰고 읽는 데 윤리적으로 중요한 점은 무엇일까? 난폭하게 침범해 오는 충격적인 사건을 어떻게 선

정적인 호기심으로 보지 않고 존중심을 가지고 주의 깊게 바라볼 수 있을까? 극히 사적인 상처가 어떻게 가차 없는 공적 영역에 기입될 수 있을까? 이 질문에 대한 답의 중심에는 단 하나의 구조화된 역설, 트라우마의 역설이 있다. **우리에게는 트라우마를 보여주어야 할 도덕적 의무가 있지만, 트라우마를 보여주지 말아야 할 도덕적 의무 또한 있다.**

2. 이 충격적인 이야기와 함께 앞으로 나아가고자 한다면, 그 이야기를 어떻게 이용할 수 있을까? 그 이야기가 '사회는 어떻게 정상적인 사람을 괴물로 만들어버리는가'와 같은 질문에 답할 수 있도록 도움을 줄 수 있을까? 좀 더 초점을 맞춰보자. 괴물이 되는 것의 개인적 심리 작용과 체화된 경험은 어떨까? 다시 한 번 더 초점을 맞춰보자. 이 괴물들이 대개 남성이라는 점을 고려해볼 때 대량학살의 폭력에서 젠더는 어떤 역할을 할까? 여기에서도 답은 중요한 역설을 중심에 두고 있다. 하나는 악의 역설(**악은 사악하고 무언가 다른 것인 동시에 평범하고 우리 모두에게 공통된 것이기도 하다**)이고, 다른 하나는 행위주체성agency과 책임의 역설(**우리는 자유롭고 자주적으로 결정하는 존재이지만, 다른 한편 환경의 산물이기도 하다**)이다.

3. 다시 줌아웃하기: 우리가 목격하는 충격적인 고통은 세계 내 존재에 대한 포괄적인 시각, '전체 상像'에 대한 믿음, 즉 인간의 미래에 대한 희망, 궁극적인 낙관주의나 비관주의 그리고 이타주의, 초월성, 그리고 심지어는 신성한 것에 대한 생각에 어떻게 영향을 줄까? 여기에서 일부 친숙한 역설은

이타주의의 역설(**이타주의는 다른 사람에게 이익을 주기 위해 우리의 이익을 희생하는 것을 포함하지만, 다른 사람에게 이익을 줌으로써 우리의 이익을 만족시키는 것도 포함한다**), 니힐리즘의 역설(**의미를 찾기 위해서는 무의미함을 받아들여야 한다**) 그리고 기독교 특유의 악의 역설(**전능하고 선한 하느님이 어떻게 악을 허용할 수 있는가?**)을 포함한다.

4. 그런 잔학행위—양심에 충격을 줄 뿐만 아니라 세계에 대한 우리의 이해를 뒤흔드는 잔인한 행위—를 저지른 후에도 사죄가 가능할까? 상상할 수도 없는 범죄를 저지른 개인이나 국가가 어떻게 용서를 바랄 수 있을까? 그리고 기억은 취약하고 자기방위적이며 이기적이고, 역사는 거짓으로 짜여 있는데, 그들이 어떻게 진실하게 고백할 수 있을까? 전쟁, 고문 그리고 고백에 진실을 위한 자리가 정말 존재하기는 할까? 이처럼 다양한 관련 질문을 통해 생각할 때 우리는 계속 고백의 역설로 되돌아가게 된다. **고백은 우리에게 필요한 치유적 문화 형태이지만 잠재적으로 해로운 형태이기도 하다.**

5. 마지막으로, 시작한 데서 끝내기. 이와 같은 고백은 그 자체로 특별한 윤리를 지닌 이야기이다. 좀 더 일반적으로 이야기하기storytelling의 윤리란 무엇일까? 여기서 개인적으로 가장 어려운 역설인 글쓰기의 역설이 나를 압박해온다. **다른 사람의 사적인 삶에 대한 글을 쓰기 위해서는 그들을 존중하면서 친밀한 관계를 발전시켜야 한다. 그러나 다른 사람의 사적인 삶에 대한 글을 쓰기 위해서는 그 사람을 구성되고 조작**

되어 보여져야 할 인물로, 비개인적인 방식으로 다루어야 한다. 많은 사람이 고통에 관한 이야기를 쓰고 읽는 힘든 일을 하는 것은 그렇게 함으로써 인간의 존엄성을 고취할 수 있다고 믿기 때문이다. 이야기하기는 가장 기본적인 인권 옹호 작업일 뿐 아니라 가장 기본적인 인간적 공감 작업이기도 하다. 그런데 우리의 이야기가 변화를 가져올까? 어떤 종류의 변화가 일어날까? 난폭하게 침범해 오는 충격적인 사건을 선정적인 호기심에서 바라보지 않고 존중심을 가지고 주의 깊게 바라보는 것이 정말 가능할까? 여러분이 이 책을 읽을 때는 어떻게 될까?

Evil Men

악한 사람들

예전 전우들, 전쟁이 끝날 때까지 함께 지낸 사람들이 보고 싶으세요?

　네. 보고 싶지요. 아시겠지만 대부분 형제 같았으니까요. 정말 그랬죠. 정말 가족 같았어요.

　그랬겠지요……

　네, 목숨을 걸고 함께 싸웠으니까요. 아시겠죠? 형제들과 관계를 끊는 것보다 더하죠. 당연히 보고 싶죠.

———◆———

인터뷰를 할 때마다 나는 미네소타에서 가져온 작은 야생 쌀 한 봉지를 인터뷰이에게 건넸다. 그리고 그때마다 우선 어색하게 반절을 하면서 "반갑습니다"나 "고맙습니다"라는 말조차 일본어로 제대로 발음하지 못한다고 농담을 했다. 그들은 웃음을 지었는데, 자신들이 웃고 있다는 데 깜짝 놀라는 걸 알 수 있었다. 그리고 나는 그때마다 그들의 마음이 약해진 상태에서 시작하게 되어

잘됐다고 생각했다.

아침이면 사진작가와 함께 호텔 밖에서 커피와 빵을 사먹었다. 저녁이면 통역사가 재미 삼아 가부키, 무술 시연회, 최고로 저렴한 스시집, 자신이 좋아하는 오래된 술집에 데려갔다. 우리 세 사람은 인터뷰이에 대한 것만 제외하고 모든 것에 대해 이야기하곤 했다.

———◆———

어떻게 그런 일을 할 수 있었냐고요? 나도 이해가 안 돼요……
결국 나는 농사짓는 사람이라는 생각이 들었어요. 농사짓는 집에서 태어났거든요. 그런 생각을 나중에 했어요. 결국 내 심정은 그랬어요. 나는 그런 일을 할 사람이 아니라고요.

———◆———

오늘 밤 전까지 나는 프로 격투기 시합을 본 적이 없었다. 어떤 격투기 시연은 부드럽고 가볍고 유연한 춤처럼 보였지만 오늘 밤에 본 것은 결투였다. 시합은 끝나가고 있었다. 이기고 있던 사람이 상대를 바닥에 눌러 제압한 채 계속해서 아주 세게 머리를 때리고 있었다. 둔탁하게 퍽 하는 소리가 날 때마다 관객들은 단체로 신음소리를 냈다. 분명 매우 아팠을 텐데도 맞은 남자의 얼굴에는 어떤 표정도 보이지 않았다—공허하게 기다리고 있는 것처럼 보일 뿐이었다. 하지만 그를 때리고 있는 남자는 아주 뒤틀린 표정을 생생하게 드러내고 있어 화가 났거나 두려워하는 것처럼 보였는데, 어느 쪽인지는 알 수 없었다.

나는 사진작가와 통역사와 이야기하느라 오래 남아 있다가 집에 돌아가는 선수들과 엘리베이터에 함께 타게 되었는데, 그때서야 그들이 성인 남자라기보다는 사실상 소년이라는 걸 알게 되었다. 그들이 나보다 키가 작다는 걸 알고 놀랐다. 사실 그들 옆에 서서 그들이 함께 웃고 이야기하는 모습을 보며 거의 충격에 가까운 감정을 느꼈다. 나는 그들 바로 가까이에 서서 패배한 선수의 뺨에 생긴 찰과상을 보고 바닥에 쓸려 상처가 생겼구나 하는 생각을 했고, 그 때문인지 그에게 애틋한 마음이 들었다. 그에게 몸을 가까이 기울여 묻고 싶었다. 경기가 끝난 후에 어떻게 정상적인 생활로 돌아가죠?

<hr>

"이 새끼야! 개자식아!" 같은 말이죠. 하지만 신병들을 허물어뜨리지는 않았어요. 꾸짖은 거죠. 무슨 일이 일어나면—우리가 상황을 망쳐버리면—그들은 전쟁터에서 금방 죽고 말 테니까요. 그들을 밀어붙여서 신속히 행동할 수 있도록 어떤 동기를 부여하려 했던 거죠. 그래서 혼낸 거예요. 올바르게 행동하도록 훈련을 한 거죠. 그렇게 되면 총격 상황에서 총알을 피할 수 있을 테니까요. 그래서 그렇게 한 거예요.

나는 저녁마다 기분 전환 삼아 사진작가, 통역사와 함께 외출하는 게 불편하게 느껴졌다. 상황에 너무 어울리지 않는 것 같았다. 때로는 관광객이 되어 사당을 구경했고, 때로는 죽어가는 남자에게 고문하는 법을 어떻게 배웠는지 물었으며, 때로는 수상 경력이 있는 사진작가와 술을 마시면서 미학에 대해 논했다. 어떻게 그런 일을 잇달아 할 수 있었는지 모르겠다. 마치 누군가 쇠지렛대로 일상의 이음매를 비집어 열어버려서 우리가 가리고 차단해둔 악이 갑자기 우리 바로 옆에, 모든 것 옆에 완강히 자리 잡은 것만 같았다.

사실 우리 세 사람이 아침저녁으로 함께 보낸 시간이 바로 그렇게 느껴졌다. 그 시간은 인터뷰 이후에 있었던, '바로 옆'에 있는 시간이었다. 처음에는 그 시간이 중요하지 않은 것처럼 느껴졌다. 하지만 시간이 흐르면서 생각이 바뀌었다. 그것은 아주 중요해서 그게 무엇이든 '바로 옆'에 있는 것이다.

나는 무언가의 옆에 있다는 것이 무슨 의미인지, 서로 어울린다는 것이 무엇인지 계속 생각한다. 언젠가는 출근하다가 차가 빙판 위에서 미끄러지는 바람에 사람을 치여 죽일 뻔한 적이 있었다. 결국에는 아무 일도 일어나지 않았고 겁이 났을 뿐이었지만, 곧장 일하러 간다는 것이 이상하게 여겨졌다.

지금까지는 삶을 아주 매끄럽게 이끌어온 것 같다.

그걸 못하는 사람은 수모를 당하나요?

　"하지 못하는" 경우는 없었어요…… 그렇게 하게끔 우리가 강제로 만들었죠. 그들이 사람을 찌르도록 만들었죠.

———◆———

미네소타의 어느 겨울날, 김이 모락모락 나는 커피를 마시면서 내 친구 앤은 "그 사람들은 왜 자살하지 않은 거야?"라고 물었다. 그는 차분하면서도 단호한 사람으로, 까다로운 질문을 던지는 데 익숙한 물리학자였다. 앤은 구릿빛 머리카락을 눈에서 털어내면서 나를 뚫어질 듯 쳐다보았다. 왜 물어보지 않았어?

　나는 가해자들과 함께 일해본 경험이 없었다. 이번에 가해자들과 함께 시간을 보내면서 때때로 가이드의 안내를 받으며 지옥 관광을 하는 듯한 느낌이 들었다. 친밀하면서도 현기증이 느껴졌고, 인도받으면서도 길을 잃어버린 듯한 느낌이었다. 그래서 대부분의 교수들이 새로운 문제를 처리할 때 그렇듯 그것을 학문적인 대상으로 만들려고 노력하면서 통제했다. 많은 곳에 도움을 구했는데, 그 대부분은 예술과 인문 전통에서 나온 것이다. 훌륭한 문학작품은 역사적 대학살에 어떻게 의미를 부여하려 했는가? 여러 종교적, 철학적 전통은 세상의 무자비한 잔인함을 더 고귀한 목적, 존재론적 믿음 또는 신성한 것에 대한 믿음과 조화시키면서 잔혹함의 문제에 어떻게 접근했는가? 사회과학의 중요한 서술에서도 많은 도움을 받았다. 여러 대학살에 공통적으로 존재하는 정치적, 문화적 특성은 무엇인가? 인간을 괴물로 만들어버리는 조직적, 심리적 과정은 무엇인가? 이와 같은 과정이 일어나지 않도록 하려면 어떻게 되돌릴 수 있는가?

이것은 중요한 질문으로, 나는 그 질문에 대한 답을 여러분과 나누고자 한다. 그러나 이 책의 중심에 한 가지 질문이 있다면 그것은 매우 다른 것이다. 바로 내가 이런 이야기를 하는 것, 여러분이 그것을 듣는 것에는 어떤 의미가 있는가라는 점이다. 그것은 여전히 나를 가장 괴롭히는 질문이다. 이 책이 어떻게 진행될지, 상황이 어떻게 서로 연결될지 결정하는 질문이기 때문이다. 앞으로 그 질문을 제기하고 여러 다른 방식으로 답해보려 한다.

다음은 첫 번째 이야기이다.

사카쿠라 씨

그런데 마을에서 갑자기 15~16명 정도 되는 무리가 뛰쳐나왔어요. 그 당시 나는 팔로군八路軍〔중국 공산당의 주력 군대〕, 그러니까 적이 어떻게 생겼는지 한 번도 본 적이 없었어요. 어떤 사람들인지도 몰랐기 때문에 재빨리 엎드렸죠. 사람들이 많이 나왔거든요. 그때 대장이 "발사!" 하고 명령했어요. "다 쏴버려!"라고 했죠. 그래서 나도, 나도 총을 쐈어요. 내가 쏜 총알이 명중했죠. "정말 맞혔어"라고 생각했어요. 대부분의 사람들이 파리처럼 쓰러졌거든요.

사람들이 쓰러진 후 보니 수수밭이었는데 6월 중순이라 수수가 꽤 컸어요. 수수가 여기까지 올 정도로 자랐죠. (그가 손짓으로 가리켜 보였다.) 모두 수수밭에 쓰러지거나 달려가는 등 난리가 아니었죠. 나는 바로 그들을 쫓아 달려나갔어요. 그런데 수수밭에 사람이 쓰러져 있어서 살펴봤더니 한 주부가 죽은 채 쓰러져 있더군요. 이런 생각이 들었어요. "가정주부잖아. 내가 할 수 있는 건 아무것도 없어"라고요. 막 떠나려는데 그 여자의 팔 밑에서 작은 아기가 삐져나왔어요. 작은 아기가 머리를 내민 채 손으로 (조용한 목소리로) 여자의 가슴을 만지고 있었어요. 가슴을 찾아 만지고 있었죠. 그러다가 내 얼굴을 보더니 아기가 미소를 지었어요. 그 모습을 보고 큰 충격을 받았죠. 그 후에 나는 제대로 걸을 수도 없었어요. 두려움을 넘어…… 등골에 전율이 느껴졌어요. 가려고 했지만 걷지도 못하고 있는데 고참병들이 뒤에서 몰려왔어요. 우리는 쫓기고 있었고 그들이 "도망쳐!" 하고 외쳐댔죠. 나는 그대로 떠났어요. 우리가 도망가면 그 아기는 주위에 아무도 없으니 그냥 그렇게 죽겠구나, 하는 생각이 들었어요. 그건 내가 전쟁에서 저지른 행동 중 처음으로 가장 큰 역겨움을 준 것이었어요. 그 느낌은 내게 큰 타격을 줬어요. 그런 일이 있었어요.

◆

그것은 사카쿠라 씨가 들려준 이야기의 중간 부분이었다. 이야기의 시작 지점에서 민간인이었던 그는 이야기의 끝에선 가해자가 되어 있었다.

아기에 대해 이야기했을 당시 사카쿠라 씨는 죽음이 임박한 상태였는데, 자신의 삶을 이해하려 애쓰는 중이었다. 그는 자신이 한 일과 자신에게 행해진 일을 되돌아보면서 수년간 포로수용소에서 보냈다. 그리고 그보다 더 오랜 시간을 사회적 추방 속에서 보냈다. 그는 잔학한 행동을 저질렀고 막대한 고통을 입혔지만 그 자신 역시 트라우마를 겪었다. 사실 그는 자신이 저지른 범죄를 트라우마로 겪었다. 그는 죽음을 앞두고 일종의 "압박감" 같은 것을 느낀다고 말했다. "내게는 앞날이 없어요…… 지금 서둘러 말하지 않으면—내가 죽어버리면, 이 이야기를 말해줄 사람이 없을 거예요."

사카쿠라 씨를 비롯해 인터뷰에 참여한 참전 군인들은 뚜렷이 구별되는 집단을 이루고 있었다. 그들 모두는 중귀련中歸連(중국귀환자연락회)의 일원이었다. 중귀련은 일본제국주의가 저지른 전쟁범죄를 주목하게 하고 일본과 중국의 우호관계를 도모하기 위해 45년간 반전주의를 주장하며 활동한 퇴역군인들로 이루어진 단체였다. 그들은 전쟁 후 소련의 수용소에 투옥되었다가 몇 년 후 중국 푸순 수용소에 인도된 약 1100명의 일본 군인들을 대표했다. 시베리아 감옥은 비인간적으로 잔혹했는데, 푸순 수용소는 그곳과 거의 완전히 대조적이어서 포로들을 어리둥절하게 만들었다. 중국인 관리소 직원들은 포로를 손님으로 맞이해 정중히 대하고 음식을 잘 제공하고 의료적 조치를 제대로 받게 하며 운동과 문화 활동을 조직하도록 지시받았다. 포로들 역시 사상 개조를 겪었고 얼마 후 그들은 개종과 같은 것을 경험했다. 그들은 과거의 가치를—사실상 과거의 자신들을—버렸고 평화주의 전도자 같은 삶에 헌신했다. 이제 그 퇴역군인들은 이 변화를 '푸순의 기적'이라 말한다. 1956년 마침내 군사재판이 열렸고, 45명이 기소되었다. 결국에는 모두 석방되었다.

1957년 이 귀환자들은 일본제국주의의 전쟁범죄에 대한 침묵을 중단시키기 위한 활동을 하는 데 서로 도움을 주고받기 위해 공식 단체를 설립했다. 대중과 주류 언론은 대체로 경멸하거나 무시했지만 귀환자들은 대부분의 회원이 노화로 인한 건강상의 문제로 계속할 수 없게 된 2002년까지 활동했다. 그 후 얼마 지나지 않아 새 세대의 활동가들이 사이타마현에 중귀련 평화기념관을 세웠다. 2만여 권의 도서와 관련 비디오, 사진을 소장하고 있는 이 기념관은 책꽂이와 세미나 탁자가 빽빽이 들어서 있어서 기념관이라기보다는 자료실이나 도서관에 가까웠다. 여기에서 우리는 그 퇴역군인들을 처음으로 소개받았다.

처음부터 그들은 자신들을 역사의 산물로 여기는 것 같았다. 그들은 비난을 받아들였지만 이를 자신들도 어찌할 수 없는 정황의 일환으로 수용했다. 제1차 세계대전 후 일본은 아시아 내에서 우세한 군사력으로 부상했다. 천황의 통치하에서 조직되어 점차 군국화된 이 나라는 권력을 행사하고 서구 제국주의의 압력에 저항하기를 갈망했다. 그러나 일본이 아시아 지역의 패권을 확보하기 위해서는 중국의 자원을 통제할 필요가 있었고, 그 결과 "중국의 재통합과 일본의 중국 내 확장 사이에서" 끔찍한 경쟁이 일어났다.[1] 1931년, 일본은 만주를 침략해 만주국이라는 꼭두각시 국가를 세웠다. 그리고 6년 뒤 마르코 폴로 다리에서 사소한 무력 충돌이 일어난 후, 일본과 중국 사이에 총력전이 시작되었다. 일본은 뒤이어 일어난 군사적 충돌과 모든 전쟁범죄를 민족의 영광과 운명으로 이야기했으며, 1943년에 작성된 정부 보고서에 일본의 영토 확장 야욕을 인도주의적 개입으로 기록했다. "우리 야마토 민족은 대동아공영권 확립이라는 세계사적 임무를 실현하기 위해 현재 우리의 '피'를 흘리고 있습니다. 아시아의 10억 인구를 해방시키기 위해 그리고 대동아공영권에 대한 주도적 지위를 영원히 유지하기 위해 야마토 민족의 '피'를 이 '땅'에 뿌려야 합니다."[2]

종교계에서도 제국주의적 정당화를 그대로 되풀이했다. 선종 학자들마저 합류해 중국은 하나의 국가로서 불교를 이해하지 못했으므로 구제되어야 한다는 주장을 발표했다. 일본의 우수한 종교적 이해를 통해 중국의 "불합리함은 교정될 것"이며, "전쟁을 치르고 있는 국가들은 자비로운 전쟁을 통해 스스로를 개선할 수 있고, 전쟁이 전쟁 자체를 말살시킬 수 있다"[3]는 것이다.

중귀련에서는 미국인인 내게 그런 정황을 강조하고자 했다. 우리가 이야기를 하던 당시에는 미군이 이라크를 점령하고 있었다. 항상 어떤 정황이 있기 마련이다.

잔혹함은 재현을 필요로 하는 동시에 저항한다. 우리는 잔혹함을 증언해야 하고, 그 이야기를 해야 한다는 주장이 인권운동 교리의 핵심이다. 증언을 모으고 전쟁범죄를 조사하고 상세히 알리는 것은 도덕적으로 그렇게 해야 하기 때문이다. 우리의 의무는 법적 기소가 현실적으로 가능한 경우에는 매우 시급하지만, 재판에 대한 요구가 잊힌 지 오래 지난 후에도—특히 일본처럼 역사 부정과 수정이 견고하게 유지되는 경우에도—영향력을 갖는다. 우리는 미래 세대를 위해 우리 시대의 집단 도덕 아카이브를 만들고 있다. 가장 깊은 개인적 진실이 일상적으로 부정당하는 생존자들이 쉽게 이해할 수 있도록 공공의 역사를 만들고 있다. 그리고 나와 이야기를 나눈 퇴역군인들이 믿은 것처럼, 때로는 지금 하고 있는 일을 가시화하기 위해 상상해도 안전한safe-to-imagine 과거를 이용한다.

최근 수십년간 일본 정부 관료들, 학자들, 계급을 불문한 전직 군 장교들은 일본제국이 저지른 잔혹한 행위를 부인하고 축소했다. 1994년 일본 법무상 나가노 시게토는 1937년에 일어난 난징대학살—30만 명의 민간인이 살해된 것으로 추정되는—을 "날조된 것"이라고 말했고, 이후 주도면밀하게 작성된 사과문에서는 계속해서 "난징 사건"이라고 언급했다.[4] 2007년 아베 신조 총리는 한국 여성들을 군 성노예sex slave로 강제동원한 사실을 부인했다.[5] 2001년 문부과학성은 난징대학살, 광범위한 성노예 사용,

중국 민간인들에 대한 세균전 실험을 포함해 전쟁범죄를 호도하는 수정주의 역사관이 실린 교과서의 사용을 승인했다.[6] 2005년에는 "난징에서 대학살이 자행되었다는 신화"를 영속시켰다는 이유로, 이미 사망한 작가 아이리스 장Iris Chang*을 맹비난한 일본 학자의 책이 영어로 번역되었다(그 출판사에서 내게 직접 책을 보내왔다).[7] 목록은 계속 이어질 수 있다. 망각은 두 번 죽이는 것이라는, 엘리 위젤Elie Wiesel**의 말은 옳았다. 그리고 제2차 중일전쟁은 결코 끝나지 않았다. 단지 기억의 풍경으로 바뀌었을 뿐이다.

그래서 우리 모두, 즉 사진작가와 통역사 그리고 나는 동일한 가정하에 이 프로젝트를 시작했다. 이 경우에서 그리고 일반적으로, 잔혹함을 증언하는 것이 그 자체로 선이라는 것이다. 범죄를 일어나고 있는 것으로서 이야기하든 우리가 했듯이 수년 후에 증언을 모으고 공유하든 간에 인권을 위한 투쟁과 기억의 싸움은 단 하나의 명확한 도덕적 입장을 필요로 한다. 즉 공개적으로 말하든가 침묵하는 것, 저항하거나 가담하는 것이다.

나는 이제 확신이 없다.

고통을 재현하는 데는 역설이 있다. 사람들이 상처 입지 않게 하기 위해서는 일어나고 있는 일에 대해 이야기해야 한다. 그

---

* 중국계 미국인 작가 아이리스 장은 《난징의 강간The Rape of Nanking》이라는 책을 통해 일본군의 난징대학살 만행을 널리 알렸다.

** 1928~2016. 루마니아 출신 미국 작가. 홀로코스트 생존자로 평생 증언활동을 활발하게 했다.

러나 이야기를 하면서 우리는 예상치 못한 방식으로 사람들에게 상처를 입힐 수 있다. 우리는 가해자들에게 수치심을 줌으로써 도덕적 복종을 이끌어내고 싶어 하지만, 때로는 그 이상의 폭력을 조장하고 싶어 하기도 한다. 방관자들에게서 연민을 끌어내고 싶어 하지만, 때로는 그들의 둔감화를 부추기거나 혐오감을 만들어내고 싶어 하기도 한다. 생존자들에게 치유가 되는 말을 들려주고 싶어 하지만, 때로는 다시 트라우마를 주고 싶어 하기도 한다. 거리감이 있는 낯선 이들을 생기 넘치고 친밀하게 느껴지는 사람으로 만들고 싶어 하기도 하지만, 때로는 그를 추상적이고 이차원적인 '피해자'의 정체성에 가두고 싶어 하기도 한다.

뒤늦은 증언, 공간적으로뿐만 아니라 시간적으로도 멀리 떨어져 있는 고통을 재현하는 데에는 필연적 결과가 따른다는 점을 나는 이제 이해한다. 증거를 수집하는 것은 생존자들과 죽은 자들에 대한 존중의 행동이다. 그리고 반복적으로 일어나는 대규모의 잔혹행위에 맞서는, 작지만 실제적인 언어적 방벽이다. 그래서 우리는 "두 번 다시는"이라고 되풀이해 말한다. 그러나 증거 수집과 공유는 우리가 통제할 수 없는 일련의 결과를 촉발하며 해를 끼칠 수도 있다. 이 프로젝트를 진행하면서 나는 가해자들의 증언을 모으는 일이 도덕적 근시안과 오만함까지도 필요로 한다고 생각하게 되었다. 그 일이 제기하는 복잡하게 얽힌 질문들을 헤쳐나갈 다른 방법은 없어 보였다. 피해자들이 자신들의 이야기를 하지 못할 때 가해자들의 이야기를 하는 것에 무슨 문제가 있는가? 용서에 대한 호소를 귀 기울여 듣고 기록하는 것이 용서를 하거나 부인할 권한이 없는 사람이 언제 용서한다는 암묵적인 약속이 되는가? 그리고 그런 일을 하는 동기는 무엇인가? 타인에 대한 책임이라는 소명의식, 도덕적 정의에 대한 자아도취 또는 선정적인 소재에 대한 작가의 욕구인가? 가장 잔인한 세부 사항을 있는 그대로 보여주는 것은 악의 포르노그래피인가? 아니면 그렇게 하지 못하는 것이 도덕적인 비겁함인가? 자기 검열은 재현으로부터, 침해를 유발하는 응시·단순화·분석으로부터 트라우마를 보호하는가? 아니면 트라우마의 재현 요청을 무시하고 애초에 그런 잔학행위를 가능하게 한 방관자의 회피를 재현하는 것인가?[8]

엠마누엘 동갈라Emmanuel Dongala는 콩고 내전에 동원된 소년 병을 다룬 소설《미친 개 조니Johnny Mad Dog》를 썼다. 전쟁 난민 출신인 동갈라는 죽음 직전에 인도주의 구호 요원들에 의해 구조되었다. 그에게 구호 요원들의 손길이 가닿을 수 있었던 것은, 그들이 콩고의 고통에 대해 그와 같은 비극적인 이야기를 공개해 기금을 모아 접근할 수 있었기 때문이라는 점을 그는 알고 있었다. 구조되는 순간 그는 자신의 목숨과 이야기를 거래하고 있다는 것을 알았다. 그러나 그는 그런 이야기하기가 매번 구조받는 대가로 아프리카인의 자연스러운 상태는 고통받는 것이라고, 고통받는 아프리카인의 이미지를 고착화하는 비인간적인 특성을 갖고 있다는 것도 통절히 인식하고 있다고 말했다. 그런 이미지는 가령 르완다에 대한 프랑수아 미테랑François Mitterrand의 그 유명한 발언—"그런 국가들에서 대량학살은 그리 중요하지 않습니다"[9]—

에 드러난 인종주의적 논리에만 영향을 준 것이 아니었다. 그런 이야기는 전쟁의 약탈과 다를 바 없는 일종의 갈취를 수반하기도 한다. 동갈라의 소설에 나오는 젊은 아프리카 여성은 죽어가는 어머니를 촬영하게 해달라는 서양인 기자의 요청에 답하면서 주장한다. "엄마의 잘린 몸은 **우리의** 고통이고, **우리의** 아픔이에요. …… 우리는 그걸 사적인 것으로 간직할 권리가 있어요."[10]

수전 손택Susan Sontag은 잔혹한 사진의 윤리적 문제, 즉 죽어가는 사람들의 사진을 찍고 싶어 하는 우리의 욕망, 후에 그 이미지들을 바라보고 싶어 하는 우리의 욕망에 대해 광범위하게 글을 썼다. 그리고 다음과 같이 결론 내린다.

사람들은 엄청나게 잔인한 행위와 범죄를 기록한 사진을 봐야 한다고 느낄 수도 있다. 하지만 그 사진을 본다는 것의 의미, 그것이 보여주는 것을 현실에서 흉내 낼 수 있는 사람들의 능력에 대해 생각해봐야 할 것이다. 이런 사진에 대한 반응이 모두 이성과 양심을 따르는 것은 아니다. 고문을 받거나 훼손된 신체의 묘사는 대부분 외설적인 호기심을 불러일으킨다. …… 매력적인 신체가 공격을 받는 것을 보여주는 모든 이미지는 어느 정도 포르노그래피이다. 그러나 혐오스러운 이미지도 마음을 끌 수 있다. 고속도로에서 참혹한 자동차 충돌 사고 현장 옆을 지나갈 때 운전자들이 차의 속도를 늦추는 이유가 단지 호기심 때문만은 아니라는 것을 모두가 안다. 많은 사람이 섬뜩한 것을 보고 싶어 하는 것이다. 그런 바람을 '병적'이라고 부르는 것이 그것이 보기 드문 일탈행위라는 뜻은 아니다. 그런 현장에 끌리는 것은 드물지 않은 일이며 내적인 고문의 영원한 원천이 된다.[11]

우리의 즐거움—또는 즐거움을 누릴 수 있는 능력에 대한 두려움—은 사실은 고문이다. 그런데 카메라의 다른 쪽에 있는 즐거움의 문제는 어떤가? 카메라를 피하지 않고 카메라 앞에서 실행하는 가해자는 어떤가? 개입 기법으로 '폭로'를 사용하는 인권단체 활동가들은 그 효율성에 대한 어려운 질문에 직면하게 된다. 우리가 보는 것에 기초해 행동할 수 없다면 보는 것의 의미는 무엇인가? 보는 것이 행동보다는 '이야기의 피로'를 조장한다면 어떤가? 더 우려스러운 것은 그들 역시 개입으로서 하는 폭로가 가해자에게 도움이 되는 것은 아닌가라는 질문에 직면하게 된다는 점이다. 토머스 키넌Thomas Keenan이 썼듯이, 수치를 모르는 세상에 수치를 동원하는 것은 일종의 비뚤어진 홍보가 될 수 있을 뿐이다.[12]

그런 문제는 해결하기 어려울지도 모른다. 그러나 그 해결 가능성 속에서 살아가는 것 외에 우리에게 다른 방법은 없다.

◆

무라카미 하루키의 소설 《태엽 감는 새 연대기》는 제2차 중일전쟁의 잔혹함과 기억을 무게감 있게 이야기한다. 소설은 마미야 중위라는 인물을 통해 무의미함에 대항하는 방법으로서 가슴 아픈 개인적 서술 모델을 제시한다. 마미야 중위는 전쟁에서 참을 수 없는 잔인함을 목격하고 고통을 겪으며, 그 경험은 그에게서 인간다움을 앗아간다. 그는 이후 수십 년간 삶을 이어가면서도 완전히 무감각한 상태로 지내는데, 삶을 살아가는 데서 의미를 찾지 못하며 삶과 죽음의 차이를 보지 못한다. 그러나 그는 죽기 전 자신의 말을 공감하며 들어주는 사람과 전쟁에 대해 이야기할 기회를 갖는다. 그가 기억으로부터 일련의 의미를 만들어내는 것은 그에게 목적의식이 있는 것처럼 느끼게 하고, 삶에 의미가 있을 때의 느낌을 기억하는 일은 좀 더 쉽게 죽을 수 있도록 해준다.

중귀련 회원들은 자신들의 이야기를 하면서 의미 있는 삶을 위한 기회보다는 결국에는 의미 없는 삶이 되지 않을 기회를 찾고 있었다. 그들 대부분에게 무의미함에서 벗어난다는 것은 일관성의 추구를 의미했다. 즉 자신의 삶을, 말할 가치가 있고 목적의식이 있는 이야기로 개념화하는 것, 말할 수 없는 고립된 기억에서 공유하는 이야기로 이동하는 것이다. 이해할 수 없는 악에서 이해할 수 있는 이야기를 만들어낼 방법이 있어야 했다. 그들의 삶은 일련의 사건들이 헛되이 무의미하게 교차하는 것 이상이었어야 했다. 삶에서 일어나는 사건을 이유 없는 것으로, 본질적으로 비서사적인 형태로 겪는 것이 기본적이고 실존적인 인간적 트라우마라고 한다면, 다른 사람과 공유할 수 있는 개인사를 만드는 것은 기본적인 형태의 구제이다. 그렇게 하는 것은 삶의 포물선을 선형적인 서사로, 원인, 우발적이지 않은 기쁨, 근거가 없지 않은 고통이 있는 일련의 사건으로 생각하는 것이다. 그리고 그 런 선형적인 서사의 저자가 되는 것은 언젠가 무서울 정도로 통 제를 벗어났던 사건을 제어하는 것이다.

내가 만난 이들이 일관성과 의미에 이르고자 택한 길은 여 러 가지가 있었다. 일부 사람들은 사죄를 했다. "제가 저지른 잘 못을 인정합니다. 저는 제 잘못을 알고 있습니다. 사죄드립니다. 그 말밖에는 할 말이 없습니다"라고 사카쿠라 씨는 말했다. "이 이야기를 하면서 나는 속죄하고자 합니다." 다른 사람들은 애도 하면서 그렇지 않으면 우울증으로 벌어졌을 상처를 서사로 감쌌 다. 또 다른 사람들은 개입과 경고를 택했다. **이것이 바로 당신이 되고 있는, 어쩌면 이미 되어버린 모습이다.** 내가 미국인 작가라 는 사실은 그 퇴역군인들에게 중요했다. 미국인들은 자신들이 벌 인 전쟁의 부정한 세부 사항을 계속 외면해서는 안 된다고 생각했 기 때문이다. 그리고 그 퇴역군인들 대부분에게는 그것이 친공산 주의, 반군국주의, 반제국주의였다. 구보테라 씨는 공산주의 수용 소에서 받은 재교육 덕분에 자신들이 "악마"가 되어 있었다는 것 을 알았다고 말했다. 그러므로 재교육은 그들을 인간으로서 "되살 린" 것이기도 했다. 이제 그들의 삶에는 확실한 사명이 있었다. 그 들의 마지막 나날에는 목적이 있었다. "이제 우리는 협력해서 젊 은이들이 우리의 실수를 반복하지 않도록 해야 해요." 고야마 씨 는 말했다. "우리는 죽을 때까지 계속해서 이 얘기를 해야 합니다."

그러나 오랫동안 공유되지 못한 채 남아 있는 것이 항상 있 다. 통역사와 퇴역군인 가네코 씨의 대화는 그 전형적인 예이다.

가네코 씨: 교수님들이 이해하도록 해주세요.

통역사: 알겠습니다. 꼭 전할게요.

가네코 씨: 꼭 그렇게 해주세요…… 제가 말하고 싶은 것은, 저는 가는 곳마다 그 얘기를 해요. 모든 게 우리 군인들 탓으로 돌려졌어요…… 야스쿠니 신사〔전사자들을 기리는 신사〕에서 숭배하는 건 그저 종이에 적힌 이름들뿐이에요. 거기에 남아 있는 건 그게 다죠. 유해는 어디 있죠? 뼈는 어디 있죠? 시베리아 땅에 있어요. 중국 땅에 있어요. 남쪽 섬에 있어요. 거기에—모두 여전히 바다에 묻혀 있어요. 뼈들이요. 안 그래요? 죽은 사람들을—그—〔중얼거리면서〕, 우리는 그 시신들을 봤어요. 끔찍했죠.

통역사: 선생님은—

가네코 씨: 제발 부탁합니다. 믿겠습니다.

통역사: 〔나에게 통역하며〕 "그것을 꼭 전해주세요—"

가네코 씨: 저분들이 이해한 것 같아요?

통역사: 네, 그럼요.

가네코 씨: 저분들이 이해한 것 같아요?

통역사: 저는, 모두 제대로 전했습니다.

캐시 캐루스Cathy Caruth는 트라우마는 경험의 문제이므로 그 것을 말로 표현하는 것은 기술description의 문제가 아니라고 주장했다. 그는 다음과 같이 말한다. "트라우마가 현실과 심하게 대립하면 현실에 완전히 무감각해지는 일이 일어날 수 있다."[13] 트라

우마는 일종의 의미라기보다는 기본적으로 의미에 대한 공격이
므로 언어로 표현하기 불가능한 것을 나타낸다. 최종적인 이해는
없다. 초월은 없다. 혼란스러움을 일시적으로 멈추는 것뿐이다.

———◆———

나는 통역사에게 작은 목소리로 말하면서 불만스럽게 들리지 않
게 하려 애썼다. 제발 그만 적어요. 처음에는 어땠는지 물어봐
주세요. 인터뷰이였던 가네코 씨는 장 폐색증으로 병원에 입원
했다가 얼마 전 퇴원했다. 그는 88세였는데 팔 피부가 시트처럼
늘어져 있었다. 그는 피곤해하고 있었다. 우리가 인터뷰를 마치
기 전에 그가 먼저 인터뷰를 중단할 수도 있었다. 우리에게는 시
간이 많지 않았다.

　통역사는 인터뷰이가 대답하는 대로 모든 답변을 추려서 속
기로 적고 있었다. 때로는 그가 이야기를 끝낸 후에도 그녀가 적
는 동안 꼬박 1~2분을 기다려야 했다. 제발 그만 적어요. 나는
그녀에게 말했다. 다음 질문으로 넘어가요. 개요는 적지 않아도
돼요. 나중에 전부 번역할 테니까요. 그녀는 고개를 까딱하고
나와 인터뷰 상대를 번갈아 쳐다보고는 휙 움직여 계속해서 적
어나갔다. 잠시만요. 그녀는 말했다. 거의 다 됐어요. 그녀는 전
문 통역사는 아니었다. 통역 일을 무료로 하겠다고 자원한 사람
이었다. 사진작가와 나는 그녀에게 수고비를 받으라고 강요해야
했다. 대학원생인 그녀는 이 프로젝트에 관심을 가지고 있었고

개인적인 연관성을 느꼈다. 그리고 그 일로 스트레스를 받고 있었다.

　처음 강간을 했을 때 어떠셨어요—느낌이 어떠셨어요?
　거기엔 느낌이라고 할 게 없었어요. 그저 '해보고 싶다'라는 거였죠. 그게 다예요.

　밤에 우리들, 통역사와 사진작가 그리고 나는 술을 마시고 많이 웃곤 했다. 통역사는 재미있었고, 사진작가는 일부러 웃기곤 했다. 하루 종일 인터뷰를 하고 나서 우리는 모두 예민한 상태였고 혼란스러웠지만, 사진작가는 전혀 당황하지 않았다. 그는 사케를 사주면서 우리를 웃겼다. 그런 이상한 상황에서 오랫동안 함께 지내며 때로는 이 상황이 아니었다면 말하지 않았을 것을 서로 이야기하곤 했다. 그런 말은 농담을 하는 와중에 무심코 튀어나왔다. 그 이야기를 할 필요가 있었고 우리는 곧 각자의 삶을 살 테니—지금은 서로가 전부처럼 여겨질지 몰라도—그런 이야기를 공유했다는 이유로 불편할 일이 생기지 않으리라는 것을 알았기 때문이다. 통역사가 뭔가 말하려고 할 때면 항상 알 수 있었다. 그녀는 우리에게 뭔가 건네려는 듯 미리 몸을 동그랗게 구부린 채 긴장한 상태로 자신에 관해 이야기했다. 언젠가는 문득 그녀가 아름답다는 생각이 들었다.
　낮에는 지하철에서 녹초가 된 채 통역을 하면서 느끼는 좌절감에 대해 이야기했다. 그동안에도 그녀는 내가 자리를 덜 차지하고 덜 흐트러져 보이도록 초조해하는 손짓으로 손대지 않은 채 내 자세를 바로잡아주었다. 걸맞은 표현이 없어요, 하고 말하며 내게 팔과 다리를 모으라고 손짓을 하면서 그녀는 나를 빤히 쳐다보았다. '놀려대기'라는 단어에 대해 공통의 이해에 도달하는 데 얼마나 오래 걸렸는지! (사진작가는 어디에서나 쉽게 어우러지곤 해서 사람들이 그를 빤히 쳐다보는 일은 없었다. 그렇지만 한번은 지하철에서 내리다가 한 직장 여성의 이마를 팔꿈치로 쳐서 모든 사람이 쳐다봤다. 그걸 보고 나는 기분이 좋아졌다. 통역사가 "외국인이에요"라고 사과했다.)

그러나 우리에게 있었던 복잡한 문제들이 단지 표현이나 나의 자세에 관한 것만은 아니었다. 통역사들은 발화자에게 도움이 되기보다는 자신을 고용한 사람의 기분을 맞추는 데 더 초점을 두게 된다는 연구가 생각난다. 이 연구에 따르면, 통역사들은 문화적 매개자로서 역할을 수행하면서도 항상 그들 자신뿐만 아니라 다른 사람의 체면도 지켜야 하는 힘든 상태에 있다—그리고 그것이 "언어 변환자"로서의 그들의 일만큼 중요하고, 이 과정에서 그들이 전달하는 정보의 종류를 완전히 바꾸어버릴 수 있다고 해도 그건 지능적으로 계획된 것은 아니다.[14] 나중에 인터뷰 기록을 읽으면서 통역사가 사진작가와 내가 물어봐달라고 한 대로 항상 질문하지는 않았다는 것을 알게 되었다. 나는 때로 분위기를 새롭게 만드는 대화 효과를 주고자 짧고 직접적인 질문을 하기도 했는데, 그녀는 불가해할 정도로 오랜 시간에 걸쳐 통역을 하곤 했다. 당혹스러워진 사진작가와 나는 의아해하면서 눈썹을 치켜

올리며 서로 바라보았다. 나중에 인터뷰 기록을 읽어보고서 그녀가 때로는 사과를 하거나 질문을 누그러뜨렸다는 걸 알 수 있었다. (고마워요, 나는 그녀에게 작은 목소리로 전한다.)

번역에서 헤매는 문제는 증언을 기록하는 작업에까지 이어졌다. 나는 보조 번역가들을 고용해서 주요 번역가의 작업을 재확인하게 했는데, 그들의 의견이 항상 일치하지는 않았다. 한 사람은 다른 사람이 "고상한 체하는 사람"처럼 너무 격식을 갖춰 번역한다고 주장했다. 예를 들어 "나는 몹시 화가 났다"는 "나는 열받았다"로, "아니요, NHK는 나를 방송에 내보내지 않았어요"는 "아니요, 망할 NHK는 나를 방송에 내보내지 않았어요"로 바꾸고 싶어 했다. 또 "물론 '서둘러, 이놈아!' 같은 말은 하지 않았어요"는 "아니에요! 절대 아니에요! 물론—음······ '어서, 서둘러, 이 자식아!' 같은 말은 했어요"로 바꾸고 싶어 했다. 다른 사람은 인터뷰이들의 말이 너무 구식 표현이어서 녹음테이프나 글로 기록한 것 모두 이해하기 어렵다고 했다. 게다가 내가 고용한 번역가 두 명 모두 그만두고 말았다. 두 사람 모두 면접을 능숙하게 해냈고, 곧 나는 그들에게 작업할 자료를 주었다. 그들은 일을 시작하긴 했다. 하지만 여러 번 연락을 시도했음에도 오랫동안 소식이 끊기고 말았다. 그러다가 결국에는 우울증 때문에 일을 그만두었다고 인정했다. 그들 중 한 사람은 가족이 그 일에 대해 알게 되어 곤경에 처했다. 그때—대학교수나 할 만한 판단 착오로—나는 몇 개월 치 작업 수당을 미리 지불한 상태였다. 나는 보수를 돌려달라고 하지 못했다. 여행을 준비하면서 사진작가는 전문적이고 제도적인 의사 교환을 조직해줄 일본인 '해결사'가 있는지 확인해보고자 했다. 사진작가들은 일을 처리하는 법을 안다.

위안소는 돈이 들잖아요. 강간은 한 푼도 안 들고요…… 우리는 돈이 없어서 위안소에 가지 않은 거죠. 강간은 공짜니까—그래서 전선에 가면 반드시 강간을 했죠. "몇 번이나 했어?" 이런 식으로 서로 말하곤 했어요. "나는 두 번 했어" 아니면 "나는 세 번 했어"라고 하면서요. 거기에서도 일종의 경쟁 의식이 생겨나곤 했어요.

그런데 한때는 임산부한테 하면 기분이 좋은지 아닌지와 같은 온갖 얘기를—역겨운 얘기지만—듣기도 했어요. 그래서 임산부처럼 보이는 여자들을 찾아 다녔죠. 그런 일이 있었어요. 그리고 강간을 한 후에 여자를 죽이지는 않았어요. 그래요. 때로는 죽였어요—하지만 여자가 저항한 때였어요. 군인들 셋, 다섯, 여섯이 같이 여자를 끌고 가서 손과 다리를 꼼짝 못하게 잡고 다리를 벌리게 한 다음 막대기를 쑤셔 넣었어요. 막대기를 안에 넣었죠. 그런 다음 여자를 죽였어요. 그런 일이 일어났어요.

거기 사람들은, 여자들은 일본군들이, 부대가 강, 강, 강간할 거라고 생각했어요. 부엌에는 커다란 아궁이가 있고 그 안에는 검은 재가 있잖아요. 여자들은 그걸 이렇게 얼굴에 발랐어요…… 그렇게 하면 일본 군인들이 강간하지 않을 거라고 생각해서 얼굴에 바른 거죠. 하지만 우리는 "이 멍청이들……

그런 걸 해봤자 우리는 어쨌든 한다"라고 생각했죠. 그리고 여자들을 강간했어요. 가서 어쨌든 강간했죠. 상관없었으니까요. 그러자 여자들은 다른 방법을 생각해냈어요. 뭐였을 것 같아요?

무엇이었나요?〔통역사의 웃음에는 당혹스러움이 전해졌다〕

똥이었어요!…… 그들은 똥을 발랐어요. 아닌 게 아니라 그런 사람은 뒤쫓지 않았어요. 그래서 우리가 어딘가, 어느 마을에 가잖아요? 그러면 아마 아이들 똥이었을 텐데 여자들이 똥을 온몸에 발랐어요. 정말 냄새가 심하게 나서 가까이 가지도 못했어요. 그러면 우리는 "이년이 우리를 놀리네"라고 생각하면서 두들겨 팼어요. 그리고 그들이 기대했던 대로 다른 여자를 찾아갔죠.

통역사는 나와 인터뷰이 사이에서 완충 역할을 했다. 그 점에 인터뷰이들은 안심하는 듯했고, 덜 직접적으로 시험을 받는다고 느껴서 기꺼이 마음을 트는 것 같았다. 때로 인터뷰이가 이야기하고 통역사가 통역하지 않을 때면 나는 마치 음악을 듣고 있는 것처럼 열려 있으면서도 수동적인 주의를 기울였다. 때로는 딴생각을 했다. 옆방에서 승려가 경전을 낭송하는 소리를 듣기도 했다. 이 인터뷰 자료를 어떻게 해야 할지 생각하기도 했다. 내가 왜 여기 있는지 궁금증이 들기도 했다. 책임감 때문일까, 호기심 때문일까? 이 순간에 집중하지 못하는 것이 끔찍하게 느껴졌다. 어떻게 글을 쓸지에 대해 생각하는 것도, 이 자료를 소재로 생각하는 것도 마찬가지로 끔찍하게 느껴졌다. 사진작가는 일할 때면 자연력에 의해 움직이듯이 집중력을 발산하면서 전적으로 주의를 기울였다. 통역사는 인터뷰이 앞에 무릎을 꿇고 앉은 채 집중하고 있었다. 긴장하면서도 동시에 공손하고 부드럽게 눈을 크게 뜨고 있었다. 그녀는 자신이 왜 여기 있는지 알고 있었다. 나는 그녀를 지켜보았다. 인터뷰가 시작되면 인터뷰이는 그녀를 보지 않고 나와 사진작가를 보면서 대답을 했다. 그들은 우리가 뭔가 해낼 수 있을 거라고 생각했고, 우리를 믿는다고 몇 번이고 말했다. 그들은 이전에 일본에서 자신들의 이야기를 한 적이 있었지만 귀 기울이는 사람은 많지 않았다. 그들은 우리가 그들의 메시지를 전 세계에 더 효과적으로 알릴 수 있을 거라고 믿었다.

도쿄에 처음 도착했을 때 우리는 운영 외 시간에 직원의 안내로 지역 평화박물관을 구경했다. 방문이 끝났을 때 그들은 미디어에 힘을 써서 지역 자치단체와 국가주의자들의 검열 압력에 저항할 수 있게 도와달라고 부탁했다. 나는 너무 당황해서 내가 무엇인가 할 수 있을 거라는 그 생각이 터무니없다고 솔직히 말할 수 없었다. 그렇지만 그들에게 노골적으로 거짓말을 하면서 도와주겠다고 말하지도 못했다. 그래서 그들의 요청을 되풀이하면서 그들의 필요를 진지하게 확인했다—그것은 비겁한 행동이었다. 그들이 내 대답을, 내가 무언가 행동을 취할 거라는 암묵적인 약속으로 잘못 해석할 것을 알고 있었기 때문이었다. 그렇지 않고서야 내가 왜 거길 갔겠는가?

도즈 박사님의 질문입니다. 선생님은 이런…… 음…… 많은 것에 대해 아주 솔직하게 말씀해주셨는데요. 강간 같은 것을 저 같이 젊은 세대의 여성에게 얘기할 때 어떤 기분이 드는지 알고 싶다고 합니다……

처음에는 몹시 싫었어요…… 대화가 더러워지니까요…… 하지만 내가 그 얘기를 하지 않으면 사람들은 여자들의 처지가 얼마나 비참했는지 모르지 않겠어요? 내가 '위안부'라고만 말하면 아무도 이해하지 못하겠죠. 사람들은 위안부가 남자를 받고 돈을 번다고만 생각할 겁니다—여자들이 돈 때문에 남자들과 관계를 했다고 생각할 거예요. 실제로 어땠는지 알지 못하겠죠, 안 그래요? 내막을 모르면—그들은 위안소 안이 어땠는지 이해하지 못하겠죠. 그래서 내가 얘기하는 겁니다. 처음에는 이야기를 하고 싶지 않았어요. 그래요. 물론이죠. 전우들조차 "위안소에 갔어?"라는 질문을 받으면—"음……"이라고 하면서 애매하게 답을 하죠. "누구든 강간한 적 있어?" 그런 질문에 우리는 말해요. "음…… 강간을…… 응…… 했다고 들었어……" 질문을 회피하죠. 모두가 처음에는 그런 식이었어요. 최근에서야 모두 얘기하기 시작했죠. 처음에는 나도 얘기하고 싶지 않았어요…… 하지만 내가 해야만 하는 일이기 때문에 말했지요…… 전쟁이 일어나면 가장 많이 울게 되는 사람은, 바로 여자들이에요. 그들의 남편, 아이들의 아버지는 군대에 끌려가죠. 그러면 남편이 죽으면 어떻게 될 것 같아요? 그들은 울면서 근근이 먹고살겠지요, 그렇죠? 그러다가 결국 위안부가 되는 거죠…… 그 사람들이 어떻게 아이들을 데리고 생계를 꾸리겠어요? 〔불분명한 말〕마찬가지죠. 팔 게 있으면 팔 수 있어요. 모든 걸 벗겨내고 나면 결국 남는 건 몸뿐이잖아요? 그래서 결국, 몸을 팔아 돈을 벌어서 간신히 살아가는 거죠. 그래서 저는 어디에 가든 항상, 항상 말해요. 여자들이 전쟁에 가장 반대해야 한다고요……

우리는 이런 일을 할 책임이 있죠. 다시는 젊은 사람들에게 이런 일이 일어나게 하고 싶지 않아요. 그게 우리의 신념이에요…… 그래서 이 이야기를 여러분께, 솔직히, 말하고 있는 겁니다. 처음에는 하기 싫었어요. 아내도 그랬고, 모두가 싫어했어요. 아이들도 싫어했어요. 아시겠죠? 아이들은 "아빠…… 허튼소리 하지 말아요……"라고 말했어요. 모두가 그랬어요, 아시겠어요? 위안부 문제는—모두가—아내들이 싫어하죠. "이혼해요!"라고 말하는 사람들도 있어요. 그런 말을 한단 말이에요. 그래서 사람들이 그 얘길 안 하는 거예요. 하지만 나는 해야 한다고 생각해요…… 모두가…… 〔중얼거리며〕Y— 씨가 그 얘길 했어요? 했어요?

———◆———

오늘날 전범에 대해 생각하는 데 도움이 되는 지배적인 이미지나 모델이 있다면 나치 관료 아돌프 아이히만Adolf Eichmann에게서 찾을 수 있을 것이다. 그는 유럽 유대인들을 절멸수용소로 이송하는 데 조직적으로 중대한 역할을 맡았다. 아이히만은 하나의 전형으로서, 우리에게 보는 방법을 제공한다. 말하자면 그는 그와 같은 부류에 속한 다른 유형의 사람들, 우리가 이해할 수 없거나 이해하고 싶지 않은 유형을 이해할 수 있도록 해준다. 가령 이라크전쟁 중에 바그다드의 아부 그라이브 감옥에서 재소자들을 고문하고 학대한 린디 잉글랜드Lynddie England의 뒤에는 아이히만의 그림자가 드리워져 있었다. 이런 인물들에게 나타나는 악은 두 가지 의미에서 **무사유**thoughtless이다. 다른 사람들을 생각하지 않을 뿐만 아니라 생각을 하지 못한다는 의미에서 그렇다. 한나 아렌트Hannah Arendt에 따르면, 아이히만은 악마 같은 악행이 아니라 "현실에서 동떨어져 있음"으로 주목할 만하다. 현실로부터 동떨어져 있음은 그의 언어에서 나타나는 증후, 즉 상투적인 표현, 익숙하고 진부한 말을 사용하고 단어 사용에 변화가 거의 없다는 데서 알아볼 수 있다. "그의 말을 오래 들을수록 언어 구사 불능이 **사유** 불능, 즉 다른 사람의 관점에서 사유할 수 없음과 긴밀하게 관련되어 있다는 점이 더 분명해진다. 그와는 어떤 소통도 가능하지 않았다. 그가 거짓말을 하기 때문이 아니라 말과 다른 사람들의 현존을 막는, 따라서 현실을 막는 안전한 방호책에 둘러싸여 있기 때문이다"라고 아렌트는 책에서 말한다. 아이히만은 그저 **"자신이 하고 있는 일을 인식하지 못했다"**고 아렌트는 주장한다.[15] 이것이 악의 모습이다. 악은 상상할 수도 없는, 평범한 것이며, 이것이 우리가 미디어에서 구축해낸 린디 잉글랜드의 모습이다. 주디스 톰슨Judith Thompson의 연극 〈막다른 곳의 궁전Palace of the End〉에서 상투적인 말, 노래 한 토막, 광고 CM송, 영화 대사와 같이 예전에 사용된 언어—사유를 막는 장치로서 사전 포장된 언어—로 구성된 독백을 하는 그 린디 잉글랜드 말이다.

이 퇴역군인들과 대화하다보면 그들이 포장된 서사의 보호 뒤로 물러난다고 느껴지는 순간이 있다. 수년간에 걸쳐 그들은 자신들이 한 행동을 스스로에게 말하는 방법을 찾아냈다. 그들이 반복해서 되풀이한 이야기 안에는 시작과 끝이 있었으며 어떤 구절은 무의식적으로 암기하게 되었다. 어느 순간 나는 그 상황에 좌절감을 느꼈다. 이야기는 솔직했지만, 그 이야기는 그 순간에 진심으로 몰입할 가능성을 막는 방어물, 장벽처럼 느껴졌다. 가네코 씨가 대화 중에 그런 모습을 보이기 시작했을 때 나는 예기치 못한 질문으로 여겨질 만한 것, 그가 방어적이고 암기적인 서사를 넘어서서 생각하게 할 만한 것을 물었다. 그는 너무나 전통적인 노인이어서 그를 놀라게 만드는 것은 쉬운 일이었다. 그는 자신의 감정과 관련된 질문을 받는 데 익숙하지 않았고, 사람들은 그저 그의 범행에 대해 듣기만을 원했다.

어머니한테 그것에 대해 말한 적이 있나요?

내가 이 질문을 했을 때 대화는 교착 상태에 빠졌다. 그는 이 질문에 대답할 준비가 되어 있지 않았고 동요했다. 통역사는 질문을 두 번 하고 대화 방식의 변화에 대해 설명해야 했다. 가네코 씨는 그가 집에 돌아온 얼마 뒤에 어머니가 돌아가셨다고 설명했다. 사실 그는 어머니가 자신이 죽기 전에 그가 돌아오기를 기다렸던 거라고 생각했다. 그는 말했다. 집에 돌아갔을 때 어머니가 저녁밥을 만들어주셨어요. 제가 좋아하는 음식인데 아즈키 아세요? [혀 차는 소리를 내면서] 일종의 시골 팥죽인데 어머니가 만들어주시곤 했어요. "엄마, 나 왔어!" 하고 말했어요. 그때 어머니는 병을 앓고 계셨는데 한쪽 눈의 시력을 잃어서 눈이 안 보이셨어요. 그래서 한쪽 눈으로 내 얼굴을 빤히 쳐다보셨죠. 내 얼굴을 빤히 보시더니…… 제 다리를 만졌어요.

대화의 이 지점에서 가네코 씨가 울기 시작했다. 통역사는 내게 고개를 돌리고 작은 소리로 말했다. 일본에서는 귀신에겐 다리가 없다고 믿어요. 누군가가 귀신인 것 같으면 다리를 만지죠.

(가네코 씨는 부인과 단둘이 살다가 2009년에 두 세대용 주택을 지어 큰딸 가족과 함께 살았다. 1년 후인 2010년 11월 25일 그는 세상을 떠났다. 1920년 우라야스시에서 태어난 그는 진조 초등학교를 다녔고 징집되기 전에는 도쿄에 있는 철강 회사에서 일했다.)

◆

1960년 겨울, 스탠리 밀그램Stanley Milgram은 20세에서 50세에 이르는 성인 남성들을 피험자로 삼아 복종에 관한 연구를 위한 예비 실험을 시작했다. 그들은 모두 코네티컷의 뉴헤이븐과 브리지포트 지역에 거주했고 다양한 직업에 종사하는 사람들이었다. 피험자들은 기억에 관한 '교사-학생' 조작 실험에서 '교사' 역할을 맡았고, 실험실 가운을 입은 가짜 박사가 '학생'이 잘못된 답을 할 때마다 전기충격을 가하도록 했다. 학생이 틀린 답을 할 때마다 전기충격의 강도가 올라갔는데 450볼트("위험: 심한 충격을 가할 수 있음-XXX"라고 쓰여 있었다)에까지 이르렀다. 실험이 진행되면서 가짜 학생은 멈춰달라고 점점 더 필사적으로 애원했지만 가짜 실험자는 매번 피험자인 교사에게 계속해야 한다고 주장했다.

밀그램은 저명한 의과대학의 정신과 의사 40명에게 실험에서 피험자의 행동을 예측하도록 요청했다. 그들은 피험자 대부분은 150볼트를 넘지 못하고, 거의 96퍼센트의 피험자가 300볼트에서 실험자의 말을 거역하며, 450볼트에서는 0.1퍼센트의 피험자만이 복종할 거라고 예측했다. 놀랍게도, 62퍼센트의 피험자가 실험의 막바지까지 전기충격을 계속 가했다.

교사 역할을 맡은 피험자들은 전기충격을 가할 때면 말을 더듬거리고 몸을 떨었으며 신경질적으로 킥킥거리거나 식은땀을 흘리는 등 명백하게 괴로워하는 모습을 보였다. 일부는 실험자가 자리에 없을 때는 필요한 단계보다 더 낮은 단계로 전기충격을 가했다. 학생이 보이는 상태에서 진행된 연구에서 피험자들은 전기충격을 가하면서 시선을 돌렸다. 다음은 450볼트까지 전기충격을 계속 가한 피험자와의 대화 중 하나에 대해 밀그램이 기술한 것이다.

150볼트 가함. 계속해야 해요?
165볼트 가함. 저 사람이 소리지르고 있잖아요. 〔남은 질문을 가리키며) 아직 많이 남아 있는데요. 저 사람은 심장병을 일으킬 것 같아요. 계속해야 해요?

180볼트 가함. 그는 못 견딜 거예요! 나는 저 사람을 죽이지 않겠어요! 저 사람이 소리지르는 거 들려요? 소리지르고 있잖아요. 못 견딜 거예요. 무슨 일이라도 일어나면 어떻게 해요? …… 저 사람을 아프게 하진 않겠어요. 소리지르잖아요. 내 말 알겠어요? 나는 책임을 안 질 거예요. 저 사람은 다칠 거예요. 소리지르고 있잖아요. 질문은 아직 너무 많이 남았다고요. 맙소사, 저 사람이 틀리면요. 질문이 너무 많이 남아 있다고요. 저 남자에게 무슨 일이라도 일어나면 누가 책임을 지냐고요?

〔실험자는 책임을 받아들인다.〕알겠어요.

195볼트 가함. 저 사람이 소리지르는 거 보이죠. 들어봐요. 세상에, 나는 모르겠어요. 〔실험자는 "실험을 위해서는 계속 진행해주셔야 합니다"라고 말한다.〕저도 압니다만, 선생님, 하지만—휴—저 사람은 무슨 일을 당할지 모르잖아요. 195볼트까지 왔어요.

210볼트 가함.

225볼트 가함.

240볼트 가함. 아, 안 돼요. 그 단계까지 계속해야 한다고요? 안 돼요, 선생님. 나는 저 사람을 죽이지 않을 거라고요! 저 사람에게 450볼트를 가하진 않을 겁니다!

〔실험자는 말한다. "실험을 위해서는 계속 진행해주셔야 합니다."〕

저도 알지만 저 사람이 소리지르고 있잖아요, 선생님……[16]

이 과정 내내 학생이 고통스러워하며 내는 비명소리가 실험실 벽을 통해 들려왔다. "나가게 해줘요!" "나를 여기 가둘 권리는 없어요!" "심장이 아파요!" 결국 학생은 반응을 전혀 보이지 않게 된다. 실험 녹화 영상에서는 피험자인 교사가 얼굴을 손으로 가린 채 전기충격을 가하면서 학생을 큰 소리로 부르는 것을 볼 수 있다. "제발 대답해요! 괜찮아요?" 그는 학생에게 무슨 일이 생긴 것 같다고 실험자에게 말하면서 그를 들여다봐달라고 부탁한다. "죽었을지도 몰라요!" 실험자는 거부하고 피험자는 불안해하면서도 계속 전기충격을 가한다. "박사님이 책임을 다 지는 거죠?" 그는 묻는다. 실험자는 그렇다고 답한다. 피험자는 결국 실험자가 실험을 중단시킬 때까지 전기충격을 450볼트까지 계속 가한다.

실험 직후 보고에서 학생의 말을 듣고 전기충격 가하기를 중단했을 가능성이 있었는지 실험자가 피험자에게 물었다. 피험자는 혼란스러워 보이다가 잠시 주저하더니 대화의 방향을 돌리려고 하다가 실험자가 반복해서 묻자 "아니오"라고 답했다. 이유를 묻자 피험자는 이렇게 말한다. "그가 못하게 했어요. 나는 그만두고 싶었어요." 피험자는 자신은 **거의** 중단하려던 참이었다고 반복해 말했다.

실제적인 권한이 없는 익명의 실험자가 성인으로 하여금 고통스러워하며 비명을 지르는 사람에게 극심한 고통을 거듭 가하도록 만들 수 있다는 점에 놀라워하며 밀그램은 다음과 같이 적었다. "훨씬 더 큰 권한과 세력을 가진 정부가 국민들에게 무엇을 명령할 수 있을까 생각하게 된다. 물론 악의적인 정치 제도가 미국 사회에서 일어날 수 있는지, 일어날 것인지라는 대단히 중요한 문제가 있지만 말이다."[17]

—◆—

유아사 씨

그들이 도착하자 중국인 네 명을 그 반대쪽에 세워놓고 간수가 바로 눈앞에서 한 사람당 총알을 두 발씩 쐈어요. 그리고 우리 열명 각각에게 아파서 울부짖는 중국인 한 명이 배정되어서 각기 다른 방으로 데려가 수술을 했어요. 몸에서 총알을 제거하는 연습을 했죠. 살아 있는 상태에서 총알을 제거하라는 지시를 받았어요. 하지만 우리는 능숙하지 않았기 때문에 그 사람들은 수술 도중 모두 죽어버렸어요. 아마도 극도의 통증 때문에 의식을 잃고 고통스럽게 죽었을 거예요.

그다음에는 농부에게 갔어요. (불분명함) 이 농부를 수술대로 밀었지만 그는 뒤로 물러섰어요. 내게는 어려운 상황이었죠. 농부는 내 앞에서 몸부림치고 있었어요. 나는 장교다운 기세를 가지려 했기에 장교로서 품위와 위엄을 보이려 했지만 애석하게도 성공하지는 못했어요. 하지만 모두에게 뛰어나 보이려 애쓰면서 그 사람을 밀쳤어요, 밀어냈어요. 그는 굴복하고 머리를 숙인 채 수술대로 갔어요. 그리고 손을, 수술대 위에 손을 올려놓았어요. 사람들에게 깊은 인상을 주려고, 내가 뛰어나다는 것을 보여주려고 행동했던 게 기억나요. 나 자신을 자랑스러워했던 게 기억나요…… 농부가 수술대로 갔을 때 나는 자랑스러웠어요. 인상을 남길 만한 일을 해서 자랑스러웠죠. 그런데 농부가 수술대에 올라가려 하지 않아서 간호사가 눕게 했어요. 간호사가 그에게 말했죠. "제가 약을 놓을 거예요. 약을 투여할 거예요. 아프지 않을 거예요, 그냥 누워 있어요." 고개를 숙이고 있던 농부는 선택의 여지가 별로 없어서 수술대 위에 누웠어요. 그때 젊은 간호사가 "어때요?"라고 하듯이 동안의 풋내기인 내게 혀를 내밀었어요.

농부가 수술대 위에 눕자—나는 부대 의사들의 훈련을 [불명확함] 했는데—우리는 그에게 전신 마취를 했어요. 그러고 나서 [헛기침], 열 명 정도 되는 군의들이 다섯 명씩 두 무리로 나뉘어졌어요. 그리고 수술 실습을 했어요. 처음에는 충수염 수술을 했고 그다음에는 창자를 봉합했고—장 수술이었죠—사지 절단을 했어요. 이 모든 걸 실습했어요. 나는 이 모든 걸 보았어요[기침]. 그리고 충동에 사로잡혔죠. 바로 내 앞에 살아 있는 재료가 있었어요. 그리고 거기에는 기기도 있었어요. 그 사람의 [헛기침] 목구멍을 절개할 때는 '현장 기기, 수술 기기'라고 불리는 [기관을] 잘라내는 데 사용하는 기기를 사용했어요. 그런데 우리가 그 기기를 목구멍에 넣, 넣었을 때 피가 **쉭** 하고 이 시뻘건 [강조하며] 피가 뿜어져 나왔어요. 공기와 함께 나왔죠. 기억이 나요. 그리고 한 시간 반 정도 후에 수술이 끝났고 부대 의사들은 부대로 돌아갔어요. 군인처럼 생긴 그 건장해 보이는 남자는 방 안에서 여전히 마지막 숨을, 하아, 하아 〔숨소리를 흉내 내며〕, 내쉬고 있었어요. 나는 그걸〔그 남자〕 그 상태로 구덩이에 넣어버리는 게 불편하게 느껴져서 주사기에 전신 마취제를 넣어 그 커다란 팔뚝에 주사를 놨어요. 〔보여주기 위해 심하게 기침하며〕 그는 기침을 심하게 하다가 호흡이 멈췄어요. 어머니, 아버지와 헤어진 지 두 달째에 내가 어엿한 군국주의자 성인이 되었다는 것을 보여주는 증거였어요.

그런 종류의 수술 실습이 네다섯 〔기침〕 차례 진행되었어요. 처음에는 역겹게 느껴졌어요. 자신감이 없었죠. 두 번째에는 난, 두 번째에는 괜찮았어요. 세 번째 정도 되어서는 앞장서서 세심하게 계획을 세웠어요. 한번은 내가 계획해서 그런 식으로 스무 명을 훈련시켰어요. 그리고 헌병을 불러서, 헌병을 불러 수술 실습을 보여줬어요. 그런 것도 했죠. 일본에서 바로 이곳으로 와 전선 상황에 적응하지 못하는 신병들에게 해부학 교육을 하면서 제정신을 갖게 하기 위해—또는 연구를 위해—용기를 주기 위해 그렇게 한 거죠. 세심하게 계획을 세웠어요. 우리한테는 삽화—해부 삽화—가 있었고 아시다시피, 뭐라고 하죠? 모형, 인체 모형이 있었어요. 하지만 나는 생체 해부를 택했고 내 자신의 의지로 실행했어요. 〔기침〕 그리고 그 일은 네다섯 번 정도 이루어졌어요. 그리고, 어, 열 명에게 생체 해부를 했던 게 기억나요.

그래서 선생님은 그 당시에 본인의 기술을 즐기셨나요? 만족했나요, 그런 일을 하면서 기쁨을 누렸나요…… 그 당시 그런 걸 느끼셨나요?

네, 그랬죠. "내가 해냈어!" 같은 느낌이었어요. 그랬죠. 내가 사람들을 죽이고 있다는 잘못을 제대로 인지하지 못했어요.

———◆———

인권 포르노의 문제—손택이 제시한 참혹한 자동차 충돌 사고의 예—는 이 책과 관련해 갖게 되는 염려 중 하나에 불과하다. 여기에서는 네 가지 문제에 대해 이야기할 텐데 각각의 문제에는 역설의 구조가 있다. 트라우마의 역설, 악의 역설, 나르시시즘의 역설, 글쓰기의 역설이다.

첫째, 트라우마의 역설은 말할 수 없지만 말해야 하는 것이다. 외상적 사건을 외상적 사건으로 만드는 것은 어느 정도는 그 사건을 이해할 수 없게 하는 불가능함이다. "고통이 할 수 있는 일이 무엇이든 그 일부는 고통의 공유 불가능성을 통해 이루며, 고통은 언어에 저항함으로써 이 공유 불가능성을 확보한다"[18]고 일레인 스캐리Elaine Scarry는 말한다. 홀로코스트 생존자 자녀로서 경험을 기술하면서 에바 호프먼Eva Hoffman은 "기억"으로서 명백하게 자신에게 전해진 것은 아무것도 없었다고 말한다. 그것은 "더 강력하면서도 덜 명료한 것, 경험의 재연, 정신적인 것—의식의 흐름이나 기억 또는 이해할 수 있는 감정으로 처리하거나 동화하기에는 너무 끔찍한 소재—의 소산이거나 때로는 전형에 가까운 것"[19]이었다. 부모의 감정적 혼란은 언어를 산산이 부숴버렸고 "갑자기 떠오른 이미지가 분출하면 느닷없이 파편화된 구절, 반복적으로 끊어지는 말"[20]이 나타났다고 그는 썼다.

외상 후 스트레스 장애PTSD에 관한 의학 연구에서는 기억과 의사소통에서 생기는 장애를 편도의 활성 증가와 해마와 브로카 영역(감정 조절, 인지 지도화, 음성 생성에 관련된 부위)의 활성화 감소와 관련짓는다. 캐시 캐루스는 이 이해 가능성의 문제를 외상적 사건 자체의 본질로 추적해간다. 그는 트라우마의 핵심은 "그것을 깨닫거나 이해하는 데 지체나 미완이 일어나고, 계속 다시 돌아감으로써 사건에 절대적으로 **충실한** 상태가 압도적으로 발생하는 것"[21]이라 말한다. 달리 말하자면 그 사건은 극심한 충격으로서, 그것을 겪는 사람이 어떤 의미로는 결코 경험해보지 못한 일이므로 일반적인 범주의 지각과 해석으로는 처리할 수 없다. 그 사건은 경험하는 행위를 압도해버린다. 그리고 영원히 이해에서 벗어나고 인격을 형성하는 기억의 지도에 통합되는 것을 거부하므로 생존자는 끊임없이 그 사건으로 되돌아가야 한다. 사건은 끊임없는 재생replay을 요구한다. 정신은 악몽, 플래시백, 환각, 대체된 불안과 같은 다양한 반복을 통해, 즉 트라우마를 완전히 이해하고 끝내는 것이 불가능하다는 증거로 되돌아가면서 트라우마에 대한 통제권을 가지려 반복적으로 시도한다(그리고 실패한다).

이런 의미에서 트라우마가 단순히 인지에 대한 저항이 아니라 비인지적인 것이라면 트라우마를 말로 표현하는 데는 많은 노력이 요구된다. 캐루스는 말한다. "정확성의 상실 이상으로 더 심각한 상실이 있다. 바로 사건에 대한 본질적인 이해 불가능성, 즉 **이해에 맞설 수 있는** 힘의 상실이다."[22] 작가이자 강사인 퍼트리샤 햄플Patricia Hample은 자신의 학생이었던 헨레 씨에 대해 상기한다. 그는 미네소타 세인트 폴의 유대인 커뮤니티 센터에서 이루어진 창의적 글쓰기 수업에 참여한 노인이었다. 햄플은 책에서다음과 같이 말한다. "그는 홀로코스트라는 말을 좋아하지 않았다. 그 격분한 소리 속에 많은 것을 뭉뚱그려 혼돈으로 만든, 말끔하게 포장된 말을 달갑게 여기지 않았다."[23] 햄플의 친구인 인권변호사 바버라 프레이는 바로 이런 종류의 허위성 때문에 법정서사는 어떤 깊은 의미에서든 이해가 아니라 "어떤 선택된 피해자들을 위한 일종의 정의"를 목표로 삼는다고 말하면서 다음과같이 추정한다. "역설적이게도 허구적인 설명만이 트라우마에대한 이해를 조성하는 데 (부적절할지라도) 다가갈 수 있다."

그러면 말해져야 하지만 말해질 수 없는 이야기를 어떻게 말할 수 있을까? 호프먼은 그 어려움에 대해 말한다. "일어난 일을 순차적 서사로 만드는 것은 터무니없이 비합리적이었던 것을부적절하게 합리적인 것으로 만드는 일이었을 것이다. 도리를완전히 벗어난 내용을 친숙한 형태를 통해 정상화하는 일이었을것이다. 혐오스러운 잔인함과 이유 없이 날카로운 상처로 훌륭한 이야기를 만들어내는 것이 아니었다."[24] 큰 충격을 일관된 인생 서사로 전환하는 것, 이해 불가능한 잔혹함에서 이해할 수 있는 이야기를 하찮게 만드는 것이다. 잔혹함은 언어로 표현되면다른 무언가, 정도가 덜한 무언가가 되어버린다. 다큐멘터리 〈쇼아Shoah〉를 연출한 영화제작자 클로드 란즈만Claude Lanzmann은 직설적으로 말했다. "이해라는 기획에는 절대적인 외설스러움이 있다."[25]

데이비드 엥David Eng과 데이비드 카잔지안David Kazanjian은 아
르메니아 집단학살에 대해 논하면서 그 문제를 다음과 같이 설명
한다. 이제 세계에는 대량학살이란 장르가 있다. 이 장르에는 어
떤 것을 대량학살 이야기로 간주할 것인지를 정하는 규칙이 있
으며, 이 규칙은 개인적인 트라우마의 고통스러운 짝이다. 그들
의 주장에 따르면 '대량학살' 담론은 증거, 기록, 증명의 담론이
다. 사실 그것은 대량학살을 기록**으로** 바꾸고, 목격자의 이야기
를 "여러 증거"로 전환하는 담론이다. 수량화할 수 있는 데이터
를 통해 "그런 사건의 전체성을 재현하겠다고 주장함으로써 '대
량학살' 담론은 오토만제국이 아르메니아인들의 추방과 학살을
조직한 바로 그 계산적 논리를 역설적으로 되풀이한다"[26]고 그들
은 주장한다. 마크 니차니안Marc Nichanian은 대량학살 담론이 요구
하는 것은 영원히 "피해자에게서 그의 기억을 빼앗는 것"[27]이라
고 설명한다. "우리 자신의 마음속 깊은 곳에 있는 집행자는 항상
우리에게 훈계한다. 말하라, 진실을 말하라, 할 수 있다는 것을 증
명해 보여라! 그리고 우리는 끊임없이 그에게 복종한다."[28]

쇼샤나 펠먼Shoshana Felman은 아이히만 재판을 이야기하면서
이해에 도움이 되는 극단적인 경우로 아우슈비츠 생존자 카-체
트니크Ka-Zetnik*의 증언을 제시한다. 불안으로 몸이 아픈 상태에

---

*   예히엘 디누어Yehiel De-Nur(1909~2001)의 필명. 폴란드 출신 홀로코스트 생
      존자.

서 증언석에 선 그는 법정 규정에 부적합한 방식으로 "장황하게 이야기하기" 시작했다. 판사가 의사 규칙을 지키도록 주의시키며 경고하자 그는 쓰러져 의식을 잃었다. 그리고 결국 증언을 끝내지 못했다. 펠먼은 그 사건에 대해 "법은 이야기를 길들이는 구속복이다"[29]라고 간략히 말한다.

'사법적' 장르가 무자비한 것처럼 들리겠지만, 많은 비판자들에 따르면 '치유' 장르도 나을 바가 없다. 인권활동은 트라우마를 위한 서사의 창조, 때로는 예측 가능한 패턴을 따르는 서사의 창조를 포함한다. 위기와 혼란이 명확함으로 나아가고, 명확함은 행동과 구제를 일으키며, 구제 이후에는 공유, 치유, 정의를 통한 보상이 이어진다. 앨런 펠드먼Allen Feldman은 때로는 이 패턴이 정치적 테러의 피해자를 "공적 감정의 시장을 위한 상품"으로 변형시킨다고 비난한다. 즉 생존자의 트라우마는 대중 시장의 청중이 이해하기 쉽도록 충분히 일반적인 방식으로, 공적으로 다시 서술된다. 그리고 나서 치유의 종료, 즉 공동체, 국가, 세계 차원에서 앞으로 나아갈 수 있게 하는 "과거와의 카타르시스적 '단절'"에 이르도록 도와주는 일반적인 협약에 따라 처리된다. 그러나 펠드먼은 "실종된 자식들을 위한 국가 차원에서 지원하는 기념관 건설을 거부한" 아르헨티나 마요 광장의 어머니들을 언급하면서 일반 대중의 집단적 추모는 개인에 대한 사적인 망각처럼 느껴지고, 기념은 궁극적인 삭제처럼 느껴질 수도 있다고 말한다.[30]

트라우마 재현의 극심한 난관에 대한 이런저런 우려에 대응하는 한 가지 방법은 침묵을 촉구하는 것이다. 대참사 이후에 침묵을 촉구하는 것은 경의를 표하기나 심지어는 신성화하기의 방법이 될 수 있다. 재난을 말할 수 없는 것으로 대하는 것은 저 멀리에 있는 것, 초월적인 것으로 대하는 것으로서, 그런 설명의 어휘는 대개 신성함을 넌지시 나타낸다. 호프먼에 따르면, 홀로코스트 생존자의 자녀에게 이해할 수 없는 것과 말할 수 없는 것의 수사는 "이해할 수 없는 우주, 신성한 것이나 악마적인 힘에 대한 유년기의 감각을 반영"한다.[31] 그것은 결국 "경외의 수사", "의도하지 않은 신성화"[32]이다. 나치 점령 기간 동안 프랑스에서 살고 있었던 모리스 블랑쇼Maurice Blanchot는 재앙에 대해 다음과 같이 말한다. "그러나 (여기에서) 이론적으로 무의미한 말의 위험은, 멀리서 또는 부분적으로만 역사의 단절을 알고 있는 사람들이 '입을 다무십시오'라는 말을 듣지 않은 채 모든 것이 항상 침몰해버리는 무화無化를 상기할 수 있다고 주장하는 데 있다."[33]

그러나 일부 사람들에게 이러한 신비의 수사는 신성화하는 방법일 뿐만도 아니고 항상 신성화하는 방법만도 아니다. 그것은 무시하는 방법이 될 수도 있다. 예후다 바우어Yehuda Bauer는 홀로코스트에 대한 이와 같은 접근 방식을 "고상한 형태의 도피주의"[34]라고 비판한다. 도미니크 라카프라Dominick LaCapra는 "신성화"에 대한 충동은 "무언의 외경심"[35]을 향한 충동이기도 하다고 경고한다. 그리고 앨빈 로젠펠드Alvin Rosenfeld는 다음과 같이 분명히 말한다. "홀로코스트에 대해 글을 쓰려고 시도하는 것이 신성모독을 범하는 것이고 피해자에게 불의를 행하는 것이라면 침묵하는 것은 얼마나 더 큰 불의이며 끔찍한 신성모독이겠는가."[36]

필립 구레비치Philip Gourevitch는 르완다에 대해 논하면서 설명한다. "르완다 같은 경우에 대해 일반적으로 보이는 반응에서 가장 흔하게 사용되는 언어는 '말할 수 없는, 생각할 수 없는, 상상할 수도 없는' 같은 말이다. 그리고 〔르완다에 관해 말하자면〕 그런 말은 궁극적으로 말하지 말라고, 생각하지 말라고, 이해하지 말라고 말하는 듯한 느낌을 준다. 그것은 무엇보다도 곤경에서 구해주는 말로써, 어떤 의미로는 두 종류의 무지—문자 그대로의 무지로서 모르는 것 그리고 무시하는 것—를 가질 자유를 준다."[37]

그런 비판에도 불구하고 트라우마는 말할 수 없는 것이라는 생각을 지지하는 사람은, 생존자의 경험은 말로 표현할 수 없을 정도로 특별하다는 생각을 절대적으로, 윤리적으로 믿기 때문에 그렇게 하는 것이다. 트라우마가 말 그대로 언어로 전달될 수 없다면 트라우마는 그 개인에게만 속할 것이다. 그것은 더 이상 단순화할 수 없을 정도로 개인적인 것이 되며 공공의 형태로 전환될 수 없다. 이는 생존자에 대해 배려의 태도를 취하는 것이다. 그러나 많은 비판자가 지적하듯이 이런 더 극단적인 형태의 이론적 모델에서 말할 수 없음과 전달할 수 없음은 구분되지 않고 개인과 상관없는 보편적 실재로 작용하기 시작할 수 있다. 트라우마는 점점 더 개인의 삶에 속한 단일한 사건이라기보다는 개인의 삶을 넘어서는 사건 **개념**으로 보이기 시작한다. 공통의 병리적 체험구조가 된다. 그것은 정치적 정황, 문화사, 가정환경, 삶의 경험 그리고 개인적 정신구조와 치료행위와는 관계가 없다. 그것은 개인의 외부에 있는 것으로서 개인이 받아들이기 어렵다. 그러므로 아무에게도 속하지 않는 것으로서, 개인들에게 심지어는 세대에 걸쳐 전달될 수 있다. 한 비판자는 우려를 표하면서 다음과 같이 말했다. 트라우마에 대한 이런 사고방식은 "트라우마 경험의 알 수 없는 특수성"을 하나의 가치로서 제시하지만 결국에는 "그 특수성을 의미 없는 것으로 만들고, 트라우마를 고통스러운 경험에 기대지 않을 뿐만 아니라 경험 자체에 기대지 않은 채로도 누구에게나 가능한 것"으로 만든다.[38] 지키고자 한 것이 결국에는 약해지고 만다.

이 문제는 내가 이 책을 쓰면서 마주한 두 번째 난관으로 나를 이끈다. 외상적 사건을 이해하려 하는 것은 외상적 사건의 가해자들을 이해하려 하는 것과 같다. 즉 그들을 신비화된 괴물이 아니라 진정한 인간으로 이해하려 하는 것이다. 유사한 역설로 악의 역설이라고 부를 수 있는 것이 있다. 가해자를 우리가 이해할 수 있는 사람으로 개념화하는 것은 도덕적 모욕이며, 가해자를 우리가 이해할 수 있는 사람으로 개념화하기를 거부하는 것도 도덕적 모욕이다. 달리 말해 우리는 그들을 악마로 만들어야 하지만 동시에 악마로 만들어서는 안 된다.

그들을 악마로 취급하면 안 되는데, 악마화하는 것은 곧 그들이 악마적인 특징들을 공유한다는 관점을 취하는 것이기 때문이다. 즉 다른 사람의 인간성 전체를 묵살해버리는 것이다. 이것은 단지 이론적인 문제가 아니다. 정의에 대한 요구를 응징에 대한 요구와 구별하기 어려운 것과 마찬가지로 도덕적 분개가 극단에 치우쳐 타인을 도덕적으로 거부하게 되면 증오와 구별하기 어려워질 수 있다. 이는 위험한 정치적 결과뿐 아니라 깊은 내면적 결과 또한 초래한다. 타자를 악마화할 때 우리는 그가 어떤 사람인지에 대한 생각 그리고 우리가 어떤 사람인지에 대한 생각에 전념하게 된다.

게다가 악마화하기는 악의 다름에 대한 시각을 조장해서 화해 가능성뿐만 아니라 방지 가능성까지 차단해버린다. 악이 어떤 식으로든 특별하거나, 인간적인 것을 넘어선다고 생각되면 악을 꾸준히 발생시키는 매우 평범한 상황적, 구조적 특징을 확인할 수도, 말할 수도 없다. 악을 타자화하면 결국 타자를 악으로 만들게 된다. 찰스 매튜스Charles Mathewes가 규정한 바와 같이, 시간이 흐르면서 한 문화가 용어들을 지나칠 정도로 긴밀하게 연관시키면 용어의 혼합을 조장하게 되며 "우리는 타자성을 두려워한 나머지 그것을 악이라고 부르면서 '타자'에게서 우리가 두려워하는 것만 보게" 된다. 결국 "모든 외재성, 모든 낯선 것은 우리에게 악한 것"이다.[39]

그러나 악의 타자성에 대해 의식하지 않는다면 중요한 철학적 구별 능력을 잃어버리게 된다. 어떤 행동은 이해 불가능하며 우리의 본성과 이질적이라는 느낌은 '단지' 느낌이 아니다. 그것은 범주적 구별을 나타내는 지표이다. 도덕적 언어는 우리의 양심에 충격을 주는 행동, 즉 그 심각성을 잘못이나 나쁜 것, 심지어는 사악함의 언어로 망라할 수 없는 행동을 해명할 수 없을 때 빈곤해진다. 우리는 그런 행동을 감정의 진리 가치에 대한 존중의 문제로서 그리고 생존자들과 사망자들에 대한 존중의 문제로서 개념적으로 구별해야 한다.

　게다가 악의 타자성에 대한 감각을 잃어버리면 증오 역시 잃어버리게 된다. 이것은 상실**이다**. 클로디아 카드Claudia Card는 증오는 "뿌리 깊은 거부"의 문제라고 하면서 "거부가 이로울 수도 있다"고 주장한다. 거부하는 것은 자아의식과 도덕적 개입을 명확하고 확고하게 만드는 것이다. 우리가 어떤 것을 악하다고 부르는 것은, 그것과 공통점이 있다는 것을 부인할 뿐만 아니라 이 부인에 따라 꾸준히 행동하는 데 전념하는 것이다. 악이 우리 안에 불러일으키는 증오는 이런 식으로 우리의 도덕적 목적의식을 "활성화하는" 것이 될 수 있다.[40] 결국 악의 타자성에 대한 감각을 잃어버릴 때, 악을 평범한 것이 되게 하거나 악의 상황적, 구조적 이유를 이해하려 할 때, 우리는 악을 용서하거나 받아들이게 되는 위험한 지경에 이르게 된다. 루소는 이것을 서사적 동일시에서 본질적인 문제라고 보았다. "파이드라나 메데이아의 죄악에 대해 사전에 들은 사람들은 연극의 끝보다는 시작에서 그들을 더 증오할 것 같다."[41]

　우리 시대에 아렌트의 '악의 평범성' 이론을 둘러싼 논란만큼 악의 탈신비화가 가진 위험성을 극적으로 나타낸 것은 없었다. "아이히만의 문제는 매우 많은 사람들이 그와 마찬가지로, 변태적이거나 가학적이지 않고 대단히 무서울 정도로 정상적이었다는 점에 있었다"[42]고 그는 말했다. 그리고 다른 책에서도 말한다. "그 문제가 보여주는 슬픈 진실은 대부분의 악은 악이나 선을 행하겠다고 결정한 적이 없는 사람들에 의해 일어난다는 점이다."[43] 1963년 처음으로 아렌트의 책을 읽은 많은 사람들은 그 책이 아이히만을 우리와 같은 사람으로 이해하도록 도우면서 우리에게서 무언가를 빼앗아가버렸다고 느꼈다. 트라우마를 언어로 표현하거나 이해할 수 있게 하거나 사람들이 공감할 수 있도록 설명하려 하면서 트라우마가 주는 인지적 상처를 잃게 되는 것과 같은 방식으로, 아이히만의 행동을 해명하면서 무언가 중요한 것이 사라졌다. 아렌트와 같이 아이히만의 특별한 괴물성을 부인하는 것은 생존자들과 죽은 사람들에게는 모욕으로 느껴졌다. 노먼 포도레츠Norman Podhoretz는 다음과 같이 이의를 제기했다. "어떤 사람의 평범함도 그렇게 극도로 악한 일을 잘해낼 수는 없었을 것이다."[44]

　　나이 든 전범들이 "다른 사람들과 똑같이" 보인다는 것은 사실일지도 모른다고 해럴드 로젠버그Harold Rosenberg는 인정한다. 그리고 어느 정도는 "처벌은 항상 범죄자의 이름을 가진 낯선 사람에게 내려진다"는 것이 사실일지도 모른다. 진짜 범죄자는 "역사에 의해 제거된 뒤 결코 돌아오지 않는다. 그들 대신 두려움에 떠는 병들고 나이 든 대역 무리만 남는다. 판결은 흉내 내는 사람들, 밀랍인형 박물관에서 빌려온 인형 무리에게 선고될 것이다"라고 그는 이어서 말한다. 그러나 이 노인들을 "인간으로" 동정하는 것은 "지적으로 수치스럽고 도덕적으로 타락한 것"이라고 강조한다. "예루살렘의 아이히만 법정 좌석에서 누군가 큰 소리로 외쳤다. '그렇지만, 아! 그 사람이 나치 친위대 중령 군복 차림을 하고 있던 걸 봤어야 해요.' 그렇다. 재판은 수백만 명을 말살시키도록 이송할 권한을 가지고 있었던 사람, 다른 사람에 대한 것이다. 불안해하면서 이어폰으로 재판 절차에 귀를 기울이고 있는 이 비참한 인간에 대한 것이 아니다. 그 엄청난 악인이 자신의 과거 시간에 영원히 갇힌 채, 더 이상 살아 있는 사람들과 만나지 않은 채, 자신의 완벽한 도피처에서 휴식을 취하도록 그냥 내버려둘 수는 없다."[45]

솔 벨로Saul Bellow는 자신의 소설에서 아서 샘러Arthur Sammler라는 인물을 통해 아렌트에 대한 전형적인 경멸을 나타낸다. "세기의 가장 중대한 범죄를 아둔해 보이게 만드는 생각은 평범하지 않아. …… 지식인들은 이해를 하지 못해." 그는 계속해서 말한다. "모든 사람은 (일부 여류작가를 제외한다면) 살인이 무엇인지 알고 있지. 그것은 매우 오래된 인간의 앎이야. 태고부터 가장 순수한 인간들도 생명이 신성하다는 것을 이해했어. 그 오래된 이해를 거부하는 것은 평범함이 아니며 거기에는 생명의 신성함에 대한 음모가 있었어. 평범함은 양심을 없애버리려는 매우 강력한 의지를 위장하기 위해 채택된 것이지. 그런 계획이 사소한가? 인간의 생명이 사소한 경우에만 그럴 거야."[46]

베른하르트 슐링크Bernhard Schlink는《더 리더The Reader》에서 아이히만의 문제라고 할 만한 것을 공적 자아와 사적 자아의 대립 문제로 규정한다. "나는 하나의 죄를 이해하는 동시에 유죄판결을 내리고 싶었다." 소설의 주인공은 사랑했던 여자가 유대인 여성 수백만 명을 불타는 교회에 가둬 죽인 책임이 있는 나치 전범이었다는 것을 알게 된 후 해명한다. "그러나 그러기에는 너무 끔찍한 일이었다. 그녀의 죄를 이해하려 하면 마땅히 해야 하는 대로 유죄판결을 내리지 못한 느낌이 들었다. 마땅히 해야 하는 대로 유죄판결을 내리려 하면 이해의 여지는 없었다. …… 나는 이해와 유죄판결이라는 두 가지에 대해 입장을 취하고 싶었다. 그러나 두 가지를 모두 하는 것은 불가능했다."[47]

공적인 것과 사적인 것을 구분하는 데 따르는 어려움은 이 책에 관한 세 번째 우려인 나르시시즘의 역설에서 주축이 된다. 나는 한국의 한 대학교에서 이루어진 낭독회에서 이 고백들에서 얻은 소재를 처음 공개적으로 말했다. 생존자 집단의 대표들이 청중석에 있을 거라는 이야기가 들려왔다. 나는 불안했다. 청중석에 있던 친구 벤은, 내가 그 시간 내내 하고 있는 일에 대해 사과하고, 가해자들을 괴물이 아니라 인간으로 이해하려 한 데 대해 사과하고, 잔혹함과 트라우마를 주제넘게 언어로 표현하려 한 것을 사과하고, 트라우마를 인권 포르노로 만들었다고 사과했다면서 나중에 놀려댔다. 그러고 나서 나는 신경증적 코미디에 가까울 정도로 사과한 데 대해 사과하느라 시간을 보냈다. 사과하는 행위는 자아와 그 동기를 무대의 중심에 내세우는 방식으로 보였고, 그런 유례없는 참상 가운데에서 내 작은 내면의 드라마를 무대 중심에 세우는 것이 잘못으로 느껴졌기 때문이다.

나는 그 후에도 그런 강연을 수차례 했고, 그때마다 매번 벤이 생각났다. 나는 항상 사라지고 싶었지만 결국에는 그러지 못했다. 잔혹함의 규모는 이기심을 버리게 한다. 그리고 그에 대한 반응으로서 자기반성은 자신의 감정 반응을 친숙한 중심에 되돌리려는 자연스러운 방어적 반사 행동이다. 그것은 자기애적이기도 한 사치스러운 도덕성이다. 그러나 회피—보거나 볼 수 있는 것으로 만들고자 하는 욕망과 우리 자신의 관계에 대해 질문하기를 거부하는 것—가 더 나은 것은 아니며 어쩌면 더 좋지 않을 것이다. 왜 그런 일을 하는가? 나는 어떤 개인적인 드라마를 연기하고 있는가? 그리고 그것은 어떤 약점을 남겨놓을 것인가?[48] 잔혹함에 대한 작업은 부적절한 자아를 향해 적절한 응시를 끌어들이는 것을 필요로 한다. 그래서 사과가 그러하듯—이제 분석으로 가장되어 있을지라도—'나'는 여전히 이 책에 남아 있다.

되돌아보니 내가 한국에서 한 강연에서 잊어버리고 사과하지 않은 것이 하나 있다는 것을 깨달았다. 그것은 슐링크가 말한 공적인 것과 사적인 것의 도덕적 충돌과도 관련이 있다. 그 충돌은 특히 작가에게 내밀한 것으로, 더 정확히는 글쓰기의 내밀함으로 인한 결과이다. 이것이 내가 말한 네 번째 문제로, 다른 문제와 마찬가지로 역설의 구조를 포함한다. 이런 종류의 글쓰기는 개인적이면서도 비개인적이고, 연결되어 있으면서도 소외되어 있다. 이야기를 위해 누군가를 인터뷰할 때는 자료를 얻어내는 게 아니라 관계를 맺는 것이다. 때로 그들이 나를 자신들의 집에 초대하거나 가장 취약한 기억으로 불러들이면 서로 **만나게 되는** 순간이 온다. 그것은 인간이 나눌 수 있는, 연약하고 서로 신뢰하는 순간이다. 이런 일이 일어난 후 헤어질 때는 서로 다시 만나야 한다고 생각하고 그렇게 말하고 계획을 세운다. 그러나 대개의 경우 그렇게 되지 않는다.

그리고 시간이 흐르면 그 순간은 잊히고, 그 사람들은 더 이상 실제 사람들이 아니게 된다. 그들은 소재가 된다. 그때 그들에 대해 글을 쓸 수 있게 되며, 정신적으로나 정서적으로 멀리 떨어져 있게 된다. 뛰어난 작가들은 그런 상태에 빨리 도달할 수 있다. 나는 시간이 다소 걸리곤 했는데, 이번에는 특히 힘들었다. 그 사람들은 **훌륭한** 소재였다. 그들은 또한 개인으로서, 비극적이게도 실제 개인으로서, 내가 전할 그들의 이야기에 대해 절실한 내적 시각을 갖고 있었다. 그들은 결국 내가 쓴 글에 대해 어떻게 생각할까? 어떤 사람은 중국 포로수용소에서 받은 공산주의 재교육의 도덕적 명료함이 이야기의 중심에 놓이지 않았다는 데 실망했을지도 모른다. 어떤 사람은 책에서 화해와 용서를 향한 그들의 개인적 여정을 충분히 탐구하는 대신 그들을 심리적 패턴의 사례로 다룬 데 실망했을지도 모른다. 어떤 사람은 이 범죄를 일본 특유의 것으로, 일본 역사의 특별한 짐, 죄책감, 책임으로 다루지 않은 분석에 실망했을지도 모른다. 그리고 대부분의 사람은 이 책이 반국가주의자, 반제국주의자, 반군국주의자의 가치에 맞춰 명확히 체계화되지 않은 데 실망했을 것이다.

그 실망은 작지 않을 것이다. 그 메시지가 지금 바로 그들 삶의 의미이다. 남아 있는 이들에게는 그렇다. 그러나 작가는 다른 사람들이 원하는 것을 신경 써서는 안 된다. 한 작가는 말했다. 자신이 우선 해야 할 책임은 자신의 프로젝트에 있다고.

X는, 731부대원이었다. 그 부대는 중국 북동쪽에 위치한 하얼빈 외곽인 핑탄구의 비밀 연구개발 기관에서 수행한 인체 생화학 전쟁 실험으로 오늘날 악명이 높다. 731부대의 제1 부서 과학자들은 콜레라, 장티푸스, 이질, 탄저병, 비저병, 파상풍, 가스 괴저, 성홍열, 진드기매개뇌염, 유행성출혈열, 백일해, 디프테리아, 폐렴, 살모넬라, 성병, 유행성 수막염 그리고 그 외의 다양한 질병을 다루었다. 그들은 전력을 기울여 매달 300킬로그램의 전염병 박테리아를 만들어낼 수 있었다.[49] 1만 명이 넘는 포로가 그런 실험에 사용되었다.[50] X는, 가장 유독성이 높은 박테리아를 양성하기 위해서는 인간의 생체가 필요했다고 설명했다. 사람이 아직 살아 있는 동안 해부를 시작하는 게 중요했다. 자신과 동료들은 포로들을 인간으로 지칭하지 않았다고 했다. 그들은 '마루타(통나무)'로 불렸다.

제2 부서의 과학자와 기술자는 폭탄을 실험하고 비행기를 정비했으며 벼룩을 사육했다. 수년간에 걸친 731부대 작전에서 부대원들은 다양한 살포 메커니즘을 통해 '현장'에서 실험하고, 폭탄을 투하하고, 치명적인 병원균을 작물에 뿌리고, 세균에 감염된 쥐를 인구 밀집 지역에 방출하고, 우물물에 세균을 탔다. 그리고 군인들이 우연히 놓고 간 보급품처럼 보이는 것에 오염된 떡을 숨겨두었고, 석방된 포로들에게 초콜릿을 주어서 그들이 그 사실을 알지 못한 채 집에 돌아가 아이들에게 나눠주게 했다.[51] 셸던 해리스는 적어도 25만 명의 민간인이 현장 실험에서 죽었을 거라고 추정한다.[52] 저장성 작전에서는 1만 명이 넘는 사람이

죽었지만 뜻하지 않게 그들은 일본 군인들이었다(그런 무기는 통제하기 어렵다).[53] 최근 추산에서는 총 60만 명에 가까운 사람이 죽었다고 본다.[54]

전쟁이 끝난 후 사상자 수는 크게 증가했다. 수년간 그 지역에서 발생한 전염병은 수천만 명의 목숨을 앗아갔다. 많은 사람들은 731부대가 1945년에 퇴각하면서 의도적으로 방출한 감염된 동물에서 전염병이 유발했다고 믿었다. 오늘날에도 일부 쥐는 731부대의 병원체에 양성 반응을 보인다.[55] 그리고 1992년 중국 관료들은 "대략 200만 개"의 화학무기와 "대략 100톤"의 화학물질이 중국에 매장되어 있을 거라고 추정했다.[56]

731부대의 생체 실험 대상에는 소련 전쟁포로, 부랑죄에서 스파이 행위에 이르는 범죄로 기소된 중국인과 한국인 민간인, 지적장애인이 포함되어 있었다. 많은 사람이 그저 길거리나 집에서 납치되었다. 그리고 일부 사람들은 일본 당국의 허위 구인공고를 보고 아무것도 모른 채 시청에 왔다가 납치되기도 했다.[57]

포로들은 구속된 채 개인 소지품을 빼앗겼고 이름 대신 번호를 할당받았으며, "고베 가축 사육자들이 가축들에게 아낌없이 주는" 식의 애정 어린 관심을 받았다.[58] 그들은 끈으로 묶인 채 병원체를 투여받거나 비말 형태의 살포에 노출되었으며 오염된 음식과 액체를 섭취하도록 강요받았다. 실험에는 사람이 죽을 때까지 거꾸로 매달기, 죽을 때까지 탈수 상태로 만들기, 신장에 말 소변 주입하기, 다양한 신체 부위를 얼려 동상 치료법 조사하기, 실험 대상을 특수한 여압실에 가둔 채 높은 고도에서 나는 것을 연구하고 그들이 경련을 일으키며 죽는 동안 촬영하기, 강제적인 성관계를 통해 매독을 전염시킨 환자를 생체 해부해 여러 단계에서 다양한 내부 기관에 미치는 영향을 보기, 아이들에게 결핵균 감염시키기(결핵은 생물학적 무기로서는 유용성이 너무 느리게 나타나므로 "순전히 학문적 목적으로" 연구된 것 같다고 해리스는 주장한다).[59] 가장 나이 어린 실험 대상은 세 살짜리 유아였다.[60]

모두 통틀어 2만 명 이상의 사람들이 생물학적 전쟁 프로그램에 연루되었다.[61] 그들은 왜 그런 일을 했을까? 731부대원들은 평범한 사람들로 보인다. 그들은 고등 연구의 목표가 수단을 정당화한다고 생각했기 때문에 참여했고 그 프로젝트를 우선 해야 할 책임으로 여겼다. 이시이* 부대장은 취임 연설에서 이 일이 "의사로서" 질병과 싸워야 할 "천부적인 사명"을 부여받은 "우리에게 고통을 줄 수 있다"고 말하면서, "그럼에도 자연과학의 진리 추구, 미지의 세계의 연구와 발견을 위해 노력하는 과학자"의 열광적인 태도로 "이 연구를 계속하길 바란다"고 말했다.[62] 그들이 이 일을 한 것은 자신들의 직업에서 출세할 수 있는 방법이었기 때문이다. 이후 수백 명의 연구자들이 일본 대학과 병원에서 중요한 지위를 획득했다. 일곱 명은 전후 일본 국립보건원의 원장이 되었고 다섯 명은 부원장이 되었다. 세 명은 일본의 거대 제약기업인 미도리주지('녹십자')의 창립자가 되었다.[63] 그들이 실

---

* 교토제국대학 의학부를 졸업하고 군의관으로 있다가 731부대를 창설한 이시이 시로(1892~1959). 패전 후 그 어떤 처벌도 받지 않았다.

험에 참여한 것은 실험 대상이 '포로'였기 때문이었다. 731부대 연구자들은 포로들은 어쨌든 처형될 것이었으므로 낭비하기보다는 유용한 정보를 얻는 편이 나을 거라고 판단했다.[64]

미군은 731부대원들이 실험에서 모은 정보에 대한 대가로 기소를 면제했고 돈을 지불했다.[65] 로버트 매쿼일Robert McQuail 중령이 밝힌 대로 "그 실험 결과는 단연 매우 높은 정보 가치"가 있었다.[66]

소련도 결국에는 정보를 획득했을 거라는 우려가 있었다. 다른 우려는 수치심이었다. 일본의 생물학적 무기 연구를 조사한 미국 책임 과학자 에드윈 힐Edwin Hill은 731부대원들에 대해 다음과 같이 썼다. "자발적으로 정보를 제공한 사람들은 수치심을 갖지 않아도 될 거라고 기대했다."[67] 면책 거래를 열심히 지지한 또다른 군 장교는 미국 정부에 "차후에 수치심을 갖게 될 위험"이 생길 수도 있다고 강조했다.[68]

그러나 수치심에 대한 우려에도 불구하고 그 정보는 너무 중요했고, 면책 거래는 놓치기에는 너무 좋은 것이었다. 에드윈 힐의 설명대로 "인간 대상 실험에 결부되는 양심의 가책 때문에 그런 정보는 우리 실험실에서는 구할 수 없었다. 이 정보는 오늘날 25만 엔(695달러)이라는 비용으로, 그 연구의 실제 가격과 비교하면 아주 적은 액수에 입수"되었다.[69]

이 책을 쓰는 동안 나는 하얼빈에서 온 중국 연구원 대표단을 만났다. 그들은 731부대의 악몽이 잊히지 않는 도시 폐허의 그늘에서 연구했지만 그곳에서 일어난 일을 완전히 이해하기 위해서는 여기, 미국에 와야 했다. 너무나 많은 과거의 비밀문서들이 여전히 여기에 있었다.

연구자 한 명은 그들의 일과 관련된 이야기 하나를 들려주었다. 한 여성이 전쟁 동안 자신의 아버지에게 무슨 일이 일어났는지 수년간 알아내려 애썼다. 그녀의 아버지는 체포된 후 실종되었다. 그녀가 그 연구소에 문의했을 때 그들은 기록을 통해 그가 731부대의 포로였다는 점을 알아낼 수 있었고, 그 여성은 그것이 아버지가 인간 모르모트로 죽었다는 의미라는 것을 알았다. 그녀는 망연자실했다.

그녀에게 이야기할 만한 가치가 있었을까요? 나는 물었다. 그들은 그렇다고 믿었다. 남은 가족들이 삶을 살아나가기 위해서는 답이 필요했다.

———◆———

사람이 어떻게 그런 짓을 저지를 수 있을까?

어떤 사람들은 이것이 잘못된 질문이라고 생각한다. 우리는 그런 일이 자주 일어난다는 사실에 놀라지 말아야 한다. 우리는 그런 일이 그렇게 자주 일어나지 않는다는 데 놀라야 한다. 그리고 우리가 내심 끔찍한 세부 정보에 정말 관심이 많다는 데 놀라서는 안 된다. 그렇다. 우리는 고통을 목격할 때 혐오감을 경험한다. 그러나 우리는 그런 경험을 **원한다**. 그런 순간에 우리 내부에 혐오감이 일어나는 유일한 이유는 우리가 그렇게 반응하도록 스스로를 훈련했기 때문이다. 그것은 본능적인 것도, 자연적인 것도 아니다. 왜 우리가 불가피한 우리 인간 운명의 재현인 고통에 끌리지 **않겠는가**?

그러나 프로이트는 그 이상이라고 강조한다. 우리는 본질적으로 폭력적인 존재이고 우리의 관음증적인 호기심은 사실 공격적인 것이다. 그에 따르면 진실은

인간은 공격을 받으면 단순히 방어만 할 수 있는, 사랑받길 바라는 온순하고 친화적인 동물이 아니라 강한 공격욕을 본능적으로 지니고 있다고 여겨진다는 데 있다. 그 결과 그들의 이웃은 그들에게 조력자나 성적 대상일 뿐만 아니라 그들의 공격성을 충족시켜줄 유혹이기도 하다. 그들에게 이웃은 아무런 보상 없이 노동력을 이용하고, 동의 없이 성적으로 이용하며, 소유물을 빼앗고, 굴욕감과 고통을 주고 고문하고 살해하고 싶은 유혹이다. 인간은 인간에게 늑대다Homo homini lupus. 인간의 삶과 역사에 존재하는 모든 증거 앞에서 누가 그것에 이의를 제기할 수 있을까? 이 공격적인 잔인함은 대개 어떤 도발을 기다리거나 그렇지 않으면 더 온건한 수단으로도 달성될 수 있는 다른 목적에 사용된다. 공격성을 드러내기에 유리한 상황에서, 즉 보통은 공격성을 억제하는 정신

적 힘이 작동하지 않는 상황에서 공격성은 스스로를 자연스럽게 드러내 보인다. 그러면서 인간은 자신의 동족에게 인정을 베풀 생각이 없는 야만적인 동물이라는 것을 폭로한다.[70]

잔인함이 쉽게 표출된다 해도 사실 우리는 타고난 포식자가 아니라 매우 잘 살아남은 타고난 먹잇감이라면서 바버라 에런라이크Barbara Ehrenreich는 프로이트의 생각에 반대한다. 가령 우리는 유혈에 대한 욕망이 있어서가 아니라 "방어적 연대의 황홀감", "두려움을 없애는 힘"을 주는 진화적 유물에 의해 검투사 경기에 끌린다는 것이다. 따라서 에런라이크는 말한다. "우리는 인간이 전쟁에 끌리는 근원을, 인간 정신 속에 다른 인간을 괴롭히고 살해하려는 선천적인 결함이 있다는 데서 찾지 않을 것이다. 전쟁에서 우리는 우리의 유일한 적이 인간뿐인 것처럼 행동하지만, 진화론적 의미에서 우리가 전쟁에 갖는 감정은 전 인류가 필시 패했을 원시적 전투에서 나온 것이라고 말하고자 한다. 우리는 지구상에서 혼자가 아니며 우리보다 훨씬 강하고 더 잔인한 생물에게 수적으로 압도당한 적도 있었다."[71]

우리는 공동체를 형성해 서로 강한 유대감을 구축하는 사회적 존재이므로 악랄하기도 하다. 격렬한 외국인 혐오증은 열렬한 내집단 동일시로 인한 부차적 결과였다. 우리는 사랑하기 때문에 증오한다. 우리는 보호하려는 것이 있기 때문에 공격적이다. 어떤 사람들은 문명화 과정과 현대 민족국가의 국내법·국제법이 인간 본래의 공격성을 제한하고 억제한다고 생각한다. 사회적 무질서 상태에서—본질적으로 문명을 파괴하는 전장의 공간에서—우리는 더 동물적인 자아로 돌아간다. 그러나 다른 사람들은 그와 반대로 문명화 과정은 성공했다고 말한다. 이를테면 지그문트 바우만Zygmunt Bauman은 "(문명화 과정은) 자연적 충동을 인위적이고 유연한 양식의 인간 행위로 대체하는 데 성공했고, 따라서 자연적 성향이 인간 행동을 이끄는 한 상상도 할 수 없었던 규모의 비인간적 행위와 말살을 가능하게 만들었다"고 썼다.[72] 먼 옛날 동종 간 폭력을 제한하는 데 사용된 작은 관습—예를 들어 족외 결혼(집단 사이의 화합을 촉진하기 위해 사회적 단위 밖에서 결혼하는 관습)—은 강한 역사적 서사와 이데올로기적 헌신으로 규정된, 거대한 민족국가들로 이루어진 세계에서는 가망이 없다.[73] 그리고 이 국가가 중대한 경제적 문제나 극심한 사회 변화를 겪으면—특히 다른 사람들로 인한 상처에 대한 집단 기억과 결합되면(어빈 스토브Ervin Staub가 "치유되지 않은 상처"라고 부른 것)—집단적 혼란과 무기력함의 감정이 많은 사람들을 희생양으로 삼게 할 수 있다.[74]

대량학살은 현대에 생겨난 것이 아니다. 예를 들어 아테나가 멜로스를 침략했을 때 포로를 모두 학살한 것 그리고 로마가 카르타고를 약탈한 것도 모두 대량학살로 서술되었다.[75] 그러나 그 단어의 광범위한 수용(대량학살genocide이라는 용어는 라파엘 렘킨Raphael Lemkin이 만들었다)과 그 현상에 대한 철저한 연구는 모두 홀로코스트 이후의 일이다.[76] 홀로코스트가 발생한 후 학자들은 원인의 이해를 통해 참상을 예방할 수 있을 단서를 얻을 수 있으리라 기대하며 대량학살의 "선행적 특성"[77]을 열심히 그리고 철저히 찾았다. 처음에 연구팀들은 가해자들의 성격에서 공통점을 찾으려 했다. 악한 사람들에게는 무언가 망가졌거나 적어도 다른 점—뒤늦게라도 발견할 수 있는—이 있다고 생각하면 위안이 될 것이다. 권위주의적인 성격, 쉽게 편견을 갖거나 증오하는 종류의 사람이 있는가? 정신이상자인가? 분열되거나 "이중적인" 정체성을 갖고 있는가? 자극을 추구하는 성향이 있는가? 문제를 해결하는 데 다른 사람에게 의존하는 경향이 있는가? 스트레스에 대처하는 데 어려움을 갖고 있는가? 우울증을 앓고 있는가? 자기비난을 하거나 이분법적 사고를 하는 경향이 있는가? 자존감이 낮은가? 자존감이 높은가? 고압적인 아버지와 체벌을 일삼는 어머니가 있는가? 어릴 때 기본적 욕구가 좌절되었는가? 미신을 믿는가? 강함과 섹스에 집착하는가? 제임스 월러James Waller는 수십 년간에 걸쳐 이루어진 다양한 연구를 요약하면서 직설적으로 결론을 내린다. 악한 사람들의 공통된 특징이라고 알려진 것은 "평생 주차 요금 위반 정도의 범죄행위만 했을 수백만 명의 사람들도 공통적으로 갖고 있는 것"[78]이다. 악한 사람들은, 크리스토퍼 브라우닝Christopher Browning의 말로 하면 "평범한 사람들"[79]이다.

이제 대부분의 학자들은 대량학살 행위의 원인을 개인적 성격보다는 조직 정체성, 사회적 상황, 국가 이데올로기에서 찾는다. 다시 말해서 당신은 당신이 누구인가보다는 어디에 있는가로 규정된다. 벤 키어넌Ben Kiernan은 대량학살의 공통점에 대한 설득력 있는 논거로 "인종차별주의, 종교적 편견, 오래된 종교 부흥운동 집단, 영토 확장주의, 땅에 대한 경쟁과 경작에 대한 집착, 농민계급 같은 사회적 계층의 이상화"[80]를 제시한다. 스토브는 민족주의, 어려운 생활환경, 근원적인 불안과 자격 의식(특권 의식)을 결합하는 문화적 자아 개념, 다원적이기보다는 획일적인 가치 체계, 피해자가 될 집단의 가치를 폄하하는 역사, 권위주의적이거나 위계적인 사회구조를 강조한다.[81] 월러는 민족중심주의, 외국인 혐오, (진화적으로 설계된 인간 본성의 일부로서) 사회적 지배 욕구, 그리고 합리적 이기심, 도덕적 이탈, (조직적 행동에서 예측할 수 있는 유형으로서) 권위 지향[82] 탓으로 돌린다. 그리고 브라우닝은 "전시의 야만화, 인종차별주의, 직무의 분할과 정형화, 특별히 선택된 가해자들, 출세 제일주의, 명령 복종, 권위 복종, 이데올로기적 주입과 순종"[83]을 열거한다.

　많은 이들이 대량학살을 일으키는 폭력을 행사하는 능력에는 어린 시절에 시작된 문화적 훈련이 수반된다는 점을 강조한다. 가령 일본에서는 전쟁 전의 공교육에 "군국주의와 천황 숭배 사상의 체계적인 주입" 그리고 "전쟁터 상황에 기반을 둔" 산술 교육, "탐조등, 무선 통신, 지뢰, 어뢰에 대한 일반적인 정보"[84]를 비롯한 과학 교육이 포함되어 있었다. 일본 초등학교 교과서에 나오는 한 전형적인 이야기는 이와 같다. 1894~1895년에 일어난 제1차 중일전쟁(청일전쟁) 중에 한 장교가 집에서 온 편지를 읽으면서 울고 있는 수병을 보았다. 장교는 무사귀환을 비는 연인의 편지라고 여기고 젊은이가 연인과 헤어져 있는 상황을 한탄하는 것으로 어림짐작하고서는 수치스럽게 약한 모습을 보인다면서 질책했다. 그러나 젊은이는 어머니가 보낸 편지라고 하면서 아들이 전쟁터에서 수훈을 세우지도 않고 천황 폐하를 위해 영광스럽게 죽지도 않아 부끄럽다고 쓰여 있다고 말했다. 장교는 놀라면서 만족해했다.[85]

오누키-티어니 에미코는 "'천황을 위한 죽음'이라는 이 노골적인 이데올로기"를 전쟁 전 일본 사회 도처에서, 유치원의 숫자 세기 노래, 초등학교의 기관차 노래, 사탕 통에 들어 있는 경품(군가 모음)[86]에서 발견한다. 그는 일본 문화에서 벚꽃이 환기시키는 상징성이 어떻게 다양한 사회 분야에 걸쳐 천황제 체제를 받아들이고 군국주의를 미화하도록 조작되었는지에도 주목했다. 우리에게 폭력을 준비하게 하는 것들의 목록에 아름다움을 추가할 수도 있을 것이다. 민족주의 전쟁은 항상 장엄하다(노래, 행렬, 제복, 깃발, 죽음을 미화하는 멋진 은유).

가네코 씨는 의무교육의 일환으로 읽어야 했던 여러 책에 대해 말해주었다. 한 책에서는 어린아이였던 그가 특히 잊지 못할 순간을 이야기하고 있었다. 어린 주인공이 전쟁터에 나가기 위해 어머니와 헤어질 때 어머니가 말한다. "전선에 가면 천황 폐하를 위해, 조국을 위해 열심히 싸우거라, 아들아!" 가네코 씨는 군대에 가기 전에 그 이야기를 기억하고 어머니에게 말했다. "어머니, 전선에 가서 꼭 영광스러운 일을 할게요."

"어머니한테 칭찬을 받으려고 한 말이었어요." 그는 말했다. "기쁘게 해드리려고 말한 거죠. 어머니는 가만히, 조용히 듣고 계시더니 내 얼굴을 노려보면서 말했어요. '이 바보 녀석아. 엄마한

테 망할 (불명확함, 보상금을 언급하는 듯함)는 필요 없다! 그저 살아서 집에 돌아오기만 해!' 그때 나는 생각했어요. '와, 엄마가 왜 이러지?'"

전선에서 가네코 씨는 영광을 얻고 싶었다. "그건 오만함이라고 부를 만한 것이었어요. 고향에 돌아가면 사람들이 말하는 거죠. '아, 가네코가 전선에 가서 사람을 아주 많이 죽였대. 정말 대단한 일이야.' 그런 말을 하는 거죠. '아, 가네코란 사람 대단하군! 대단해!' 마을 사람들 모두 그런 말을 하겠죠? 자랑스러운 일이 되는 거죠."

사람들이 실제로 죽을 때는 달랐다고 말했다. "군인들은 죽을 때 '천황 폐하 만세!'라고 외치도록 배웠어요. 하지만 '천황 폐하 만세'라고 말한 사람은 한 사람도 없었어요. 네. 모두 '엄마, 엄마'라고 소리쳤죠. 알아요? 모두가 그랬어요. 그게 끝이었어요."

유감스럽게도 우리의 환상이 전장에서 산산이 부서져버릴 때 우리가 덜 위험해지거나 덜 잔인해지는 것은 아니다. 손쉬운 영웅주의, 불후의 개인적인 명성, 지도자들의 도덕적 정의, 희생의 영광, 우리에게 무기를 잡도록 부추긴 환영이 제대로 작동하지 않을 때 역설적으로 우리는 무모한 광란에 빠져 무기를 사용할 가능성이 더 크다.

◆

에바토 씨

공교육은 충성심과 애국심 같은 이데올로기를 주입시켰어요. 다시 말해, 이게 무슨 의미겠어요? 일본이라는 나라는, 흠, 신의 나라, 신국이라는 의미죠. 절대적으로 세계 최고 국가라는 거예요. 그런 생각이 우리에게 철저히 주입되었어요…… 잘 생각해보면 그건 다른 민족은 멸시한다는 의미죠. 그런 종류의 이데올로기예요. 우리는 어렸을 때부터 중국인을 더러운 중국놈dirty chinks이라고 부르면서 놀렸어요. 러시아인은 러시아 돼지놈Russkie pigs이라고 불렀고요. 서양인은 털북숭이 야만인hairy barbarian이라고 불렀어요. 그래서 일본인들이 군대에 들어가면 전선에서 중국인을 얼마나 죽이든 개나 고양이를 죽이는 것과 크게 다르지 않다고 생각하게 된 거죠.

또 다른 이유는 전에도 말했듯이 세상에서 절대적으로 가장 위대한 나라인 일본의 지도자, 천황 폐하에게 목숨을 바치는 것은 신성한 의무이자 최고의 영광이었기 때문이죠. 그런 이데올로기가 있어요. 군대에 가면 이 이데올로기는 점점 더 견고해지고 인격은 사라지죠…… 전투에 나가면 상관이 내린 명령에 저항할 수가 없어요. 내가 대학에서 배운 인도주의적 이데올로기는 어렸을 때부터 반복해 주입된 '충성심과 애국심'을 이기지 못했어요. 내 생각에는 초등학교와 중학교 교육만큼 중요한 건 없는 것 같아요.

그래서 그들에게 필요한 괴물을 만들기 위해서는 그 밖에 어떤 정치활동이 이루어져야 할까?

논의를 진척시키기 위해 이 질문에 일리가 있다는 생각을 출발점으로 삼아보자. 우리는 본질적으로 악한 존재가 아니며, 악한 행동을 하는 데는 **노력**이 필요하다고 가정해보자. 이 점은 확실하지 않으며 사실상 전시 행동에 관한 보통의 가정에 위배된다. 그런 잔인성은 사회화하는 제약들이 부재할 때 표출되며, 일단 전쟁터에 보내지면 사람들은 잔인함에 대한 원초적 충동을 드러낼 것이다. 사실 전투가 필요한 건 아니다. 약간의 권한 부여만 이루어지면 충분하다. 의사의 가운(밀그램의 실험에서 보았듯이)이나 교도소 간수복(스탠퍼드 감옥 실험에서 볼 수 있듯이)만 있으면 이유 없이 서로를 해치기에 충분하다.

그러나 인간이 된다는 게 어떤 것인지에 관해 이 암울한 시각을 받아들일 필요는 없다. "전시에는 법도 무용지물이다"[87]라는 키케로의 격언은 전쟁에서 일어나는 일 (우리는 도덕 규칙을 버린다) 그리고 전쟁의 내부 구조에 대한 우리의 믿음과 관련해 자명한 이치로 받아들여지곤 한다. 다시 말해 전쟁은 규칙이 없는 사건이다. 전쟁은 그 본성상 극대화된 폭력으로 기우는 경향이 있다. 그러나 전 세계 민간인**과** 전투원에 관한 유례없는 조사를 수행한 국제적십자위원회의 〈전시의 사람들에 관한 보고서〉는 그 반대에 대한 확고한 국제적 의견 일치를 보여준다. 응답자와 인터뷰이 중 4퍼센트만이 전쟁에서 "모든 것이 허용된다"고 생각했다. 59퍼센트는 전쟁에도 규칙이 있고 위반자는 이후에 처벌받아야 한다고 생각했다. 64퍼센트는 전투원들이 **"민간인에게 개입하지 않을"**[88] 도덕적 의무가 있다고 주장했다.

그런 믿음은 총격을 받을 때도 사라지지 않는다. 사실 제2차 세계대전 후 S. L. A. 마셜 육군 준장은 (오늘날에는 논란의 소지가 있는) 연구를 공개했다. 그 연구에서는 평균 100명 중 15~20명만이 전투행위에서 무기를 사용했다고 주장한다. 육군 특수부대 출신 교수 데이비드 그로스먼David Grossman 중령은 이 주장을 지지하면서 그 비율이 시간과 문화를 뛰어넘어 비교적 변함없이 안정적으로 보인다고 말한다. 다른 인간을 살해하는 데 대한 인간의 저항은 아주 커서 "많은 상황에서 전쟁터의 군인들은 그 저항을 극복하기도 전에 죽는다"[89]고 이어 말한다.

예수 그리스도가 제1차 세계대전에 참전한 군인으로 돌아와 평화주의 저항운동을 조직하는 윌리엄 포크너William Faulkner의 우화적 소설 《우화A Fable》에서는 전쟁 중 군 지휘자들에게 나타나는 아주 실제적인 불안감을 기린다. 그 불안감이란 서로 무수한 사상자를 내는 잔인한 결과에도 불구하고, 정작 전선에서는 비폭력이 놀라울 정도로 폭발적으로 증가하면서 되풀이되었다는 것이다. 수세기 동안 폭력적인 체제들은 제어를 풀어버린다고 해서 인간이 늑대가 되는 것은 아니라는 진실을 항상 이해하고 있었다. 독재자와 전쟁광은 신중하고 사려 깊으며 철저해야 하고 끊임없이 계속 해나가야 한다. 그들은 오랜 기간에 걸쳐 살인자를 만들고 유지시키면서, 한나 아렌트가 말했듯이 "모든 정상적인 사람은 신체적 고통 앞에서 동물적인 연민에 영향을 받는다"[90]는 점을 극복해낼 수 있도록 많은 것을 해야 한다.

그래서 그들에게 필요한 괴물을 만들기 위해서는 그 밖에 어떤 정치활동이 이루어져야 할까?

우선 모두가 동의하듯이 괴물들을 집단 안에 넣어야 한다. 프랑스 심리학자 귀스타브 르 봉Gustave Le Bon부터 미국 신학자 라인홀드 니버Reinhold Niebuhr에 이르기까지 사상가들은 군중과 집단행동의 위험에 대한 이론을 제시했다.《도덕적 인간과 비도덕적 사회Moral Man and Immoral Society》에서 니버는 "인간 집단의 도덕적 둔감함"을 신랄하게 비판하면서 "평범한 사람이 상상 속에서 이상으로 설정한 권력과 영광을 결코 실현할 수 없을 때 갖게 되는 좌절감"은, 권력을 맛보게 해주는 집단의 적극적인 앞잡이—필연적으로 "욕망"과 "야망"에 사로잡힌 채—가 되게 만든다고 주장했다.[91] 집단 정체성은 사회적 분열로 인해 불안정해진 사람들을 위한 보호막일 뿐만 아니라 일종의 포기이기도 하다. 니버를 비롯한 학자들이 주장했듯이 집단행동은 도덕적 최소 공통분모를 따른다.

집단행동의 익명성은 주요한 도덕적 위험 요소 중 하나이다. 필립 짐바르도Philip Zimbardo는 익명성과 공격에 관한 중대한 연구에서 다른 여성들에게 고통스러운 전기충격을 가한다고 믿게 하면서 여대생들에게 실험을 수행하게 했다. 여학생들은 후드가 달린 헐렁한 상의로 얼굴을 감춘 채 신체적으로 쉽게 식별할 수 있는 실험 대상자들에게 요구량의 두 배까지 전기충격을 가했다. 짐바르도는 이 실험에서 "탈개인화" 상태, 즉 사람이 개별적인 개인으로서 자각을 잃은 상태, 자기초점적 주의self-focused attention나 자의식이 축소된 상태에 들어가면 무분별한 행동을 하기 쉽다는 결론을 내렸다. 다른 연구에서는 군중 속이나 어둠 속에 있을 때, 페이스 페인팅이나 가면, 선글라스를 사용했을 때처럼 사람들이 탈개인화되었다고 느낄 만한 어떤 것을 했을 때 반사회적 행동의 가능성을 확대한다는 점을 보여주었다.[92]

집단 구성원으로서 정체성은 도덕적 자아가 심리적으로 깊이 감춰져 있는 탈개인화뿐만 아니라 도덕적 자아가 심리적으로 세분화된 내부 개체화intra-individuation라고 할 만한 것도 조장할 수 있다.[93] 내부 개체화된 개인의 정체성은 군중의 일반화된 측면으로 확장되거나 확산되고 녹아들지 않는다. 대신 축소되고 굳어지며 자족적인 단위로, 편협하고 소통하지 않으며 양립할 수도 없는 기능으로 구획화한다compartmentalizes. 탈개인화에서 자아가 더 이상 특별하지 않다면, 내부 개체화에서는 **타자**가 더 이상 특별하지 않다. 다시 말해 탈개인화의 경우, 자기 자신과의 관계는 자신의 집단화된 정체성을 통해 매개된다. 내부 개체화의 경우, 타자와의 관계는 자신의 특화된 사회적 역할을 통해 매개된다. 타자는 **추상 관념**이 된다. 탈개인화가 충동적인 잔인함을 부추길 때, 내부 개체화는 계산적인 잔인함을, 더 정확히는 잔인함이라고 느껴지지 않도록 충분히 합리화된 잔인함을 부추긴다.

홀로코스트의 관료, 아이히만을 생각해보자. 아니면 아서 애플바움Arthur Applbaum이 말한 대로 프랑스 공포정치 시대의 사형 집행인이었던 샤를 앙리 상송Charles-Henri Sanson을 생각해보자. 어떤 사람들은 그를 잔학한 괴물로, 다른 사람들은 "의무와 감정 사이에서 혼란을 겪은 비극적 인물"로 보았다. 그러나 그는 자신을 변호사나 의사와 다르지 않은 전문가로 보았고, 애플바움은 우리도 그렇게 보자고 비꼬듯이 제안한다. 공동체가 사형집행인이 필요하다고 결정을 내리면 사형집행인이 생길 것이다. 그리고 당신이 그 사형집행인이라면 정말 훌륭한 사형집행인이 되어야 한다. 자신의 직무를 잘해내는 것은 좋은 인간이 된다는 의미의 일부이다. 다른 사람들에 대한 책임감(자기 몫을 하는 것)과 자기 자신에 대한 책임감의 일부이다(보통을 넘어서는 것). 당신의 직무는 일반적으로 인간의 선량함을 구성하는 요소가 아닌 행동이 필요할 수도 있다. "[그러나] 외과의사의 일을 칼로 찌르기라고 하거나, 변호사의 일을 강탈하기로, 검사의 일을 납치라고 말하지는 않잖아요?" 애플바움의 철학적 대화에서는 상송이 이와 같이 묻는 상황을 상상한다. 그렇다. 훌륭한 사형집행인은 살인하고 훌륭한 의사는 고통을 무시하고 훌륭한 변호사는 거짓말을 하지만, 그런 일을 개인으로서가 아니라 역할 담당자로서 할 때는 살인하는 것도 고통을 무시하는 것도 거짓말을 하는 것도 아니다. 그래서 변호사가 자주 그리고 "의도적으로 잘못된 믿음을 유발해도" 속이는 것은 아니다. 그들은 단지 (이른바) "현혹시키는 것"이다.

사회적으로 공인된 전문화는 변호사가 자신의 특수한 역할을 수행하고, 우리가 각자 다양한 특수한 역할(시민, 아버지, 군인 등)을 하면서 완전한 인간으로서의 도덕성을 역할에 따른 제한된 도덕성으로 대체할 수 있게 한다. 에놀라 게이Enola Gay*의 조종사는 히로시마 원자폭탄 투하에 대한 도덕적 불편함을 부정했다. 그런데 우리 모두는 물에 빠지는 것만큼 쉽게 어떤 식으로든 부정한다. 사형집행인에게 의존하는 우리가 그들을 비판할 자격이 있을까? 우리가 그들에게 느끼는 불편함은 진정한 도덕적 힘에 의한 것이 아니라 개인적인 불쾌감에 의한 것이다. "나는 모든 의미에서 사람들을 **위해**, 그들의 명목, 이익, 목표에 따라 행동합니다." 애플바움의 사형집행인은 분명히 말한다. "내가 사람의 목을 벨 때마다 모든 시민, 또는 적어도 사형을 찬성한 모든 시민도 함께 목을 베는 겁니다. 그들에게 죄가 없다면 나도 마찬가지죠. 내가 비난받을 만하다면 그들도 마찬가지죠."[94]

물론 반사회적 행동이 요구되는 역할의 존재만으로는 충분치 않다. 그런 역할은 대개 자기제한적이다self-limiting. 법은 최소한의 권한을, 인격은 최대한의 저항을 제공한다. 양쪽 모두 말한다. 이 정도까지만 하라고. 전범—인터뷰이들은 자신들이 악령과 악마였다고 말했다—을 만들기 위해서는 정반대의 조합, 즉 최대한의 권한과 최소한의 인격이 필요하다.

군인이든 고문자든 살인을 하게 만들기 위해서는 그들에게 조직적인 굴욕감을 주면서 정상적으로 길들여진 정체성을 박탈해야 한다. 그들의 머리를 깎고, 똑같은 옷을 입히고, 내집단의 속어와 구호를 통해 언어를 통제하고, 모두 함께 먹고 자고 걷도록

---

* 1945년 8월 6일 히로시마의 원자폭탄 투하에 사용된 B-29. 에놀라 게이는 조종사 폴 티베츠Paul Tibbets의 어머니의 이름이다.

강요함으로써 자아의식을 집단화한다. 정보 접근성을 통제하고 가족과 친구, 보통의 세계에서 고립시킨다. 조직적인 신체적 스트레스와 수면 박탈, 가혹하고 독단적인 처벌을 가하고 이따금 보상을 준다. 군인 출신인 거의 모든 인터뷰이들이 동료 집단으로부터 받는 사회적 압력의 막대한 영향을 강조하면서 집단 괴롭힘과 수치 주기, 특히 따귀 때리기와 구타에 대해 말했다. 그리고 체제가 자신의 행동에 대한 책임 의지를 갖는 게 중요하다고 모두가 강조했다. 사람들을 그렇게 만들기 위해 체제는 복종과 순종에 대한 정상적인 인간의 충동—집단 이타주의와 도덕성을 불러일으킬 수 있는 그 충동—을 활용하는 대신 그 충동을 폭력으로 향하게 한다. 한 영국인 군인은 그 방식을 다음과 같이 설명한다. "성인의 세계에서 정체성을 확립하고자 필사적인 젊은이에게 군인의 용맹함이 남성성의 전형이라고 믿게 하는 것, 통솔자의 권위를 절대적으로 받아들이도록 가르치는 것, 엘리트의 일원이 되게 함으로써 과장된 자존심을 심어주는 것, 공격을 중시하고 자기 집단에 속하지 않은 이들의 인간성을 말살하고, 어떤 곳에서든 그를 관리할 도덕적 제재 없이, 어떤 수준의 폭력이든 사용할 수 있도록 허가하는 것이다."95

　　그러나 괴물을 만드는 것은 단지 길들이는 문제가 아니라 서사의 문제이다. 보통 뉘우치지 않는 전범들에게는 **나는 이 일을 해내야 한다는 짐을 지고 있었다**는 자아의식을 유지하게 하는 과장된 자기연민을 볼 수 있다. 로버트 제이 리프턴Robert Jay Lifton은 아우슈비츠의 나치 의사들에게서 이런 이야기의 원형을 본다. 그의사들은 자신들의 일이었던, 끔찍하지만 필요했던 살인행위를 "불멸의 게르만 민족"[96]을 위한 자기희생적 고난으로 여겼다. 그와 같은 자기사면은 독일을 비롯한 여타 지역의 카리스마 있는 지도자들이 역사적 사명과 유토피아적 가능성이 있는 이야기를 제시함으로써 가능해졌다. 그것은 행동의 개별성을 모호하게 만드는, 추상적이고 신화적이기까지 한 시간으로의 심리적 진입이다.[97]

따라서 폭력과 사회적 역할에 대해 생각하는 최선의 방법은 다음과 같을 것이다. 문제는 폭력을 허용하는 특정한 역할에 사람들을 몰아넣는 것이 아니라 그 역할이 충분히 명확하지 않다는 것이다. 전쟁에서는 모든 것이 기이하다. 풍경은 낯설고 비현실적으로 보이며, 우리는 우리가 도덕적 판단을 의지해온 모든 준거 집단과 떨어져 있다. 어느 것도 친숙하지 않으며, 현실을 직시하게 하지 않는다. 전쟁은 우리를 혼란스럽게 한다. 그런 혼란 속에서 우리는 새로운 도덕적 실재를 만들기 시작한다. 퇴역군인인 팀 오브라이언Tim O'Brien은 말한다. "어쨌든 평범한 군인에게 전쟁은 대단히 흐릿하고 짙게 지속되는 안개의 느낌—정신적 느낌—을 준다. 명확한 것은 없다. 모든 것이 빙빙 돈다. 오래된 규칙은 더 이상 구속력이 없고 오래된 진실은 더 이상 사실이 아니다. 옳음이 잘못으로 번진다. 질서는 혼란에, 사랑은 증오에, 추함은 아름다움에, 법은 무정부 상태에, 시민의식은 야만성에 뒤섞인다. 망상에 빨려들어간다. 자신이 어디에 있는지 또는 왜 거기에 있는지 알 수 없고, 유일하게 확실한 것은 압도적인 애매모호함뿐이다."[98]

애쉬 동조 실험Asch conformity experiments에서는 피험자들에게 몇 개의 선을 보여주고 길이가 일치하는 것을 찾도록 한다. 실험 참가자들은 어려움 없이 선의 길이를 정확히 식별한다. 그러나 참가자로 자처한 배우들이 둘러싼 채 부정확한 선을 선택하면 기존 참가자들은 그들에게 순응하면서 분명히 식별 가능한 선들을 잘못 식별한다. 참가자들은 처음에는 혼란과 불편함을 나타내면서 보통 저항하지만 실험이 반복됨에 따라 눈에 띄게 패배감에 빠져 무관심한 태도로 집단의 판단에 동의하기 시작한다. 이 실험에서 심리학자들은 정보적 순응성(참가자들은 그들 자신의 판단에 의심을 품기 시작한다)과 규범적 순응성(참가자들은 집단 판단이 잘못된 것을 알지만 동의하지 않음으로써 규범에서 벗어난 것으로 보이고 싶어 하지 않는다)을 구별한다. 어느 쪽이든 이 실험이 보여주는 중요한 사실은 사람들로 하여금 세계의 기본 원리를 부인하도록 하는 것이 매우 쉽다는 점이다.

이 슬픈 사실은 20세기 전체주의에서 드러난 중요한 발견이다. 한 학자는 아렌트의 연구를 토대로 다음과 같이 말한다. "우리는 인간에게는 변할 수 없는 것이 있고, 인간적 자아에는 심오한 것, 제거할 수 없는 양심이나 책임감의 목소리가 존재한다고 절실하게 믿고 싶을지도 모른다. 그러나 전체주의 이후 우리는 더 이상 이런 믿음에 매달릴 수 없다. 그것이 지금 우리를 괴롭히는 망령이다."[99]

그러나 더 무서운 것은 전체주의는 결코 필수가 아니라는 점이다. 제대로 훈련받지 못한 젊은 집단을 낯설고 공포스러운 환경에 두고 그저 가볍게 혹은 어떤 규정 없이, 분명치 않은 역할을 부여해보라. 그들이 혼란스러워하는 와중에 저지른 각각의 작은 해로운 행동은 그다음 행동을 더 정상적인 것처럼 보이게 할 것이다. 시간을 주면 그들은 결국 도덕적 정체성을 버릴 것이다. 그러나 그것은 그들이 비인간적이기 때문이 아니다. 그들이 인간적이기 때문에 그렇게 하는 것이다.

◆

1971년 필립 짐바르도는 스탠퍼드대학교에서 모의 감옥 실험을 진행하기 위해 대학생들을 모집했다. 피험자들은 임의로 '수감자'나 '교도관'의 지위를 할당받은 후 그들의 지위에 따라 역할을 수행하도록 요구받았다. 짐바르도는 스탠퍼드대학 심리학과 건물 지하에 설치된 모의 감옥에서 학생들을 몇 주 동안 함께 살게 하고 연구원들과 집단 역학을 연구하고자 했다. 그러나 그는 얼마 지나지 않아 실험을 통제하지 못했고, 며칠 만에 실험을 취소해야 했다.

실험은 일요일에 시작되었다. 짐바르도는 지역 경찰을 설득해 수감자가 될 피험자들을 긴급 체포하게 했고, 적어도 한 일가족을 비롯해 일부 목격자들은 그 체포가 진짜라고 믿었다. 모든 피험자가 지하 감옥에 모이자 행동은 빠르게 악화되었다. 짐바르도는 화요일에 일어난 일에 대해 다음과 같이 설명한다. "수감자들은 남루해 보이고 흐릿한 눈을 하고 있다. 우리의 작은 감옥은 뉴욕 지하철역의 남자 화장실처럼 냄새가 나기 시작한다. 일부 교도관은 화장실에 가는 일조차 드문 특혜로 만들었고 소등 후에는 아예 허용하지 않은 것 같았다. 밤에 수감자들은 감방 안에서 양동이에 소변과 배변을 봐야 했고 일부 교도관은 아침까지 양동이를 비우지 못하게 했다."[100]

하지만 그 시점에서 짐바르도는 자신조차 가상 역할극, 이상하게 생각하기와 행동하기의 압력에 굴복한 것을 깨달았다. 그는 점점 더 심리학자보다는 교도소 관리자처럼 행동했는데, 소문이 무성한 감옥 습격 가능성에 집착하면서 면회 온 수감자들의 부모들에게는 걱정의 기색을 숨기고자 했다.

수요일에 짐바르도는 신부에게 수감자들을 면담하도록 조처했다. 그는 이 만남을 다음과 같이 기술했다.

재소자 스튜-819는 말 그대로 형편없어 보였다. 눈 아랫부분은 거무스름했고 빗질을 하지 않은 머리카락이 사방으로 뻗쳐 있었다. 오늘 아침 스튜-819는 나쁜 짓을 했다. 화를 내면서 감방을 어지럽혔고 베개를 뜯어서 온 사방에 깃털을 뿌려댔다. 그는 구멍(독방)에 보내졌고 감방 동료가 난장판을 치워야 했다. 그는 어젯밤 부모님이 면회를 다녀간 후에 우울해했다.

신부: "가족이 변호사를 구해줄 수 있을지에 대해 의논해보았는

지 모르겠군요."

819: "가족들은 내가 죄수라는 걸 알고 있어요. 가족들에게 내가 여기서 무엇을 하고 있는지, 번호, 규율, 싸움에 대해 얘기했어요."

신부: "지금 기분이 어때요?"

819: "두통이 심해요. 의사가 필요해요."

나는 개입해서 두통의 이유를 알아내려 했다. 전형적인 편두통인지 아니면 피로, 배고픔, 열, 스트레스, 변비, 시력 문제로 인한 것인지 물었다.

819: "그냥 진이 빠진 것 같아요. 불안해요."

그러더니 그는 감정을 주체하지 못하고 울기 시작했다. 눈물을 흘리면서 크게 한숨을 내쉬었다. 신부는 그가 눈물을 닦을 수 있게 조용히 손수건을 건네주었다.
"그렇게 나쁘지는 않아요. 여기에 있은 지 얼마나 됐죠?"
"겨우 3일이에요!"
"앞으로는 감정에 덜 치우치게 될 거예요."[101]

목요일쯤에는 교도관이 수감자들에게 성적 굴욕감을 주었다.

"자, 다들 주목해라. 너희 셋은 암컷 낙타가 된다. 이리 와서 손으로 바닥을 짚고 엎드려." (그들이 지시에 따르자 죄수복 안에 속옷을 입고 있지 않았던 수감자들의 엉덩이가 노출되었다.) 헬먼은 즐거워하면서 계속했다. "너희 둘은 수컷 낙타다. 암컷 뒤에 서서 구부려."

버단이 이 중의적 표현에 낄낄거렸다. 서로 몸이 닿지는 않았지만 무력한 재소자들은 성교를 하는 듯한 동작을 취하면서 항문 성교를 흉내 냈다.

다음 날인 금요일에 짐바르도는 실험을 끝냈다.

그 후 학생들은 그 놀라운 경험을 돌이켜보도록 요청받았다. 한 교도관은 수감자와 벌인 폭력적인 싸움을 상기하면서 설명했다. "그때 나도 그들과 마찬가지로 수감자라는 점을 깨달았어요. 나는 그저 그들의 감정에 반응했을 뿐이었죠. 그들은 행동하는 데 있어 선택할 수 있는 기회가 더 많았어요. 우리에겐 그런 기회가 없었다고 생각해요. 교도관과 수감자 모두 가혹한 상황에 의해 억압되었지만 우리 교도관들은 자유에 대한 환상을 가지고 있었죠. …… 나중에 우리 모두 그 환경 속에 있는 무언가의 노예였다는 것을 깨달았어요."[102]

에바토 씨

맞아요, 맞아요, 맞아요. 네, 일본 군대의 신병훈련은 극도로, 한 마디로 말해 야만적이라고 할 수 있었어요. 어떻게 했는지 알아요? 신병들은 고참들이 있는 방에 보내져요. 그러면 고참들은 교육이라고 부르는, 이 신병훈련이라는 건 사실 지루함을 〔불명확함〕하는 거였어요. 이미 군대에 신물이 난 고참들은 밤낮으로 신병들에게 체벌을 내리죠. 〔약간 웃으면서〕 체벌이 뭔지 알겠어요? 뺨을 때리는 거죠…… 따귀를 후려갈기는 거예요……

따귀요?

바로 여기요. 종일 계속해서 때리죠. 맞는 이유라는 건 지명받고서 대답을 잘못했다는 거였어요. 아니면 대답을 했는데 잘난체했다 거나요. 〔웃음〕 마치 신병이 뽐내며 다니기라도 한 것처럼 말이죠. 아니면 신발이나 무기 관리를 하지 않았다는 이유였어요. 그런 일 때문에 밤낮으로 따귀를 맞게 돼요. 결국 낮이든 밤이든 따귀를 맞지 않을까 생각하게 되고, 요컨대 인간이 갖고 있는 감정과 이성이 이 체벌로 인해 완전히 말살되어버리죠. 상관이나 고참이 말하면 로봇처럼 반사적으로 답할 수 있게 돼요. 그래서 각각의 개별적인 인간이 갖고 있는 인격이 죽어버린다고, 말살된다고 할 수 있어요. 그렇게 만들어서 상관의 명령에 로봇이나 노예처럼 반사적으로 응하도록 하는 거죠……

———◆———

가네코 씨도 다른 사람들과 마찬가지로 권위를 추앙하도록 훈련 받았다고 말했다. 많은 이들은 당시 일본이 이런 면에서 유례없이 극단적이었다고 주장했다. 그러나 사실 모든 체제는 (다른 방법과 다른 강도로) 국민들에게 복종을 훈련시킨다. 그리고 전쟁과 대량학살이 가능한 것은 우리 스스로가 복종하기를 **원했기** 때문이다. 우리는 우리의 선택에 대한 책임을 다른 사람에게 넘김으로써, 실존주의자 시몬 드 보부아르Simone de Beauvoir가 "자유의 고통"[103]이라고 부른 것에서 도피하기를 원한다. 우리는 지도자가 우리에게 의미를 만들어줄 수 있을 거라고 믿으려 하면서 개별적인 행위주체성의 끔찍한 무게를 기꺼이 포기한다. 제2차 세계대전 퇴역군인인 제시 글렌 그레이Jesse Glenn Gray는 군인들이 "책임에서 벗어나면서" 경험하게 되는 "만족감"에 대해 말한다. "군인이 되는 것은 자신의 그림자에서 벗어나는 것과 같았다." 그는 사람들이 군 복무서약에 대해 말하는 것을 자주 들었다고 한다. "오른손을 들어 서약했을 때 나는 내 행동의 결과에서 자유로워졌다. 그들이 말하는 대로 하면 아무도 나를 비난할 수 없는 것이다."[104] 인간의 집단 폭력은 복잡하고 혼란스럽지만, 대부분의 경우 한 사람이 (항상 그렇지는 않지만, 대개 한 사람) 자신의 행위주체성을 다른 사람에게 내주는 것을 허락하는 이 단순한 순간에서 그 기원을 찾을 수 있다.

상관의 명령이라는 원칙에는 복종에 대한 매력적인 단순함, 명료함이 발견된다. 그러나 우리는 그보다 더 광범위한 단순함을 추구한다. 혼란스러운 순간에 닥쳤을 때 선택의 단순함만이 아니라 세계관의 단순함도 추구한다. 우리는 존재를 위안이 되는 명확함으로 규정하도록 복잡하고 불확정적인 상황에서 도피할 필요를 느낀다. 유명한 나치 당원이 언젠가 말한 적이 있다. "나는 나치 친위대가 지도해준 것을 아주 감사하게 여겼어요. 우리 모두 고맙게 생각했죠. 많은 사람이 조직에 들어가기 전에는 당황하고 있었거든요. 우리 주위에서 무슨 일이 일어나고 있는지 이해하지 못했고 모든 것이 뒤죽박죽이었죠. 나치 친위대는 우리가 이해할 수 있는 단순한 생각을 제시했고, 우리는 그것을 믿었어요."[105]

광신fanaticism은 의미를 명확히 하고 정체성에 힘과 구조를 부여하며 혼란스러운 세계에서 자신감 있게 행동할 수 있게 해준다. 그것은 고통에 의미의 틀을 제공함으로써 고통을 완화시킨다. 광신은 우리가 그것을 가장 필요로 하는 곳에서 목표를 약속하고, 가장 힘든 경험조차 우리의 가장 심오한 가치를 구현할 기회로 전환시키며, 트라우마를 비극으로 바꿔놓는다.[106] 사실 광신은 인간 정체성의 필연적인 측면이고 사회적 질서의 전제 조건이다. 하지만 사람들이 사회적 규범이나 스스로의 가치와 부합하는 것에 대해 광신적인 태도를 보일 때, 우리는 그것을 광신이라고 부르지 않는다. 우리는 그것을 '믿음'이라고 부른다. (가령 천황에 대한 인터뷰이들의 젊은 시절의 헌신이 아니라 중귀련의 반국가주의적 평화주의 활동이 광신으로 규정될 때 나는 주춤하게 된다. 내게는 양쪽 모두가 동일한 감정구조의 산물로 보이긴 하지만 말이다. 그것은 이전에는 신념을 뒤흔들어놓는 전쟁터의 참사를 뛰어넘을 수 있게 했고, 현재는 조국에 대한 경멸을 넘어설 수 있게 하는 끈질긴 헌신 능력이다.)

복잡한 문제들과 더불어 불가피하게 불완전한 해결책으로 이루어진 세계에서, 광신은 단순하고 완전한 해결책을 약속한다. 폭력도 마찬가지다. 20세기 중반 중귀런 회원들의 세계를 단순화하고 명확하게 만든 것은 외집단을 식별하고 강등시키는 것이었다. 특히 한국인과 중국인을 부당하게 취급하기 위한 준비였다. 다른 대량학살의 경우에서처럼, 당신이 해야 할 일은 피해자를 적절한 표적으로 보이게 만드는 것이다. 포괄적인 프로파간다 프로그램을 통해, 미디어와 교육을 통해, 당신이 표적으로 삼고 싶어 하는 그 사람들은 우리와 다르다고, 그들은 여기에 속하지 않는다고 강조한다. 그들의 이질성을 강조하고, 그들이 진정한 인간 공동체로부터 배제되어 있음을 강조한다. 그들이 우리와 다르지 않다면 그들은 우리의 존중을 받을 만하고 실제로 자연스럽게 존중을 받을 수 있다는 것이다. 이런 작업은 매우 결정적이다. 아마도 누구에게나 선천적으로 존재할, 동일종 간 폭력에 대한 인간의 강한 억제력을 극복하기 위해서는 에릭 에릭슨Erik Erikson이 "유사 종pseudo-species"이라고 부른 것을 형성해야 한다. 유사 종은 "인간의 정체성"을 구체화하는 의례를 통해 확립된 내집단이다. 살인은 적 집단을 완전한 인간이 아닌 것으로 집단적으로 재개념화할 때 용이해진다. 그리고 그에 따라 "적대적인 정체성"을 지닌 그 집단의 어떤 개별 구성원이 치명적 폭력에 적합한 표적인지 결정이 이루어진다.[107]

순수성은 여기서 특히 유용한 개념이다. 한 문화가 양자택일적인 양극화된 사고를 잘 발전시킨다면 세계를 순수한 것과 순수하지 않은 것으로 분리할 수 있다. 순수하지 않은 것은 상처를 받아 마땅하다. 순수하지 않은 것이 본질적으로 혐오스럽기 때문만이 아니라 그것이 순수한 것의 공동체를 오염시킬 우려가 있기 때문이다. 진정한 악순환 속에서라면 순수한 것도 폭력에 노출될 만하다. 양극화된 순수의 모든 요구를 결코 구현할 수 없기 때문이다. 그것은 그들의 은밀한 죄책감과 자기혐오가 증폭된 경멸로 불순한 것에 투사된다는 것을 의미한다. 리프턴은 이를 "집단적인 증오, 이단자 제거, 정치적·종교적 성전聖戰"[108]의 요소라고 말했다.

제2차 중일전쟁에서 발생한 극단적인 인종차별주의는 다른 폭력적·비폭력적 싸움에서 사용된 인종차별주의와 마찬가지로, 변화하는 역사적 갈등과 기만적인 문화적 재서술의 산물이었다. 마이클 위너Michael Weiner는 일본과 중국 사이의 민족적 갈등을 도쿠가와 시대 말엽까지 추적해간다. 당시에 국학國学[국가의 학문] 학자들은 수세기에 걸쳐 "문명과 도덕의 주요한 원천"으로서 중국 유교에 의지해온 전통을 전복시켰다. 학자들은 중화사상을 거부하면서 "중국 및 기타 국가에 대한 일본 문화의 본질적인 우월성을 확립하고자 했고, 이런 국면에서 19세기 제국주의적 수사의 조짐이 나타났다". 새로운 문화적 서사에 따르면, 고대 신국의 순수성은 "유교와 불교의 형태를 취한 외적 동인에 의해 사실상 변질되었다. 외국 문화에 대한 굴종은 진정한 화혼和魂[일본의 고유한 정신 또는 혼]을 흐리게 만들었고 세계 질서에서 일본의 정당

한 위치를 박탈해버렸다".[109]

　　메이지 시대에 국가신도國家神道라는 형태의 종교 국가주의와 아버지인 신성한 천황 아래 결속된 가족국가 이데올로기를 옹호한 것은, 분명하고 동질적인 일본 국민과 독특한 일본 문화 개념을 확고히 하도록 도왔다.[110] 《니혼》 신문에서도 말했듯이 서구 제국주의의 압력은 이러한 민족주의와 민족 예외주의를 더 악화시켰다. "한 국가가 강대국들 사이에서 자주성을 지키고 싶다면 민족주의를 양성하도록 항상 매진해야 한다. …… 국가에 애국심이 부족하다면 어떻게 국가가 존재하길 바랄 수 있겠는가? 애국심은 민족주의에서 자라난 '우리'와 '그들' 사이의 구별에 근원을 두고 있으며, 민족주의는 유일무이한 문화를 지키고 발전시키는 기본 요소이다."[111]

　　한국인들에 대한 인종차별주의는 20세기 초반의 식민지 지배와 한국인 노동자의 일본 유입과 아울러 번성했다.[112] 식민지화는 피식민지인을 덜 문명화된 인종, 인종적으로 순수한 일본의 지도를 받을 필요가 있는 열등한 인종으로 보는 시각을 요구했고 그것을 발전시키는 데 기여했다.[113] 다케코시 요사부로*는 그와 관련해 다음과 같이 썼다. "한국인들을 천천히 점차적으로 발전으로 이끌 수는 있지만 그들에게 갑자기 새로운 삶을 시작하게 하는 것은 모든 사회학과 생물학의 법칙에 어긋난다."[114] 서구 식

---

*　　1865~1950. 일본의 군국주의 역사학자. 중의원을 지내기도 했다.

민주의와 마찬가지로 일본 식민주의의 자선적인 "포용"에는 인종적 혼합과 폭력적인 저항에 대한 두려움이 스며 있었다.[115] 가령 1923년의 간토 대지진 후에는 폭동을 일으켰다는 근거 없는 소문 때문에 6000명의 한국인이 살해되었다.[116]

이러한 인종주의는 오늘날에도 효과가 있다. 2005년에는 《혐한류》와 《중국 입문》이라는 두 권의 일본 만화가 큰 성공을 거둬 베스트셀러가 되었다. 《혐한류》의 독자들과 주인공은 한국이 월드컵에서 부정행위를 했고 현대 한국의 성공은 일본 식민주의 덕분이라고 이해한다. 《중국 입문》에서는 제국주의 전쟁범죄를 부인하고 중국을 동족상잔에 사로잡혀 있는 "매춘 강대국"으로 표현한다. 역사학자 요시다 유타카는 그와 같은 문화 현상이 국가의 불안정성을 보여주는 징후라고 말하면서 현대 일본은 "자신감이 부족해서 치유의 이야기가 필요하다"[117]고 단언한다.

———◆———

인터뷰이들은 이 모든 것—인종주의, 군사 훈련, 절대적인 복종에 대한 맹세, 늘 긴장해야 하는 전투 상황으로 투입되는 것—조차 그들을 살인자로 만들기에, 그런 잔혹한 짓을 저지르게 하기에는 충분하지 않았다고 생각했다. 가네코 씨는 처음으로 무장하지 않은 민간인을 죽인 경험에 대해 이야기했다.

그래서 상관들은 군인들에게 사람을 죽이는 훈련이 필요다고 생각했어요. 그래서 우리가 마을에 들어갔을 때 마을 사람들 몇 명, 한 열 명 정도를 끌고 왔어요. 열 명에서 열다섯 명 정도 되는 사람들을 모두 나무에 묶어뒀어요. 그들을 나무에 묶어둔 채 우리 중 열 명 정도를 나무 앞에 길게 줄지어 세웠어요. 우리는 소총을 들고 있었고요. 소총에 총검을 꽂은 채로요. 칼날을 뽑아 소총에 꽂은 채 그 사람들 앞에 서 있었어요. 그런 다음 "중국 놈들을 죽여라"라는 명령을 받았어요. 우리는 돌진해 나가서 심장이 있는 왼쪽 부위를 겨냥해 찌르려 했지만 처음으로 사람을 죽이는 일이 그렇게 무서운 일이 될지는 생각하지도 못했어요. 모두 두려워서 떨고 있었어요. 떨었죠. 일대일로 싸우게 되면 적을 죽이거나 아니면 내가 죽는 거잖아요. 우리는 꿈속에서 하듯이 찔렀어요. 적이 나무에 묶여 있어서 죽이는 건 쉬웠는데도 우리는 무서워서 떨고 있었어요.

내 상대는 나무에 묶인 채 내 얼굴을 노려보고 있었어요. 나는 위치를 겨냥해서 가슴 왼쪽 부분을 찔렀는데 손이 몸에 부딪혀 미끄러져버렸죠! 이런 식으로 했는데 너무 무서워서 손이 미끄러진 거예요. 그래서 찔렀는데도 총검이 겨우 이만큼만 들어갔어요. 그러자 군인 훈련을 맡은 고위직 '교관'이 "일본군답게 싸우고 있는 거냐, 이 바보 자식아?!"라고 하면서 손을 들어 나를 때렸어요. 나는 한 번도 제대로 해내지 못했어요. 군인들 대부분이 총검으로 사람을 찌르지 못했어요. 총검으로 찌르지 못하니까 결국 고참병 몇 명이 "자, 〔이 쓰레기들아), 내가 하는 걸 봐라" 하면서 시범을 보여줬어요. 이 절반 정도 되는 칼로요. 칼을 이런 식으로 잡은 채 찔렀죠. 보통은 칼로 찌르면 바로 여기에 갈비뼈가 있잖아요. 갈비뼈 폭과 칼의 폭을 비교하면 칼날의 폭이 더 넓죠. 바로 찌르면 〔칼날이〕 몸에 들어가지 않아요. 그런데 고참들은 〔칼을〕 어느 정도 밀어넣은 다음 이렇게 비틀어 돌려요. 그렇게 하면 폭이 좁아지죠. 그렇게 〔칼날이〕 미끄러지듯이 들어가죠. 우리는 그런 훈련을 받았어요.

가네코 씨를 비롯한 인터뷰이들은 꾸준히 잔인함에 이르러야 한다고 강조했다. 다른 사람을 죽인다는 생각만 해도 떨던 사람들이 죽이고 싶은 마음을 갖게 하고, 떨지 않고서는 총검을 잡지도 못하던 사람이 냉정하고 재빠르게 칼을 비틀어서 흉곽을 통해 바로 찌를 수 있게 하는 데는 시간이 걸린다. 피해자들이 모욕을 받아 마땅해 보일 때까지 체계적으로 그들에게 굴욕을 주어야 한다. 달리 말해 전시 중에 집을 약탈하거나 때리고 욕설을 퍼붓는 것과 같은 치명적이지 않은 행위로 적에게 굴욕을 주는 행위는, 사고나 실수 또는 어떻게든 감당할 수 없게 되어서 일어난 일이 아니다. 그것은 훈련 과정에 속한 의도적인 부분이다.[118] 수치심을 느끼고 굶주리고 다치고 맞고 굴욕감을 느끼는 사람은 비참해 보이기 시작하고, 수치심을 느끼고 굶주리고 다치고 맞고 굴욕감을 느끼기에 마땅한 것처럼 보이기 시작한다. 그것은 그 사람을 죽이는 일을 더 쉽게 만들어준다.

심리학자들은 이 과정을 '공정한 세상just-world' 가설로 설명한다. 우리의 주변 환경을 의심하는 데서 오는 스트레스는 시간이 흐르면 더 감당하기 어려워진다. 일상의 정신적 균형은 세계가 근본적으로 안전하고 공정하다는 가정에 의지한다. 우리가 충격적이고 분명 무분별해 보이는 고통을 볼 때 이 '공정한 세상'이라는 가정은 위협받게 된다. 그런 도덕적 불안정성이 야기하는 불안을 피하기 위해 우리는 고통받는 사람이 그럴 만한 일을 했을 거라고 확신한다. 어쨌든 세계는 정당**하다**. 보부아르는 끔찍한 예를 제시한다. "직접 경험해본 이들은 시체 위를 걷는 건 쉽고, 시체 더미 위를 걷는 건 더 쉽다고 말한다. …… 나는 알제리에서 많은 식민지 이주자들이 불행으로 무너진 아랍인들을 경멸하면서 자신들의 양심을 달래는 것을 보았다. 불행하면 더 불행할수록 아랍인들은 더 경멸할 만하게 보였고, 그에 대해 양심의 가책을 가질 어떤 여지도 없었다."[119] 가해자 체제는 양심의 가책을 갖게 하는 조건을 조직적으로 제거해야 한다.

물론 잔인함이 항상 또는 단지 주입, 훈련, 의도의 결과는 아니다. 그것은 상황에 따른 것으로, 스트레스, 분노, 공포의 결과이기도 하다. 그것은 "바로 지금the now"의 결과이다. 조너선 셰이Jonathan Shay는 베트남전쟁으로 인한 외상 후 스트레스 장애를 다룬 중요한 분석에서 군인에게 "베르세르크 상태berserk state"*를 촉발시킬 수 있는 충격에 대해 말한다. "배신, 모욕, 통솔자로부터 받은 굴욕감, 전우의 죽음, 부상, 격파되거나 포위되고 함정에 빠져버린 것, 전우가 적 때문에 불구가 된 채 죽은 것을 본 경험"[120]

이 그것이다. 폭력에 대한 충동—'베르세르크 상태'로 인한 폭력조차—은 일종의 스트레스 요인에 대한 자연적인 인간적 반응이다.

그러나 체계와 계획도 있기 마련이다. 피해자를 비난하고, [고통에] 둔감하게 만들며, 직업상의 동기를 위협 및 처벌과 결합하는 것이다. 잔혹함은 단계적으로 확대되는 책략이다. 중귀련 회원들은 그 과정을 다음과 같이 말한다.

사카쿠라 씨: 그들은 우리에게 보고 배우게 하죠. 더 이상 형체를 알아볼 수 없을 때까지 사람을 찔러요. 아마 서른 명이나 스무 명 정도의 사람들이 다 함께 칼로 찔렀을 거예요. 우리는 보고 있었고요. 부대로 돌아가서 우리 중 절반 정도는 음식을 먹지도 못했어요. 저도 그랬지만 기분이 좋지 않았어요. 칼에 찔린 시체 모습이 떠오르면 음식을 먹을 수 없었죠. 그게 사실이에요. 그러고는 익숙해져요. 첫 번째, 두 번째, 세 번째가 되면 익숙해지고 그런 생각이 들어요. "이걸 하면 실적이 올라갈 거야."

가네코 씨: 일본 군대에서는 머리를 때리지 않아요. 몸을 때리죠. 바로 여기요. 바로 여기예요. 맞고 나면 그 부위가 부어올라

서 음식을 먹을 수 없지만 그런 방법을 쓰는 거죠. 머리는 타박상을 입을 수 있으니까 절대 머리는 때리지 않아요……

신병이었을 때는 이런 식으로 사람의 가슴을 찌르죠. 동료 병사 한 사람은 "못하겠습니다!"라고 소리쳤어요. 하지만 1년 후에는 눈도 깜빡이지 않고 사람을 죽였어요. 1년 후에요. 사람을 죽이면서 "와, 와"라고 외친 게 다였어요. 전에는 못했었죠. 그러다가 고참한테 뺨을 열 대 정도 맞았어요. 그러고 나서도 하지 못했어요. 그런데 1년 후에는 반대로 스스로 했죠. 군대가 끔찍한 게 그런 거예요.

(머리를 베는 데) 익숙해지지 않으면 당연히 손을 떨게 돼요. 그러면 머리를 다 베지도 못하죠. 그 중국인은 머리가 다 잘리지 않은 채 고통으로 몸부림치고요. 그래서 결국에는 칼로 찔러 죽이게 되죠. 두 번이고, 세 번이고 찌르게 되죠. 두 번, 세 번 하다보면 요령이 생겨 강인해져요. 그러다가 머리가 완전히 잘라져 한 번에 쿵 하고 떨어지죠. 이제 아무 문제없이 해내게 되는 거죠. 하지만 군인들에게는 일본도가 없어요. 그러면 무엇으로 머리를 자를까요? (**통역사: 모르겠어요.**) 장교는 머리를 자르죠. 우리 군인들에게는 일본도가 없고요. "우리도 머리를 자르고 싶다! 같이 해보자!"라고 해요. 그리고 짚을 자를 때 쓰는 도구 알아요? 말 먹이를 만들기 위해 짚 자르는 도구요. (불명확함)에 쓰는 거요. 그걸 가져다가 그 위에 중국인의 머리를 올려놓고 묶어놨어요. (중얼거리듯 말하며) 다섯, 여섯 명이 그 사람을 잡고 퍽 하고 머리를 잘랐어

요. 그런 식으로 강인해지게 만들어요.

구보테라 씨: 명령에 불복종하면, 어쨌든 간에 전장에서 명령에 불복종하면, 사형된다고 했어요. 그리고 사형되지 않더라도 군법회의에 회부되니까 누구도 불명예스러운 일을 할 생각은 하지 않았죠. 나도 일등병이 되는 데 욕심을 내고 있었으니까 그런 사람 중 하나였고요…… (불복종하면) 더 높은 계급으로 올라가는 길이 완전히 막히죠…… 나는 진급하고 싶었어요…… 인간은 단순하지 않은 것 같아요. 온갖 종류의 일에서 복잡한 감정이 드러나죠.

결국 그들은 스스로도 믿을 수 없는 일을 저질렀다.

구보테라 씨: 완만하게 경사진 시골이었어요. 저만치 먼 곳에는 산이 많이 있었는데 소대장이 쌍안경으로 보고 "저기 사람이 있다!"고 해서 그쪽으로 갔어요. 서둘러 갔더니 구덩이에…… 아…… 어머니와 아이가 있었어요. 그리고…… 생각해보면 아주 잔인한 행동이었는데요…… (소대장이) "구보테라 이등병! 사살해!"라고 소리쳤어요. 예상치 못한 일이었어요. 하지만 소대장의 명령에 불복종할 수는 없어서…… 흠…… 그들에게 총을 쐈어요.

내가 쏜 게 아이든 뭐든 차마 볼 수 없었어요. 나는 재빨리 돌아와버렸고 다른 사람들이 가서 확인할 때까지 어떻게 됐는지도 몰랐어요. 잔인한 일이었지요. 어머니와 아이가 함께 있는데…… 그건 아주 흔한 일이어서…… 아이를 쏘는 건…… 정말…… 상상도 못할 일이었어요. 하지만 우리는 소대장의 명령은 천황 폐하의 명령이라고 배웠어요. 흠…… 나는 명령에 따라 방아쇠를 당겼지만 지금 생각하면 그런 잔인한 짓은 내가 죽게 된다고 해도 하고 싶지 않아요.

아우슈비츠 생존자인 장 아메리Jean Améry는 〈고문Torture〉이라는 글에서 "첫 번째 구타"에 대해 말한다. "첫 번째 구타는 수감자에게 자신의 **무력함**을 뼈저리게 느끼게 하며, 거기에는 앞으로 일어날 모든 것이 이미 포함되어 있다." "도움에 대한 기대, 도움에 대한 확신"은 "인간의 근본적인 경험" 중 하나다. 아메리는 계속해서 말한다. "그에게 가해지는 첫 번째 구타를 통해 그는 잠정적으로 '세상에 대한 신뢰'라고 부를 수 있는 것을 잃게 되리라고 나는 확신한다."[121] 이런 비교가 매우 잘못되었다는 걸 알지만, 가해자가 되는 사람에게도 유사한 이야기가 적용될 것 같다. 첫 번째 구타를 가하면서 그 사람의 세계의 끝이 시작되는 것이다. 구보테라 씨는 말했다. "나는 군대에 들어가서 인간성을 잃어버렸어요."

━━━━◆━━━━

물론 레지스탕스에는 모든 종류의 사람이 필요했어요. 베를린에서 미술 수업을 받은 독일계 유대인 학생이 있었는데 그녀는 아이들을 숨겨주는 일을 함께하지는 않았지만 문서를 위조하는 데 뛰어났어요. 때로는 아무것도 하지 않는 것이 무언가를 하는 것이기도 했어요. 내가 정말 유대인처럼 보이는 아이를 데리고 이동할 때 기차에 타고 있던 승객들은 무슨 일인지 잘 알면서도 그 누구도 어떤 말도 하지 않았죠. 그런 행동도 레지스탕스를 돕는 것이었어요.

한편 내가 우리 집단에 합류하도록 요청했던 한 부부가 있었는데 여자가 말했어요. "이 문제를 우주적 관점에서 봐야 해요. 당신이 먼 별에 있다고 상상해봐요. 그리고 거기에서 여기 일어나는 일을 내려다보는 거죠." 나는 논쟁할 시간이 없었어요. "꺼져버려요!" 하고 말하고는 가버렸죠. 때로 어떤 사람들은 말했어요. "독일인들을 막을 수는 없어요. 당신이 무슨 일을 하든 소용없어요." 나는 대답했죠. "우리가 구하는 아이들에게는 소용 있겠지요."

—헤티 부트Hetty Voûte,

《마음에는 나름의 이유가 있다The heart has reasons》

우리, 이 사람들 전부
전쟁과 유혈, 호쾌한 스포츠를 이야기하느라 떠들썩했다.
우리는 이야깃거리로 대가를 치른다
투사가 아닌 구경꾼들!

—새뮤얼 테일러 콜리지Samuel Taylor Coleridge,

〈고독의 두려움Fears in solitude〉

나는 가해자, 가해자의 동료 집단, 가해자를 둘러싼 권력구조에 대해 이야기하고 있다. 그러나 폭력이 넓은 공간에서 지속적으로 유지되려면 집중적인 지원 집단이 많이 필요하다. 대량학살은 직접적으로 연루되지 않은 대규모 협력자 집단이 없다면 가능하지 않을 것이다. 폭력을 생산하는 제도는 그것을 유지하는 노동자와 관료가 필요하다. 그리고 대개 민간인 집단으로 구성된 방관자가 필요한데, 그들은 서로 경합하는 축구팀의 팬처럼 국기나 반전 깃발을 흔들기만 할 뿐이다.

충격적인 고통에 직면해 방관자들이 보이는 놀라운 소극성은 많은 연구의 주제로 다루어졌다. 연구자들은 다음과 같은 특성을 강조했다. 책임감 분산(악명 높은 1964년의 사건을 설명하기 위해 사용된 용어로, 뉴욕에서 키티 제노비스Kitty Genovese라는 젊은 여성이 살해되는 동안 근처 주민들은 보고 듣고 있었지만 다른 누군가가 행동을 취할 거라고 여기고만 있었다), 혼란(효과적인 개입 방법을 생각할 수 없을 때나 정보가 불확실하거나 복잡할 때, 우리는 소극적으로 대응한다), 전문가 문화(스티브에 따르면, "어디에서든 사람들은 '전문가', 그들의 정부나 문화가 제공하는 실재reality의 정의를 받아들이는 경향이 있다"), 다원적 무지(사람들은 공적인 자리에서 자신의 반응과 감정을 감추면서 무엇이 적절한 감정적 반응인지를 알아보기 위해 다른 사람들에게 의지한다. 다른 사람도 감정을 숨기면서 공적 행동에서 거의 관심을 보이지 않거나 아예 관심을 보이지 않는 것을 발견하면서 자신이 관심을 보여야 할 이유가 없다고 판단하는 것이다).[122] 서맨사 파워Samantha Power가 설명하듯이 이 마지막 심리적 유형은 국가 정치 수준에서도 마찬가지로 일어난다. "국내 정치 영역에서 대량학살 중단에 맞선 투쟁은 가망이 없다. 미국 정치 지도자들은 사회 전반의 침묵을 대중적 무관심의 지표로 해석한다."[123]

소극성, 혼란, 무지는 유용한 개입을 막을 수 있지만 대개 직접적인 공격을 일으키는 데는 충분하지 않다. 사람들에게 살인을 하게 만들거나 대리인을 통한 살인을 적극적으로 지원하기 위해서는 (가령 경제 위기에 대한) 일반화된 사회적 불안이 특정한 공포로서 공개적으로 다시 서사화되어야 한다. 그런 공포는 비참할 정도로 만들어내기 쉽다. 토머스 홉스Thomas Hobbes는 공포가 사회적 계약의 기저를 이루는 근본적인 힘이라고 보았다. 홉스는 이렇게 말한다. "이와 같은 불신diffidence 때문에 자기 자신을 지키기 위해서는 선제공격보다 더 합리적인 방법은 없다. 즉 사람들은 자신을 위험하게 하는 힘이 더 이상 없다는 것을 알게 될 때까지 강제력이나 계략으로 모든 사람을 지배하려 한다."[124] 말하자면 투키디데스의《펠로폰네소스 전쟁사Peloponnesian War》에서 아테네 장군들이 멜로스를 절멸시킨 것을 정당화하기 위해 말한 바와 같다. "당신들도 다른 모든 사람들도 우리와 같은 힘을 가지고 있다면 우리와 마찬가지로 할 것이오."[125] 그러나 대니얼 치롯Daniel Chirot과 클라크 맥컬리Clark McCauley가《왜 그들 모두를 죽이지 않는가?Why Not Kill Them All?》에서 말하듯이 공포는 많은 형태로 나타나며 가장 과도한 폭력이 발생하려면 '단순 공포'와 '오염에 대한 공포'라는 특별한 결합이 필요하다. 단순 공포는 집단적으로 해를 입을 수 있다는 공포로서 유순한 대중을 만든다. 오염에 대한 공포는 "특정 집단이 오염을 일으켜서 그 존재만으로도 치명적인 위험을 유발한다는 정서로서 잠재적으로 대량학살의 위험을 야기하는 대중을 만든다".[126]

오랜 기간에 걸쳐 폭력을 유지하기 위해서는 거리감, 완곡어법, 검열도 필요하다. 거리감은 물리적 공간이나 인과적 연쇄 causal chain에 있을 수 있다. 가령 폭력 지원 인력의 경우에는, 상상할 수 있는 피해에서 개인의 행동을 분리하는 여러 개의 층이 존재한다. 내 아버지는 국방부 소속 기술자였다. 그는 내가 아는 가장 좋은 사람 중 한 명이고 분명 누구도 해치지 않을 사람이다. 미국 원자력 잠수함의 밸브를 유지하고 보수하는 직원들을 관리했던 아버지가 자신의 일을 하면서 무엇이든 도덕적으로 그릇된 행동을 했을 거라고 생각할 수는 없었다. 지금 그는 공동체 내에서 훌륭한 아버지로, 인정 있고 지원을 아끼지 않은 관리자로, 한동안 미국의 안보를 보장해준, 핵 억지 시스템의 관리를 도운 사람으로 기억된다. 아버지가 관리한 잠수함이 무기로 사용되어 핵무기 대학살을 일으켰다면 그는 다르게 기억되었을 것이다. 그는 도덕적으로 운이 좋은 사람이었다.

검열과 완곡어법(작은 범위의 검열)은 거리감만큼이나 중요하다. 일반인들이 전쟁에서 일어난 모든 사건을 정확하게 명명해야 했다면, 그 감정적 비용은 금방 참을 수 없는 정도가 되어버릴 것이다. 우리는 불에 타버린 피부와 높이 쌓여 있는 시체 더미에 대해 일상적으로 이야기할 수는 없다. 대신 표현을 대체하고 은유를 사용한다. 콜리지는 말한다. "동족살해를 말하는 우리의 모든 우아한 표현들/ 혀 위에서 부드럽게 굴리는 그 표현들/ 단순한 추상적 표현처럼 텅 빈 소리/ 우리는 어떤 감정도 결합하지 않고 어떤 형식도 부여하지 않는다!" 그는 평범하게 친숙히 맴도는, 그 용어들의 놀라운 영적인 힘을 드러내기 위해 시적인 사고 실험을 제시한다. "모든 보복의 섭리가/ 강력한 보복의 섭리가 우리에게 알려준다면/ 우리가 쓰는 단어의 의미가 우리로 하여금/ 우리가 저지른 사나운 행위의/ 슬픔과 고통을 느끼게 한다면 어떻게 될까?"[127] 갑작스러운 폭로에 깃든 이와 같은 고통의 누적 중량은 큰 충격을 줄 것이다.

그래서 우리는 날마다 피해를 상상하지 않은 채 명명할 수 있도록, 아니 더 정확히는 침착하게 신중하고 사무적으로 상상할 수 있도록 언어를 정화한다. 1946년 비키니 환초에서 이루어진 핵 실험은 "크로스로드 작전Operation Crossroads"으로 조심스럽게 명명되었는데, 이는 상당히 성공적인 홍보 결정으로서 적절한 주의와 관심, 경외심의 의미를 전달했다. 그 명칭은 (명명자인 해군 중장 블랜디Blandy가 상원 위원회에 말한 대로)[128] 사람들의 시선을 방사능 사상자라는 고통스러운 이미지에서 "인류 자체humanity itself"의 발전이라는 추상적인 전망으로 돌렸다. 덜 섬세하지만, 수년간 수백만 갤런의 에이전트 오렌지를 베트남 전체 삼림지대의 20퍼센트가 넘는 곳에 뿌린 고엽제 살포 군사작전에는 끈기 있고 투박하며, 땅을 보살핀다는 "랜치 핸드 작전Operation Ranch Hand"이라는 명칭이 부여되었다. 그 작전은 농작물을 파괴했고 수십만 명의 주민에게 암, 선천적 장애, 사산을 유발했으며 〔살포 지역을〕 지속적으로 유독한 위험 장소로 만들어 대규모의 난민이 도시 지역으로 유입되도록 했다.

인류 역사상 가장 순식간에 가장 광범위하게 취재된 미국의 걸프전쟁에서는 언어와 이미지 관리가 전투 전략의 핵심이었다. 그와 같은 관리는 전쟁을 업무처럼, 장난스럽고 심지어는 건전한 것으로 상상하게 하는 수많은 예를 제공한다. "정밀 타격"은 건전할 뿐만 아니라 치유적인 것처럼 들렸다. 적을 "약화시켰다는" 것은 부드러운 설득 행위처럼 들렸다. "저항 고립 지대를 청소하는 것"이나 "저항 세력을 소탕하는 것"은 정리라는 차원에서 가사 관련 처리에서 느끼는 만족감을 주면서 동시에 적을 쓰레기로 상상하게 하는 무자비한 도발을 유발한다(이라크에서 청소와 소탕을 맡은 "죽음의 부대"는 이미 죽어버린 좀비를 청소하는 것처럼 들렸다). "위험 구역 진입", "주사위 던지기", "플리플리커* 작전Operation Flea Flicker", "트리플 플레이** 작전Operation Triple-Play"과 같이 전투를 게임에 비유한 것은 대중에게 전투에 큰 위험이 없고 피해가 사소하며 축구나 야구 경기처럼 명확하고 결정적으로 끝난다는 환상을 반복적으로 경험하게 한다. 역타격도 궁지도 없다. 그리고 다른 전쟁에서 기자들을 단순히 "배정했던 것"과는 달리 기자들을 "종군기자로 참여하게 한 것"은 진실에 접근할 수 있게 약속하는 것으로서, 대단히 민주주의적이고 포용적으로 들렸다.

---

*   미식축구에서 더블패스로 상대편을 속이는 플레이.
**   야구의 3중살.

군사작전명은 위장된 주장이다. 때로는 그 주장이 효과를 발휘하기도 한다. 예를 들어 "사막의 폭풍Desert Storm" 작전은 전쟁에 기울이는 총력을 저지할 수 있는, 풀리지 않는 의심이나 불안을 제거하는 데 도움을 주었다. 우유부단했던 조지 H. W. 부시 대통령은 도전적인 사담 후세인을 어떻게 해야 할지 몰랐으므로, 자연적인 운명의 힘을 전달하고 전적인 확신을 나타내면서 인간의 경솔한 공격이 드러나는 어떤 흔적도 피하는 언어가 필요했다. 폭풍이라는 개념은 완벽했다. 폭풍은 당신을 선택하며 피하는 것이 불가능하다. 하지만 동시에, 당신이 안전하게 집 안에 있다면 수동적으로 폭풍을 보는 것은 짜릿한 구경거리가 될 수 있다. 그리고 **사막의** 폭풍은 적 생태계enemy ecosystem의 필연적 작동 방식이라는 점에서 더 나은 것이 될 수 있다.

그러나 때로는 계획한 대로 되지 않는다. 제2차 걸프전쟁***때 조지 H. W. 부시의 "충격과 공포Shock and Awe" 작전은 언어로서 실패했다. 그 표현은 지킬 수 없는 것을 약속했으며, 약속과 실재 사이에 간극을 남김으로써, 전쟁의 진정한 충격을 기념했다. 그 웅장한 표현은 사람들이 흘린 피 옆에서 언제나 하찮게 보일 것이다.

이라크 침공 초기에 미군의 잔인함(숀 맥팔랜드Sean MacFarland 준장은 군인들의 "결의를 북돋우는" 데 도움이 된다고 말했다)을 공표

*** 2003년 3월 20일 시작되어 2011년 12월 15일 종전된 이라크전쟁을 말한다.

하며 사용된 언어 표현은 시간이 흐르면서 양측 민간인들을 회유할 수 있도록 더 평화적인 언어로 바뀌었다. 이런 이유로 "충격과 공포"는 수년 후 "자비로운 복음 작전Operation Glad Tidings of Benevolence"과 "함께 앞으로 작전Operation Together Forward"으로 놀라운 명명의 전환이 일어났다.[129] 이러한 수사적 완화 유형은 대중들이 "킬러 작전Operation Killer"에 보인 혐오감 때문에 명명 전략을 바꿔야 했던 한국전쟁에서의 유사한 전환을 상기시킨다. ("리퍼 작전Operation Ripper"과 함께) 혐오스러운 별명을 만든 매튜 리지웨이Matthew Ridgeway 중장은 자신에게 쏟아진 비난에 대해 경멸을 거의 감추지 않은 채 답했다. "저는 전쟁이 살인을 의미한다는 점을 그 나라에 왜 말해서는 안 되는지 납득되지 않습니다. 저는 전쟁에는 피가 거의 필요하지 않다면서, 약간 불편한 사업으로 사람들에게 전쟁을 '팔고자 하는' 노력은 어떤 것이든 본질적으로 반대합니다." 리지웨이의 명백한 솔직함은 린든 존슨Lyndon Johnson 대통령이 베트남전쟁의 "초토화 작전Operation Masher"이라는 명칭에 대해 불만스러운 반응을 보인 것과 뚜렷이 대조된다. 존슨 대통령은 그 표현이 "강화pacification"를 충분히 강조하지 않았다고 여겼다. 윌리엄 웨스트모어랜드William Westmoreland 장군에 따르면, 존슨 대통령은 "(그 명칭은) 폭력을 함축함으로써 전쟁 반대자들에게 트집거리를 제공했다"면서 화를 냈다고 한다.[130]

셔먼과 그랜트 장군의 미국 남북전쟁 회고록까지 되짚어보더라도 동일한 언어 순화 전략과 언어적 반영의 왜곡을 볼 수 있을 것이다. ("우리 젊은 군인들 10명이 사망했다" 또는 "우리는 민간인

거주 지역을 포격했다"는 표현 대신) "우리의 측면이 손상을 입었다" 또는 "우리는 메시지를 전했다". 그러나 때로는 더 심한 언어적 강제가 요구되었다. 때로는 사람들이 함께 이야기하지 못하도록 막는 것이 필요하다. 에이브러햄 링컨Abraham Lincoln의 언론 통제는 온갖 어려움에도 위축되지 않고 크게 영향을 미친 것으로 악명이 높았다. 20세기 전시를 위한 일본의 정치적 정비에는 전복적인 사고와 행동을 규제한 신문과 출판물 통제 법령, 언론 · 출판 · 집회 · 결사 특별 통제법, 치안유지법 확장이 포함되었다. 이 법에 따라 1928년에서 1941년까지 7만 명 이상의 사람들이 체포되었다. 1941년 내각총리대신 도조 히데키는 다음과 같이 공표했다. "우리는 반전주의자, 반군국주의자인 공산주의자, 반체제 조선인, 일부 종교 지도자 그리고 공공질서에 위협이 될 수 있는 사람들에 대해 통제를 강화했습니다."[131]

아르헨티나의 더러운 전쟁*에 대해 논하면서 마거릿 페이트로위츠Marguerite Feitlowitz는 폭력적인 정권이 커뮤니케이션에 초래한 체계적 손상을 추적하며 말한다. "나는 그 정권이 끝난 후에도 언어는 결코 회복되지 않을 거라고 믿게 되었다."[132] 군사정부에 체포돼 고문을 당한 기자 하코보 티메르만Jacobo Timerman은 "폭력의 불가피함을 소극적으로 받아들이는 모든 문명국가에서"[133] 나타나는 "거대한 침묵"에 대해 설명한다. 리프턴은 마오쩌둥의 중

---

*   1976년에서 1983년까지 아르헨티나 군사정권이 자행한 테러, 고문, 실종.

국에 대해 이야기하면서 검열의 사회적 악영향을 "사고를 무력화하는 상투적인 표현"이라는 생각으로 요약한다. 그런 언어는 복잡한 문제를 단순한 "근본적 용어ultimate terms"(신과 악마, 선과 악과 같이 장려하거나 제거해야 하는 것)로 환원시켜버리므로 우리로 하여금 폭력에 미리 익숙해지게 한다.[134] 마지막으로 아렌트는 폭력적인 정권은 "언어 규칙"을 통해 스스로를 지탱해야 한다고 설명한다. 그는 홀로코스트와 관련해 말하면서 "어떤 이유에서 고안되었든 간에 언어 규칙은 협력이 필수적인, 매우 다양한 여러 활동에서 질서와 분별을 유지하는 데 막대한 도움이 되었다"[135]고 말한다. 아렌트가 이후 냉담하게 "탈사실화"[136]라고 부른 전형적인 사례에 따르면, 나치는 "전멸", "근절", "살해"를 "철수", "거주지 변화", "이주"로 재기술했다.[137]

클로드 란즈만의 홀로코스트 다큐멘터리 영화 〈쇼아〉는 나치의 잔혹함이 가진 논리를 보여준다. 폭력은 은밀하게, 조용히 시작되며 그런 침묵을 바로 그 본질의 일부로서 영속화한다. 증인, 생존자, 가해자의 인터뷰로 이루어진 이 영화는, 언어를 산산이 부숴버리는 것이 홀로코스트를 가능하게 하는 주요 조건이자 동시에 홀로코스트의 여파라는 점을 끊임없이 지적한다.

"아무도 말로 표현할 수는 없어요."

"그건 얘기하지 맙시다."

"'시체'나 '희생자'라는 말을 한 사람은 두들겨 맞았어요."

"무엇이든 말할 수가 없었어요. 우리는 약에 취해 있는 것 같았죠."

"우리는 이야기하거나 생각하거나 의사를 표현하는 게 허용되지 않았어요."

"이주 프로그램이라고 했죠. 아무도 죽인다는 이야기는 하지 않았어요."

"맹세를 해야 했나요? 아니요. 그저 우리가 본 것은 무엇이든 입 다물겠다고 약속했어요."

"소문이 있어도, 소문이 돌아도 노골적으로 말은 안 했어요. 절대 못했죠! 그러면 그들이 바로 끌고 갔을 테니까요!"

"심리적 관점에서 작전 전체의 관건은 가해진 행동을 적절한 말로 표현하는 게 아니었어요. 아무 말도 하지 않는 것, 이런 일을 하는 것, 그것을 표현하지 않는 것이었어요."

"인간의 언어로는 우리가 게토에서 겪은 공포를 말할 수 없을 거예요."[138]

나치에 대해 말하는 걸 피하기는 어렵지만, 그럴 수 있으면 좋겠다. 그들은 너무나 특이한 악으로서 우리와는 아무런 관계도 없다. 아무도 앞의 이야기를 읽고서, 가령 긴장감이 고조된 걸프전 초기에 반전 주장이 비난받고 소외되는 것을 지켜보는 것과 같았다고 말하지는 않는다. 또는 미국의 유해遺骸 송환 언론 보도 금지하에서 텔레비전 뉴스를 보는 것과 같았다고 하거나, 스마트 폭탄이 텅 빈 다리와 건물을 폭파하는 영상을 보는 것과 같았다고 말하거나, 관타나모 억류자가 "조작적인 자해 행동"으로 표현되는 자살 시도를 했다고 듣는 것과 같았다고 말하지는 않는다. 아무도 그런 생각을 하지는 않으며 그렇게 생각해서는 안 된다.

다소 심층적인 차원에서 나치는 앨버트 반두라Albert Bandura 가 "비교 면제하기"[139]라고 부른 것을 가능하게 한다. 그리고 그들은 비교를 금지할 수도 있을 것이다. 예를 들어 앞서 검열에 대해 말한 단락에서 나는 미라이 학살에 대해 말하고 싶었지만, 홀로코스트에 대해 말한 직후에 그것에 대해 이야기하는 것이 불편했다. 내가 말하고 싶었던 점은 (미라이 학살에 대한 이야기는 나중에 다룰 것이다) 검열은 당신이 곤란한 정보를 받지 못하도록 누군가가 막는 것만은 아니라는 것이다. 그 곤란한 정보를 자신이 이해하도록 허용하지 않는 것은 바로 당신이다. 여러 연구는 우리가 상대적으로 정보의 끔찍한 사용자이며, 우리의 실수가 우리를 다른 사람들에게서 단절시키는 경향이 있다는 점을 보여준다. 우리는 우리 자신의 부정적인 행동을 우리가 처한 상황의 결과로, 다른 사람들의 부정적인 행동은 그들의 본성의 결과로 간주한다(행위자-관찰자 편향). 우리는 단지 친숙하다는 이유로 친숙한 것을 좋아한다(단순 노출 효과). 우리는 공동체 내에서는 다양성을 인지하지만, 다른 공동체의 구성원들은 "모두 같다"고 생각한다(외집단 동질성 편향).

우리는 함께 생각할 때 특히 잘못 생각한다. 우리는 혼자 있을 때보다 집단 안에 있을 때 더 극단적인 의견을 채택하는 경향이 있고(집단 극화), 다른 집단과 더 경쟁하며(불연속 효과), 더 위험한 결정을 내린다(모험적 이행 효과). 집단 안에서 우리는 좋은 해결책보다는 쉬운 해결책을 선호하고(작은 성과에 만족하기), 다른 사람들이 한다는 이유만으로 하고(정보 연쇄 파급 효과), 소수의 사람만이 갖고 있는 새로운 정보를 희생시키며 이미 공유하고 있는 정보에 집중한다(공유 정보 편향). 그리고 다른 사람의 말을 들을 때는 듣는 내용을 단순화하고(환원적 코드화), 분명한 차이를 만들어내기 위해 차이를 과장하며(대비 강화), 시작과 결말에 초점을 맞추고(중간 메시지 손실), 메시지를 재해석해 이전 메시지와 연결시키며(기존에 입력된 정보로 동화), 메시지를 재해석함으로써 듣고자 기대했던 것에 연결시킨다(기대되는 메시지로 동화).[140]

게다가 우리는 긍정적인 정보보다는 부정적인 정보에 더 주의를 기울이고(부정적 편향), 안전 신호보다는 위협에 집중하고, 좋은 경험보다는 나쁜 경험을 더 강렬하게 기억하고, 낯선 사람에 관해 긍정적인 정보보다는 부정적인 정보를 중요시하고, 다른 사람들의 좋은 행동을 좋아하기보다는 그들의 나쁜 행동을 싫어했던 것을 더 강하게 경험하며, 다른 사람들에 대해 긍정적인 고정관념을 형성할 때보다 더 빠르게, 적은 정보만으로 부정적인 고정관념을 형성한다.[141] 이런 성향은 우리가 불안하거나 자신이 없을 때 더 악화된다. 우리는 그런 감정 상태에서 다른 사람을 정형화해 생각하고, 내집단 편애를 보이고, 우리 집단의 구성원이 다른 집단의 구성원보다 나은 특성을 갖고 있다고 판단하고, 하향 사회 비교를 하며(우리 자신을 위안하기 위해 형편이 더 어려운 다른 사람들에게 관심을 두며), 그런 비교를 한 뒤에는 형편이 어렵지만 (자신에게는) 도움이 되는 사람들에 대해 긍정적인 것보다는 부정적인 것을 기억할 가능성이 더 많다.[142] 마지막으로 우리는 기존의 믿음을 강화하는 정보를 찾으면서 그 믿음에 의심을 제기하는 정보는 걸러낸다(확증 편향). 그리고 때로는 참기 어려운 희생을 치르더라도 인지적 일관성을 추구하며, 사실을 받아들일 때 지금껏 중요하게 지켜온 믿음을 괴로워하며 포기해야 할 경우 명백한 사실이라도 부인한다(인지 부조화).

극단적인 경우, 우리는 이러한 인지 유형을 "현실 부정"이라고 부른다. 미라이 학살에서 미군들은 달아나는 어린아이들을 쏠 때도 마치 무장한 군인들을 대면한 전투 상황에 있다고 스스로를 설득하듯 방어 사격 자세로 웅크리고 있었다고 조너선 글로버 Jonathan Glover는 지적한다. 한 군인은 나중에 말했다. "정말로 학살이나 살인으로 생각했다면 무방비 상태에 있는 사람들을 공격하고 총으로 쏘면서 왜 몸을 웅크리고 있었겠어요? …… 판단력이 엉망이 되어버렸던 거죠. …… 그들이 실제로 적이나 적인 것처럼 보였던 거예요."[143]

미라이에서 미군들은 적을 두려워할 이유가 있었지만, 그때 그 베트남인 가족들을 두려워할 이유는 없었다. 나는 현재 미국이 비슷한 상황에 처해 있으며 한동안 그래왔다고 생각한다. 우리는 방어 사격 자세로 웅크리고 있는 문화이다.

에바토 씨

하지만 그들은 상관의 명령에 로봇이나 노예처럼 반사적으로 따르게 만들어요…… 그런 사람들을 훈련시키는 게 일본의 신병훈련이라는 거였어요. 그런 체벌 외에…… 괴롭힘도 있었어요. 그리고 그건 〔불명확함〕 끊임없이 일어났죠. 예를 들어 '아가씨'라고 부른 체벌이 있었어요. 그리고 '골짜기를 건너는 꾀꼬리'는 침상 사이를 기어가면서 꾀꼬리 소리를 내는 거였어요! 〔꾀꼬리를 흉내 내는 거죠〕 고참이 "맙소사, 올해는 꾀꼬리 소리가 끔찍하네!"라고 말하면 계속하는 거죠. 고참들은 신참을 괴롭힐 방법과 체벌을 끝없이 생각해냈어요. 그런 게 신병훈련이었는데 그 후에는 개인의 인격이 완전히 사라져서 상관의 명령**만** 따르게 돼요. 로봇이 되는 거죠. 전쟁터에서 상관이 명령하면 냉정하고 침착하게 다른 민족을 죽일 수 있는 그런 부류가 되어버리죠.

모두가 그렇게 되고 말았어요. 의견이 없는 사람, 즉 생각이 없는 사람이 된다는 건 몸이 순식간에 명령을 수행하는 거죠. 우리는 그런 사람이 되었다고 할 수 있겠죠. 그래서 군대에 가면, 아까도 말했듯이 신병은 대대장의 명령에 따라 죽을 수도 있기 때문에, 신병훈련에서 훈련받은 대로 몸이 이성을 뛰어넘어 범죄를 저지르게 되는 거죠……

결국 선생님이 물어보았던 것처럼 쾌락이 되는 거예요. 〔불명확함〕 이를테면 사람들을 집에 가둔 채 불을 지르고 불타는 걸 지켜보는 거죠. 믿을 수 없을 정도로 소름 끼치고, 잔인한 쾌락이죠.

퇴역군인 윌리엄 브로일즈 주니어는 전쟁을 "끔찍한 황홀경"이라고 부르면서 그것의 근본적인 매력은 "보고 목격하는 정욕으로서, 성경에서는 안목의 정욕the lust of the eye이라고 부르고 해병대에서는 음탕한 눈으로 보기eye fucking라고 부르는 것"[144]이라고 설명한다. 제2차 세계대전에 참전했던 제시 글렌 그레이는 전투를 미적 기쁨과 숭고의 체험으로 묘사한다. 게다가 전쟁은 "안목의 정욕"이며 "파괴의 기쁨delight in destruction"을 수반한다. 일부 사람에게 전쟁은 "다른 쾌락을 집어삼켜버릴 정도로 엄청나게 강렬한 욕망"이 되어 스스로의 내면을 향하도록 하고, "더 정상적인 만족감을 얻을 수 없게"[145] 만든다.

일부 심리학자는 이런 종류의 가학성애 발달을 설명하는 데 '대립 과정 이론opponent-process theory'을 사용한다. 그에 따르면, 육체가 정상적인 상태에서 벗어나 흥분할 때마다 균형 상태로 돌아가게 만드는 내적 과정이 뒤이어 일어나야 한다. 바우마이스터Baumeister와 캠벨Campbell은 이 주기에서 반복이 갖는 극적인 효과에 대해 말한다. "원래 (A 과정) 반응은 언뜻 보기에 강한 반면, 회복하는 B 과정은 상대적으로 효과가 없다. 그러나 시간이 흐르면서(즉 여러 번의 유사한 경험을 거치면서) B 과정은 점차 효과적이고 강력해지는 반면, A 과정은 약해진다. 사실상 B 과정이 우세해진다."[146]

이러한 설명은 애매한 것 같지만 우리 모두가 상식으로 경험한 것이다. 바우마이스터와 캠벨이 설명한 대로 그것이 신체 운동의 원리로서, 예를 들면 '러너스 하이runner's high'가 그러하다. 처음에 탈진할 정도로 달리면 울렁거리다가 몸이 서서히 회복되는데 고통스러운 상태에서 벗어나는 즐거움은 약할 것이다. 그러나 달리기를 더 할수록 운동은 덜 고통스럽게 느껴지고(A 과정이 약화된다) 고통에서 벗어나는 것이 점점 더 즐겁게 여겨져(B 과정이 우세해진다) 결국 달리기를 갈망하게 될 것이다.

크리스토퍼 브라우닝은 나치 독일의 101 예비경찰대대 대원들이 대학살을 처음으로 저지른 이후 "우울해하고 분노하고 원통해했으며 동요했다"고 했다. 그는 말한다. "그들은 음식은 거의 먹지 못하고 술을 많이 마셨다. 술은 넉넉하게 제공되었으므로 대부분의 대원들이 많이 취했다. 트라프 소령은 순회하면서 대원들을 위로하고 안심시키려 했고 권력자들에게 책임을 돌렸다. 그러나 술도 소령의 위로도 병영에 만연해 있던 수치와 공포를 제거할 수는 없었다."[147] 그러나 시간이 흐르면서 "첫 대면에서 느낀 공포는 결국 일상이 되었고 살인은 점차적으로 쉬워졌다. 이러한 점에서 야만화는 이들 행동의 원인이 아니라 결과였다".[148] 바우마이스터와 캠벨은 이런 잔혹행위에 대립 과정 이론을 적용하면서, "극도의 희열euphoria"은 다른 사람을 해침으로써 일어나는 "극심한 혐오와 고통에 가장 효과적인 해독제"가 될 거라고 말한다.[149]

폭력에 익숙해지고 좋아하게 되는 것은 점진적으로 이루어지는 과정이다. 순니 삼각지대* 전투의 두려움을 이야기하면서

한 미군은 다음과 같이 표현한다. "그건 가장 기이한 느낌이었어요. 그런 전투를 설명할 수 있는 유일한 방법은 강간당하면서 즐기는 것 같다고 하는 거죠. 끔찍하고 상처를 남기는 것인데도 좋아하게 되는 거죠."[150] 그러나 폭력에 대한 순응 과정이 느리더라도 어떤 특정한 사건에서든—처음조차—폭력은 일단 시작되면 가속화될 수 있다. 앞서 브라우닝이 우울해하고 주저했다고 말한 바로 그 대원들도 바로 그 첫 번째 밤을 스스로 증폭했다. "총격은 덜 조직적으로, 더 흥분한 채 이루어졌다."[151] 짐바르도는 폭력에 수반되는 정서적 흥분은 "나선형의 상승" 구조로 이루어진다고 말한다. 충격 실험이 계속되면서 여성들이 전기충격의 양을 늘린 것을 이야기하면서 "동요된 행동은 스스로를 더 강화하고, 각각의 행동은 더 강하고 덜 통제된 다음 행동을 촉진한다"[152]고 설명한다.

그러나 짐바르도의 주장대로 이 행동이 가학성의 증거는 아니다—전혀 아니다. 대신 그 행동은 "그 순간 다른 사람을 지배하고 통제하는 데서 활력을 얻는다는 의식"에서 발생한 거라고 그는 상정한다. 1970년대에 아르헨티나 군대에 의해 투옥된 하코보 티메르만은 고문자들에게서 그런 지배에 대한 병리적 욕구를 보았다. 그는 "고문자는 고문당하는 사람에게 필요한 존재가 될 필요가 있다"[153]면서 다음과 같은 설명을 보탠다. "더럽고 어두우

---

*   이라크 바그다드 북서쪽의 순니파 무슬림 인구가 많은 지역.

며 음울한 장소를 자발적인 혁신과 제도적인 '아름다움'의 세계로 전환하는 것은 고문자에게 가장 자극적인 쾌락 중 하나다. 그것은 그들로 하여금 마치 자신이 실재를 바꾸는 데 필요한 힘을 지배하고 있는 것처럼 느끼게 하고, 그들을 다시 전능함의 세계에 놓는다. 그들이 느끼는 이 전능함은 결국 그들에게 면책을, 즉 고통, 죄책감, 정서적 불균형으로부터의 면제를 보증한다."[154]

윌리엄 슐츠William Schulz는 전능함에 대한 이러한 갈망, 타인을 〔대상으로서〕 필요로 하는 것에 대한 욕구를 매우 보편적으로 인간적인 것이라고 본다. 유니테리언 유니버설리스트 성직자이자 앰네스티 인터내셔널 미국지부 전임 사무국장이었던 슐츠는 어렸을 때 개를 학대하면서 잔인한 즐거움을 알게 된 것을 상기하면서 "그 작은 생물이 전적으로 내 통제 아래 있다는 느낌은 대단히 매혹적이었다"고 말한다.[155]

폭력은 매혹적이고 활력을 준다. 삶의 반복과 지루함에서 우리를 해방시켜준다는 점에서 그것은 짓궂은 장난과 긴장감 넘치는 오락과 같다.[156] 폭력은 우리가 주눅 들고 약하고 무기력하다고 느끼는 삶의 끔찍한 순간들을 보상해준다. 선행virtue은 만족감을 줄 수 있지만 복종적인 경향이 있다. 그와 대조적으로 폭력은 자유이다. 폭력은 삶의 매 순간마다 우리를 단단히 붙드는 제약과 의무에서 벗어나게 해준다. 제임스 존스James Jones는《신 레드 라인The Thin Red Line》에서 돌 사병이 처음으로 일본군을 죽였을 때 경험한 전율을 이야기한다. 돌은 그것이 첫 성경험 같았다고 여긴다. 그 경험은 자신을 "대단히 우월하다"고 느끼게 했다. "그것은 죄책감과 관련 있었다. 그는 죄책감을 느꼈다. 자신도 어쩔 수 없었다. 그는 인간을, 한 남자를 죽였다. 그는 인간이 할 수 있는 가장 끔찍한 짓을, 강간보다도 더 최악의 짓을 저질렀다. 그리고 이 망할 세상의 누구도 그에게 아무 말도 할 수 없었다. 바로 거기에서 쾌락이 일었다."[157]

극단적으로는 해방감을 주는 폭력의 도덕적 소외감은 초월적이고, 심지어는 황홀할 수도 있다. 한 소련 군인은 아프가니스탄에서 보낸 시간에 대해 다음과 같이 말했다. "우리는 거기에서 걷고 사랑하고 사랑받았던 식으로 다시는 걷고 사랑하고 사랑받지 못할 것이다. 모든 게 죽음이 가까이 있다는 이유로 고조되었다. 죽음은 언제나, 어디서나 배회하고 있었다. 삶은 모험으로 가득 차 있었고 나는 죽음의 냄새를 알게 되었다. …… 우리 중 일부는 그것을 그리워했다. 그것은 아프간 증후군이라 불렸다."[158]

심리학자 롤로 메이Rollo May는 "폭력이 황홀경과 자주 연관된다는 것은 양쪽에 대해 같은 표현이 사용되는 점에서도 드러난다"고 지적한다. "우리는 어떤 사람이 분노로 '이성을 잃었다'라고 표현하고, 그가 권력에 '사로잡혀' 있다고 말한다."[159] 이 구절에서 기술된 조합, 즉 동시 발생적인 자기도피와 전적인 몰두는 중독성이 있다. 많은 사람에게 그것은 성적인 것이 될 수도 있다. 앞에서 말한 군인들은 다른 군인들이 수년간 그랬듯이 전투의 쾌락을 성적인 표현으로 묘사한다. 크리스토퍼 헤지스Christopher Hedges는 "전쟁에서 섹스는 전쟁이라는 마약의 또 다른 변종"[160]이라고 말한다. 그에 따르면, 유고슬라비아가 해체되면서 전쟁이

한창일 때 벨그라드에는 "에스코트 서비스 업체 70개, 성인 영화관 3개, 포르노 잡지 20권"이 있었다고 한다. 전쟁 전 체제에서는 음란물을 금지했으므로 이는 급진적인 변화였다.[161] 전쟁의 폭력은 성적 폭력과 결부되어 있다. 그는 강간은 전쟁의 "자연스러운 결과"라고 말한다.[162]

남자들과 소년들이 전쟁에서 흔히 성폭력에 희생된다면, 여자들은 쉬운 표적이 된다. 왜 군인들은 여자들을 강간하는가? 페기 샌데이Peggy Sanday는 《남학생 사교클럽 윤간Fraternity Gang Rape》에서 남성 사회 집단에서 긴밀한 유대감을 형성하는 신고식이 여성에 대한 경멸에 의존하는 방식을 설명한다. 집단으로의 자아 침잠submersion은 부분적으로 두 단계 과정을 통해 발생한다. 여성적인 것을 "불결한 것이자 자신의 주체성의 일부로" 나타냄으로써 "소위 여성적 동일화를 씻어내고, 정화된 남성 사회질서 내에서 평생의 지위를 약속함으로써"[163] 개인이 지니고 있는 불안을 해소한다. 어떤 의미에서 중귀련 회원들이 이야기한 여성들에 대한 잔혹행위는, 나선형으로 상승하는 폭력의 특성에 의한 결과라기보다는 그 원인이고, 축적된 폭력의 정점이라기보다는 폭력을 가능하게 만든 근원적 순간이었다.

여성 혐오적인 신고식, 유대감 형성 및 통과의례 절차가 생존을 위해 서로 의존하고 신뢰해야 할 매우 현실적인 필요와 결합되면, 헤아릴 수 없을 정도로 깊은 형제간 상호의존 관계를 맺게 된다. 그런 상호의존이 남에게 말할 수 없는 트라우마라는 공유된 소외감과 결합하면, 그것이 세계를 규정하게 된다. 영국의 시인이자 제1차 세계대전 참전 군인인 시그프리드 서순Siegfried Sassoon은 이와 관련해 "전쟁을 최악의 상태에서 실제로 겪어낸 사람은 전우를 제외한 모든 사람과 영원히 차별화되었다"[164]고 말했다. 사람들은 이 형제애에서 축출되지 않기 위해 거의 무엇이든 할 것이다. 알제리에 있었던 한 프랑스 군인은 전우들과 함께 싸우기를 거부한 것에 대해 "가장 힘든 건 연대 관계에서 고립되고 독백에 갇힌 채 이해할 수 없는 상태로 있는 것"[165]이라고 말했다.

그러나 군인들이 서로를 위해 죽이기만 하는 것은 아니다. 그들은 서로를 위해 죽기도 한다. 전쟁을 공정하게 보는 사람이라면 누구든 이것이 의미하는 바를 인정해야 할 것이다. 우리에게 두려움과 나약함이라는 가장 나쁜 점이 있기 때문에, 그리고 다른 것을 자기 자신보다 사랑할 수 있는 능력이 있다는 가장 좋은 점이 있기 때문에 전쟁은 작동한다. 보스턴 제대군인 외래진료소 정신과의사인 조너선 셰이는 이렇게 말한다. "오늘날 미국에 존재하는 모든 집단 가운데 군인들은 자신들이 어떤 사람이며 무엇을 하는지와 관련해 '사랑'이라는 단어를 되찾는 데 가장 위대한 권리를 가지며, 거기서 가장 큰 수혜를 입을 것이다."[166] 제시 글렌 그레이는 자신이 전쟁에서 경험한 바를 돌이켜보면서 말한다.

비록 매우 빈번하게 악한 대의명분에서 행해진다 하더라도 전사가 동료를 위해 자신을 희생하고자 하는 충동은 명예롭게 여기는 것이 옳지 않을까? 나는 그렇다고 생각한다. 사람들이 파괴행위에 복무하는 와중에 단결과 불후의 명성을 위한 분투가 계속해서 이루어져야 한다는 것은 세계사적 비애이다. 나는 이러한 분투와 충동 때문에 전쟁이 몇 배나 더 치명적인 것이 되었다는 것을 한순간도 의심하지 않는다. 그러나 인간은 다른 동물들에게 주어진 것과는 다른 운명을 갖는다는, 그런 분투와 충동이 주는 확신 없이는 존재하고 싶지 않다. 우리는 때로는 밑으로 가라앉기도 하지만 때로는 위로 올라갈 수도 있다.[167]

나는 그레이의 이 언급에 불편함을 느끼지만 편협한 사리사욕을 넘어선 삶에 대한 갈망에는 공감하게 된다. 전쟁은 사랑에서 생겨나고 이 사랑을 통해 우리는 의미를 찾는다. 헤지스는 이렇게 말한다. "(전쟁은) 파멸과 대학살을 초래하지만 우리가 삶에서 갈망하는 것을 줄 수 있다. 전쟁은 우리에게 삶의 목적, 의미, 이유를 줄 수 있다."[168]

—◆—

다음의 세 대화는 성폭력에 대해 말한다. 성폭력을 다룬 다른 부분과 마찬가지로 여기에서도 나는 웬디 헤스포드Wendy Hesford와 웬디 브라운Wendy Brown의 예리한 분석을 유념하고 있다. 그들에 따르면 인권 연구에서 강간에 대한 상세한 묘사는 "독자를 엿보는 위치에" 놓이게 할 수 있고, "음란한 시선"을 허락할 수 있으며, 여성의 피해와 무력함을 구경거리로 만듦으로써 "성별 정체성을 폭력적으로 생산하면서 의도치 않게 가장 강렬한 표상을 영속화할 수 있다". 그리고 그렇게 함으로써 "〔그〕 정체성을 통해 역사적으로 예속되도록"[169] 주체를 재종속시킬 수 있다.

그럼에도 다음 대화를 포함시킨 것은 두 가지를 강조하고 싶기 때문이다. 가해자의 심리와 "위안부"(이 역사적 사실은 전 세계적으로 여전히 부인되고 왜곡되고 무시되면서 완곡어법으로 표현되고 있다)라는 표현의 의미를 보여주는 것이다. 우선 제도적인 윤간이라고나 할 수 있었던 것에 가담하는 사람들이 위안소에서 길게 줄지어 있었던 것은 이 여성에게 드문 일이 아니었다. 그 일은 매우 자주 일어났기에 그녀는 피부에 생길 수 있는 손상을 최소화하기 위한 대책을 만들어냈다. 두 번째로 이 이야기는 일종의 효과를 지니도록 구조화되는데, 그 효과는 위생과 관련된 것이다. 이 이야기는 혐오와 관련된 것이다. 퇴역군인이 말하는 이야기에는 한 여성이 **있다**. 그러나 반복해서 말할 가치가 있다고 간주되는 일화라는 점에서 (그리고 내가 알기로는 그가 내게 말하기 전에 다른 사람들에게도 말했던 이야기 중 하나였는데, 그가 그것을 하나의 이야기**로** 생각했다는 점에서) 이 이야기는 어느 정도 전쟁이 이 여성에게 미친 영향이 아니라 전쟁이 남성들에게 미친 영향에 관한 것이 된다.

가네코 씨: 군인들은 길게 도열해 있었어요. 줄 서 있었죠. 그리고

군인들은…… 그 여자는 어땠을까요? 허벅지를 벌리고 있었어요. 그렇죠? 허벅지를 벌리고 있었어요. 허벅지 이 부분이 벌려져 있었어요. 여자는 누워 있고 나는 이런 식으로 여자 아래쪽에 있죠. 그런 다음 내가 바지를 벗고 여자가 몸을 비비고 나면 끝나요. 그게 다였어요. 그녀를 안고 키스하고 성관계를 하는 그런 일은 없었어요. 여자는 허벅지를 벌리고 있을 뿐이죠. 그러면 남자가 들어가서 비벼대죠. 그게 전부였어요. 우리는 1엔 50센을 냈어요. 그걸 하려고 군인들이 전부 일렬로 서 있었어요.

돌아가는 길에 내가 말했어요. "대체 뭐야? 끝나고 나서 여자를 그냥 그렇게 두는 거야? 여자 거기를 닦지도 않고?" 정상적으로 성관계를 한 다음에는 닦잖아요. "거길 닦지도 않는 거야?" (신랄하고 빠르게 말하면서)…… 나는 화를 냈어요. 그리고 듣자 하니 여자가 그들에게 말했나 봐요. "내가 여길 닦는다고 해봐요. 군인들이 몇 명이나 될 거라고 생각해요? 그러면 여기가 붓고 말아요. 부어버리죠"라고요. "그래서 닦을 수 없어요!" 그렇게 된 거죠.

━━━━━◆━━━━━

통역사: "그 여성들에게 미안한 마음이 든다" 같은 생각을 해본 적은 없으세요?

가네코 씨: 글쎄요…… 그때는 잘 기억이 나지 않는데…… 아

니……

통역사: 위안소에 대한 질문인데요…… 선생님이 거기서 여자들을 강간했다고 생각하지는—

가네코 씨: 뭐라고요?

통역사: 선생님이 그 여자들에게 성폭행을 했다고……? 〔통역사는 그에게 존대어를 사용한다〕

가네코 씨: 나는 그렇게 생각하지 않아요. 아니요. 나는 돈을 지불했으니까요. 그건 아주 분명하다고 생각해요.

통역사: 네…… 그렇군요.

———◆———

유아사 씨: 내가 처음 갔을 때는 상관인 다른 의사가 마음에 드는 대로 고르라고 말하고는 방으로 사라졌어요. 서른 살 아래, 아니면 스물여섯, 스물일곱으로 보이는 여자가 남아서 나를 보았는데 나보다 나이가 들어 보였어요. 여자는 슬프고 외로워 보였어요. 나이 든 여자는 팔리지 않는다는 게 〔웃음〕 드러났으니까요. 여자가 아주 불쌍해 보여서 나는 여자 손을 잡고 방으로 갔어요…… 어쨌든 침대가 있는 곳에요. 거기에는 요가 하나 있었고 구석에는 손을 씻는 도구 같은 게 있었어요. 아마 여자는 거기에서 씻는 것 같았어요. 방에 들어갔을 때 물어봤어요. "왜 여기 왔지? 일하러 온 것 같은데……" 그녀는 한국 여자였는데 "오빠가 가라고 했어요"라고 말했

어요. 나는 "아, 그렇군"이라고 했죠. 그래서 나는 오랫동안 그녀가 오빠가 시켜서 온 거라고 생각했는데 그게 아니었어요! 일본인에게 속아서 왔다고 일본군 장교에게는 말할 수 없었던 거죠! 아마 그렇게 된 것 같았어요. 나는 내내 그게 매춘이라고 생각했는데 잘못 알고 있었다고 생각하게 됐죠!

〔이후에 같은 질문으로 돌아가서〕

통역사: 거기 다녀온 후에 달리 느끼신 게 있었나요?

유아사 씨: 아마 미국인들은 위안소 같은 문제에 대해 이야기할 때 감정이나 느낌을 많이 중시하는 걸 당연하게 여기는 모양이죠?

통역사: 네, 역시…… 지금 생각해보면 그게 강간이었다고 생각하세요?

유아사 씨: 그들은 추했어요. 추했죠. 아시겠어요? 예상할 수 있겠지만 내가 그들에게 느낀 건 그들이 정말 혐오스럽다는 게 다였어요. 더러운 여자들이었어요. 더럽게 느껴졌어요. 그들은 성 도구였죠. 그 외에는 어떤 느낌도 들지 않았어요.

여성 방문객: 그런데 통역사님은 그게 강간이었는지 여부를 묻고 있는 거죠?

통역사: 네, 맞아요.

여성 방문객: 그게 강간이었는지 물었어요!

유아사 씨: 뭐라고요?

여성 방문객: 위안소에 간 게 강간이었다고 생각하세요? 질문이 그거였어요. 강간이었어요?

유아사 씨: 아아아…… 위안소에 간 게 〔웃음〕 강간이라고는 생각하지 않아요…… 아니죠. 예상하시겠지만 그게 강간이라고 생각하지 않아요. 내가 강간했다고 느끼지는 않아요. 음. 흠……

음…… 정부가 만든 〔불명확함〕 일종의 '강간 중개소'일까요……? 지금은 정말 모르겠어요…… 음…… 어쩌면 일종의 강간이었을지도 모르겠어요…… '강간 업소'였을지도요…… 〔조금 웃으면서〕 특징이 다르잖아요……? 위안소가 강간 업소였는지 모르겠어요. 여자들이 우리를 맞을 때는 잘 웃고 있었기 때문일지도 모르겠지만 어떻게 답해야 할지 모르겠네요. 하지만 강간 업소로 느껴지지는 않았다고 말해야겠네요…… 〔혀를 차다〕

여성 방문객: 선생님, 괜찮으세요? 괜찮으세요? 몸은 괜찮으세요?

유아사 씨: 아, 괜찮아요, 괜찮아요.

〔긴 침묵〕

〔중단〕

유아사 씨: 음, 그들이 웃으면서 우리를 받아들였으니…… 어쨌든 분명히 '강간 업소'는 아니었다고 생각해요…… 음…… 여자들은 웃으면서 다정하게 '요yo' 같은 말을 사용하면서……

통역사: '요'라고요?

유아사 씨: 아, 친밀하게 느끼는 사람에게 쓰는 말 있잖아요……?

통역사: 그래요? 오, 맞아요, 그래요. 한국어죠. 한국인들은 그렇게 말하죠.

유아사 씨: 그래요. 어쩌면 그들은 그렇게 말해야 했는지도 모르지만 〔불명확함〕 나는 아직도 위안소가 '강간 업소'라고는 생각하지 않아요…… 정말 모르겠어요…… 아직도 생각 중이에요. 음.

(유아사 씨는 의사 집안에서 태어나 지케이 의과대학을 졸업하고 전쟁 전후와 전쟁 중에 의사로 일했다. 그는 2010년 11월 2일, 세상을 떠났다. 유족으로는 아내와 아들, 딸 두 명이 있다.)

———◆———

가네코 씨는 위안소에 자주 가지 않아서 얼굴이 많이 기억나지는 않는다고 말했다. 하지만 한 여성은 생생하게 기억하고 있었다. 그는 여자가 한국인일 거라고 생각했는데 그게 일반적인 일이었기 때문이다. 그러나 여자는 일본어를 너무 잘했다. 그가 일본어를 잘한다고 칭찬하자 그녀는 자신이 일본인이라고 고백했다. 가네코 씨는 깜짝 놀랐고 격분했다. 어떻게 일본 여성이 이런 곳에 있을 수 있는가? 그는 혐오스럽게 여기며 떠났다.

요시미 요시아키는 전쟁 중에 강제로 또는 속임수에 의해 위안부가 된 여성은 5만 명에서 20만 명에 이른다고 추정한다. 일부 증거에 따르면, 일본군은 규제되지 않는 강간 사건을 줄이기 위해 위안소를 설치하기로 결정했다고 한다. 1938년의 한 문서에서는 중국 북부 지역군 육군 참모총장이 현지 여성 강간이 점령 지역에서 반일 적대감을 자극하고 있다고 우려를 나타내면서 "성적 위안 시설을 가능한 한 빨리 설치하는 것이 매우 중요하다"[170]고 했다. 그러나 동시에 다나카 유키의 주장에 따르면, 장교들은 강간이 군인들의 "공격성을 자극하는" 유용한 도구라고 보았고, 때로는 전쟁터에 나가기 전에 콘돔을 제공하기도 했다고 한다. 한 미군 정보 장교는 일본 군인들에게 "정기적으로 지급된" 콘돔 보급품을 발견한 것을 상기했는데, 콘돔 포장지에는 총검을 들고 돌격하는 군인의 그림이 그려져 있었고 그 아래에는 "돌격"이라는 단어가 쓰여 있었다.[171] 위안부였던 한 한국 여성은 다음과 같이 증언했다. "나는 '위안부'로 지내는 동안 몇 번이나 거의 죽을 뻔했어요. 몇몇 군인들은 술에 취한 채 내게 칼을 휘두르면서 변태적인 성관계를 요구했어요. 그들은 칼을 다다미〔짚을 넣어 꿰맨 바닥재〕에 꽂아두고 성관계를 요구했어요. …… 그들이 칼을 꽂아서 나중에는 다다미가 구멍투성이가 되어버렸을 정도였죠. …… 그들의 협박은 명확했어요. 말을 듣지 않으면 나를 칼로 찌르겠다는 거였어요."[172]

한편 동일한 전쟁 중에 미군은 "일본 여성들을 상대로 대규모 강간을 했고 …… 소녀들을 그들의 부모 앞에서, 임신한 여성을 산부인과 병동 등에서 강간했다"고 다나카는 말한다. 가나가와현에서는 10일간 1336건의 강간 사례가 보고되었다.[173]

전쟁에서 대규모 강간은 불가피한가? "전쟁이 일어날 때마다 강간이 일어난다"고 캐서린 맥키넌Catherine Mackinnon은 말한다. 그러나 강간이 "모든 전쟁에서, 같은 편 내부에서든, 서로 다른 편들 사이에서든" 발생한다고 해도 강간이 전쟁의 불가피한 결과라고 규정하는 것은 전반적으로 왜곡되고 파괴적인 결과를 가져올 수 있다고 이어서 말한다. 세르비아가 크로아티아, 보스니아-헤르체고비나와 전쟁을 했을 당시 강간은 전쟁의 무기였고 대량학살이었다. 그러나 "자연발생적 강간natural rape" 이론의 침묵 효과 때문에 한동안 세계는 이 사실을 알 수 없었다. 맥키넌은 질문한다. "모든 남성이 항상, 특히 전쟁 중에 강간을 저지른다면 어떻게 한쪽 편을 들 수 있겠는가? 그리고 모든 남성이 전쟁 때든 아니든 간에 항상 강간을 저지른다면 지금 강간을 특별하게 취급할 이유가 있겠는가?"[174] 특히 일본 문부성은 1962년 교과서에서 일본군이 중국에서 저지른 전시 강간에 대한 언급을 삭제하면서 이런 주장을 했다. "여성들에 대한 폭력은 인간 역사의 모든 시대와 모든 전쟁터에서 일어났다. 그것은 특별히 일본군과 관련해서 이야기해야 할 주제는 아니다."[175]

그런데 강간이 전쟁의 당연한 결과가 **아니라면** 어떨까? 엘리자베스 진 우드Elisabeth Jean Wood는 강간이 전쟁의 당연한 결과라는 주장을 부인하면서 스리랑카 타밀 타이거 반군에 의한 성폭력은 상대적으로 적게 일어난 것 같다고 지적했다. 우드는 타밀 타이거 반군이 무수한 사상자를 초래하면서도 엄격한 내부 규율과 무자비한 처벌 체계를 통해 성폭력을 통제할 수 있었다고 주장하면서 전시 중에 성폭력을 제한할 다른 방법이 있을 거라고 생각한다.[176] 그러나 그런 방법을 찾기 위해서는 우선 그런 것이 존재할 거라고 믿어야 한다. 다시 말해서 '왜'라는 것은 특정한 답이

있는 진지한 질문이며, 단지 수사적 표현이 아니라고 주장해야
한다.

군인들은 왜 여성들을 강간하는가?

일반적으로 제시되는 하나의 답은 강간의 "억압 이론"으로
서 군인들은 성관계가 필요해서 강간을 한다는 것이다. 사회는
"남성의 자연적인 동물적 성 행동을 가로막는 장애물 역할을 하
지만 그 장애물은 교전 상황에서 자주 제거되어버린다".[177] 그러
나 대부분의 학자들은 이 생각을 받아들이지 않는다. 우드는 성
욕으로서의 강간이라는 주장을 실증적으로 믿기 어려운 이유를
요약하면서 그 모델은 "특정 집단의 여성들이 자주 표적이 되는
것도, 자주 극단적인 폭력이 전시 강간과 동시에 일어나는 것도,
강간이 수반되지 않는 성고문의 발생도 설명할 수 없다고 말한
다. 그리고 그 주장이 완벽하다면 군인들이 매춘부를 충분히 접
할 경우에는 강간이 일어나지 않아야 할 것이다. 그렇지만 분명
항상 그렇지는 않다".[178]

오늘날 대부분의 학자들은 욕구보다는 폭력, 경쟁, 불안 같
은 특징을 강조하는 강간론을 선호한다. 마리아 에릭슨 바즈Maria
Eriksson Baaz와 마리아 스턴Maria Stern은 콩고공화국의 군사 조직 출
신 가해자들과 가진 인터뷰를 요약하면서 설명한다. "군인들은
강간의 이유를 이상화된 이성애적 남성성을 가질 수 없는 무능력
(또는 '불능')과 분명하게 연관시켰다."[179]

마사 허긴스Martha Huggins, 미카 하리토스 파토우로스Mika
Haritos-Fatouros, 필립 짐바르도는 브라질 경찰 고문자에 대한 연구

에서 남성성의 문화적 구축에 특별히 주목한다. 가부장제 문화에서 남성성은 승자와 패자로 이루어지는 성취이자 경쟁으로서 정체성에 관한 문제라고 그들은 설명한다. 그와 같은 남성성의 경쟁력은 금방 공격으로 변한다. "드물고 달성하기 어려운 남성성이라는 자질에 대한 경쟁이 만연한 시스템 내에서 자신의 남성성을 끊임없이 성공적으로 보여줄 수 있는 남성은 거의 없기 때문이다."[180] 한 베트남 퇴역군인은 전시 강간에 대해 다음과 같이 설명한다. "그들이 강간을 저지르는 건 주위에 남자들이 많이 있어서죠. 그게 기분 좋게 만들어주는 거예요. 그들은 서로에게 자기가 할 수 있다는 걸 보여줘요. '나는 할 수 있어'라는 식으로요. 혼자서는 하지 않을 행동이죠."[181]

이와 같은 난폭한 남성성의 수행은 전쟁터의 폭력을 넘어서서 내적 자아의 구조화로 확장된다. 그것은 자신이 수행하고 있다는 것조차 알지 못하면서, 스스로 행하는 수행이다. 샌드라 위트워스Sandra Whitworth는 이와 관련해 하나의 예를 제시한다.

외상 후 스트레스 장애를 겪은 많은 남성 군인들은 자신에게서 여성적 타자를 완전히 제거하지 못해 실제로 '여성'이 될 위험이 높아졌다고 깨닫게 된다. 리사 베튼에 따르면, 대다수 현대 군사 훈련 과정에서 확인되는 남성성은 "취약한 것으로서, 여성성의 흔적을 전혀 용인하지 못한다". 절제되어 있고 강인하며 감정을 나타내지 않는 군인은 자신이 군인으로서 한 행위의 결과로 고통, 공포, 불안, 죄책감, 수치, 절망을 느낄 때 감정을 느끼고 반응을 보이기 시작하며, 군인 정체성의 계율을 위반하고 그를 형성해온 무장된 남성성이라는 통념을 더 이상 이행할 수 없게 된다.[182]

남성성과 성폭력에 관한 현대의 학문적 사유 중 상당 부분은 여러 형태의 기본 모델에 의존하고 있다. 남성적인 정체성은 (남성의 정체성과는 별개의 것으로서) 여성적인 정체성의 흔적을 찾아 항상 스스로 규제하는 취약한 구성물이라는 것이다. 전적으로 여성이 수행해온 돌봄에 대한 1970년대 후반과 1980년대의 페미니스트 정신분석 작업은 이 분야의 중대한 연구로 남아 있다. 낸시 초도로우Nancy Chodorow에 따르면, 가부장제 사회에서 아버지에게서는 거리감이 느껴지므로 유아는 어머니와 완전히 융합된 상태로 시작하게 된다고 한다. 어머니는 "외적 자아"로서 아이의 기원이자 한계이다. 남자아이의 경우에 중요한 것은 남성성의 의식이 이 최초의 결합에 **반해** 일어난다는 점이다. 남자아이에게 나타나는 사회적 정체성은 그 초기 형성 관계에 반한다는 점을 입증해 보여야 한다. 실제로 딸이 실재하는 어머니와 관련해서 성적 자아가 발달하는 데 반해 아들의 성적 자아는 부재한 아버지와 관련해 발달한다. 초도로우의 주장에 따르면, 남성성이란 "규정하기 힘든 개념"으로서 "대체로 부정적인 관계"에서 구성된다. 남성성의 자아는 **부정**nots의 문제로서 어머니에게 의존하지도, 어머니와의 동일시로 제약되지도, 애착으로 규정되지도 않는다.[183] 이와 같이 이원적 투쟁으로 이해되는 정체성은 프로이트의 표현에 따르면, "남성이 더 열등한 성에 대해 느끼는 경멸"을, "여성에 대한 정상적인 남성의 경멸이라고 우리가 간주하게 된 것"을 불러일으킨다.[184] 제시카 벤저민Jessica Benjamin에 따르면, "여성성이라는 시련 속에서 만들어진 남성성의 취약성, 좀처럼 달성되지 않는 남성성과 여성성의 분리라는 '큰 과업'은 이후 여성을 대상화하는 토대를 마련"한다.[185]

가부장제 사회에서 남자아이의 정신 작용은 안정적인 "남성성"을 내면화하고 "여성성"을 제거할 것을 요구한다. 밝혀진 바대로 그것은 일생의 과제가 된다. 남자아이는 처벌을 피하기 위해 "여성적인" 행동을 억제하는 법을 빨리 배우는 한편, "여성적으로 행동하기"를 소망하거나 생각하는 것을 피하는 게 불가능하다는 사실을 알게 될 것이다. 아이는 바라기와 행하기, 공상하기와 이행하기의 차이에 대해 계속 강한 내적 감각을 갖는 것이 어렵기 때문에 명백히 성적인 행동 유형을 내면화한 지 한참 후에도 불안을 느끼게 될 것이다. 그는 계속해서 마음속 깊은 곳에 "음란한 여자"보다 낫지 않다고 느끼는 비밀을, 말할 수 없는 자기 회의를 품게 될 것이다. 무엇보다도 이것이 포르노의 핵심 논리이다(포르노는 마약, 술과 마찬가지로 전쟁에 필요한 장비의 일부이다). 수전 그리핀Susan Griffin은 다음과 같이 주장한다. "포르노에서 처벌되는 것은 자아의 여성적인 측면이다. 그것은 처벌되고, 처벌받았다는 점에서 비난받는다. 포르노 제작자가 자신의 성적 감정에 대해 느끼는 두려움은 남자가 여자를 속박하고 침묵시키는 모든 장면에 암시적으로 나타난다. 포르노 제작자가 여자를 살해할 때 그 자신의 한 부분도 죽는다."[186]

포르노그래피, 남성 입회식, 괴롭히기와 결속을 다지기 위한 관행은 내면의 여성을 죽이는 데 중요한 작용을 한다. 그리고 외부의 여성을 죽이는 토대를 마련한다. 피에르 부르디외는 말한다.

'용기'라는 것은 이와 같이 대개 일종의 비겁함에 뿌리를 두고 있다. 사람을 죽이고 고문하거나 강간하도록 만들기 위해 지배하고 착취하거나 탄압하고자 하는 의지가 약점 없는 '남성들'의 세계에서 배제되는 데 대한 '남성적인' 두려움에 의존해온 모든 상황을 떠올리기만 하면 된다. 그들은 자신의 고통에 엄하고 다른 사람의 고통에는 특히 더 엄하다. 모든 독재정권의 살인자, 고문자, '암살자'가 그러하고, 감옥, 막사나 기숙사 같은 가장 평범한 곳, 모든 '총체적 기관'에서조차 그러하다.[187]

이와 같이 연계된 논증은 남성 성폭력을 이해하는 데 도움이 된다. 그러나 전체적으로 이 논증들은 중요한 세 가지 요건을 수반한다. 우선 이런 이론은 부성애에 대해 충분히 설명하지 않는다.[188] 두 번째로는 병적인 남성적 정체성을 이해하고자 하는 폭넓은 노력이 때로는 그런 정체성을 표준으로 여기는 것에 가까워질 수 있다. 켈리 올리버Kelly Oliver는 다음과 같이 경고한다. "우리는 비천함[배제를 통한 자기창조]에 의거한 정체성 이론을 **이용해**

현대의 소외와 배제를 **진단**할 수 있지만 이런 유형의 정체성이 유일한 것은 아니다." 더 나은 정체성 모델은 근원적인 상호주체성과 건전한 상호의존을 강조할 것이다(이 점에 대해서는 책의 끝부분에서 더 다룰 것이다). 여기에 적용된 상호주체적 정체성 이론은 "유아가 어머니와 맺는 관계는 반사회적이고 단절되어 있다"는 전통적인 정신분석학의 믿음을 거부하며, 대신 어머니를 "주체성을 가능하게 만드는 사회적 관계의 첫 번째 협력 동반자"[189]로 본다.

병적인 남성 정체성에 대한 설명의 세 번째 한계는 바로 그것이 정체성에 대한 설명이라는 데 있다. 강간을 전쟁의 하위문화에 속한 행동 규범으로 설명하기 위해서는 개인이나 정체성에 기반을 둔 설명보다 더 많은 것이 필요하다. 강간이 대중적인 관행이 되려면 폭넓은 조직적 기능을 지녀야 할 것이다. 강간은 물론 심리적인 목적에서도 수행되지만 군사적, 정치적, 문화적으로 다양한 중요한 목적을 달성하는 것으로도 널리 이해되고 경험되어야 할 것이다.

때로는 강간이 전투 훈련과 부대의 화합 의식의 역할을 할 수도 있다. 가령 신참들은 집단 강간이나 윤간을 행하면서 이른바 잘 알려진 도덕 세계와 영구적으로 절연할 수밖에 없으며, 그렇게 함으로써 자신의 소외를 공유하는 이들과 더 강하게 유대감을 형성한다. 강간은 적이 국민으로서 지니는 지위를 영원히 해체하는 역할도 할 수 있다. 루스 자이페르트Ruth Seifert의 설명에 따르면, 많은 문화권에서 "여성의 몸은 정치체의 상징적 재현으로 기능"한다. 우리를 돌봐주는 한편, 우리가 보호할 필요 또한 있는 영토는 예술이나 다른 공적 담론에서 여성으로 성별화되며, 이 때문에 여성의 몸은 신체적이고 심리적이며 문화적인 표적이 된다. "여성에게 가해지는 폭력은 해당 집단의 물리적, 사적 온전성을 겨냥하며 결과적으로 이것은 공동체의 구성에 특히 중요하다. 그러므로 하나의 공동체에서 여성의 강간은 이 공동체라는 몸에 대한 상징적인 강간으로 간주될 수 있다. 이런 맥락에서 모든 전쟁에 동반되는 집단 강간은 새로운 의미를 띤다. 그것은 결코 무의미한 잔학행위가 아니라 전략적인 이유를 갖고 문화를 파괴하는 행동이다."[190] 수전 브라운밀러Susan Brownmiller는 이렇게 덧붙인다. "침략행위가 일어나면 여성들 **및** 국가의 공동체 정신은 파괴되고, 부대가 떠나고 오랜 시간이 지난 후에도 그 사실을 계속 상기시킨다. 폭행에서 살아남은 전시 강간의 피해자는 그 국민에게 어떤 존재가 될 것인가? 적이 저지른 잔인한 짓의 증거가 된다. 그 국가의 패배를 상징한다. 추방자. 손상된 재산. 교묘한 국제 프로파간다 전쟁의 노리개가 된다."[191] 휴먼라이츠워치 Human Rights Watch*는 다음과 같이 결론짓는다. 전시 강간은 "부수적이거나 사적인 것이 아니라 [오히려] 특정한 군사적, 정치적 목표를 달성하기 위한 도구로 작동"한다.[192]

---

*   인권 위반의 사례를 조사하고 문서화하며, 인권 침해를 방지하기 위한 정책들을 옹호하는 국제 인권 감시 단체.

마지막 인터뷰를 마치고 집으로 돌아가는 비행기에서 나는 노라 옥자 켈러Nora Okja Keller의 《종군위안부Comfort Woman》를 읽었다. 이 책은 일본군 '위안부 수용소' 생존자인 아키코의 고통스러운 이야기를 들려준다. 이 잔혹하고 서정적인 소설에서 켈러는 성폭력의 트라우마를 부분적으로 부서진 언어의 문제로 묘사한다. 성노예들은 말하는 것이 허용되지 않아 부호로 이야기하고, 큰 소리로 말했다는 이유로 살해당한다. 부인들과 어머니들은 자신들의 가족들, 딸에게 [그 경험을] 비밀로 유지한다. 그들은 산 자보다는 죽은 자와 더 명확하게 말한다. 그리고 성매매 자체가 거짓말에서 시작된다. 어린 조선의 소녀들에게 외국 공장이며 식당에 일자리가 있다고 거짓말을 한 것이다.

그러나 폭력이 언어를 압도하며 쏟아지는 순간과 대조적으로, 켈러는 목소리에 대한 강렬한 이미지를—중요하게는 대개 노래로—제시한다. 노래는 핵심적인 면에서 트라우마와는 반대된다. 트라우마가 인간의 경험, 즉 언어를 가장 빈곤하게 만들며 경험을 번역하는 과정에서 언어의 빈곤함을 드러내는 인간 경험이라면, 노래는 언어를 가장 극적으로 확대하고 번역될 수 있는 것 너머의 의미를 전달할 수 있는 언어의 역량을 드러내는 인간의 방식이다. 아키코는 수용소에서 나온 이후에도 일상의 삶이 수용소의 소음에 침범당했다고 여겨졌고, 선교사의 설교를 들으면서도 내부에서 들려오는 큰 따귀 소리와 총탄 소리 때문에 말을

알아듣지 못한다. 그러나 신도들이 일어나 찬송가를 부르기 시작하자,

> 내 귀가 열린 후 들린 것은 많은 노래가 혼합되어 이루어진 것처럼 풍부하고 다양한 음으로 이루어진 하나의 노래였다. 그 노래에서 나는 거의 잊고 있었던 것을 들었다. 군인들이 있는 가운데서도 계속해서 메시지를 전하려고 했던 여자들의 끊임없는 속삭임, 군인들에게 이를 가격당한 후에도 인덕이 저항하며 울부짖은 애국가, 개구리 만 마리의 교향곡, 내 어머니가 딸들을 재우기 위해 콧노래로 부른 자장가, 그녀가 바다에서 자유를 찾았을 때 강이 부른 노래.[193]

정신적인 생존의 한가운데에서 《종군위안부》는 가장 심오한 의미에서 번역의 문제를 말하는 것처럼 보인다.

———◆———

가네코 씨

아이들에게는 절대 할 수 없었어요…… 내가 스스로 아이들을 표적으로 삼아 쏠 수는 없었어요. 총검으로 아이들을 찌르는 건 한 번도 안 했어요. 아이들에게는 할 수 없었어요. 하지만 여자들은 문제가 없었어요.

〔나중에 다시 질문했을 때〕

아아. 〔화가 나서 고함치며〕 아이들은 없었어요! 절대 아이들은 없었어요.

〔중단〕

하지만 한 번은 있었다고 할 수 있겠네요. 우리가 마을에 들어갔을 때…… 고참들은 우선 강간을 하려고 했어요. 그래서 마을마다 갔죠. 중국에는 온돌이라는 난방 장치가 있잖아요. 그 안에 한 여자가 아이를 안고 이렇게 있었어요. 그래서 우리는 고참들과 안에 들어갔어요. "여자가 있다. 가네코, 아이를 끌어내서 앞에 가 있어. 내가 끝나면 너에게 넘겨주지." 나는 명령받은 대로 아이를 앞으로 데리고 나왔어요.

여자는 구석에서 떨고 있었어요. 우리는 뒤에서 고참이 화난 목소리로 고함치는 것을 들을 수 있었어요. 그의 목소리를요. "이걸 〔들리지 않음〕 하게 해. 〔들리지 않음〕 해!" 그런 말이었지요. 잠시 후에 여자의 우는소리가 들렸어요. 얼마 후 고참이 여자의 머리채를 잡은 채 앞으로 나왔어요. "가네코, 따라와!"라고 해서 나는 "네" 하고 답하고는 따라갔어요. 아이가 거기에 있다는 것도 잊어버린 채였죠. 옛날에는 수도가 없었으니까 마을에는 항상 우물이 있었어요. 그는 여자를 우물이 있는 곳에 데려갔어요. 여자를 우물로 데려가서 우물에 대고 이런 식으로 밀었어요. 이렇게 우물에 대고 밀었어요. 그가 여자의 머리를, 머리채를 잡고 "가네코, 다리를 잡아"라고 해서 나는 여자의 양쪽 다리를 잡고 있었어요. 우리는 그렇게 여자를 들어올려서 우물 속으로 던져버렸어요. 〔목소리가 약해진다〕

그때, 그때, 나는⋯⋯ 그 아이는 엄마가 우물에 던져졌으니 "엄마, 엄마" 하고 소리치면서 우물을 빙빙 돌았어요. 하지만 아이는 네 살 정도였으니 손이 닿지 않았어요. 그리고 툭 하는 소리가 났는데 그게 내 안에서 나는 건지 뭔지 몰랐어요. 그러다가 아이가 선반이나 탁자같이 생긴 의자를 끌고 왔어요. 의자를 받침대처럼 사용하더니 "엄마"라고 하고서는 〔멈춤〕⋯⋯ 우물 속으로 뛰어들었어요. 우리 모두 몸을 떨었어요. "이건 너무해"라고 생각했죠. 그건 **항-상** 내 머리를 떠나지 않고 남아 있었어요. 그리고 결국에는 고참이 말했어요. "가네코, 수류탄을 던져." 〔들리지 않음〕 우리한테는 수류탄이 있었는데 나는 핀을 뽑아 우물에 넣고 폭파시켰어요. 두 사람 모두 죽였어요. 그렇게 된 거죠. 〔기침〕

그 일은 지금까지 내 안에 남아 있었어요. 무슨 일이 있어도 그대로 남아 있었죠.

〔이후에〕

나는 아이들은 죽이고 싶지 않았어요. 〔침묵〕 아이들에게 총을 쏠 때면 무작정 난사했어요. 눈을 감은 채 난사했죠. 아이들을 단검으로 찌르게 되면 불운해질 거라 생각했어요⋯⋯ 아이들은 죽이지 않으려 했죠. 하지만 기관총을 썼으니 기관총은 탕탕탕 하고 난사됐어요. 거기에 아이들이 있을 때면 나는 눈을 감아버렸어요. "내 총에 맞아도 용서해줘!"라고 생각했어요. 그런 식이었어요.

딸은 눈을 깜박이지 않는다. 아이는 자기 색을 찾지 못하고 파란색에서 회색으로, 갈색에서 녹색으로 빛에 따라 변하는 눈으로 나를 바라본다. 아이의 코앞에 내 손가락을 내밀어도 눈을 깜박이지 않는다. 내 손가락은 아이의 눈을 향해 떠다니다가 속눈썹 가장자리에 닿게 된다. 아이는 확고한 믿음을 가진 채 눈을 뜨고 있고 나는 생각한다. 그 믿음을 잃기까지, 눈을 감은 채 다시 눈을 뜨고 싶어 하지 않기까지 이 아이는 얼마나 많은 배신을 견디게 될까?

— 노라 옥자 켈러, 《종군위안부》

역사가 윌 듀런트Will Durant는 인간이 지난 3500년 중 거의 268년간 전쟁 중이었다고 추정한다.[194] 조너선 글로버는 1900년에서 1989년까지 8600만 명의 사람들이 전쟁에서 죽었다고 지적한다. "90년 동안 24시간 내내 한 시간당 100명 이상의 사람이 죽은 셈이다."[195] 더 곤혹스러운 것은 전쟁이 악화된 것으로 보인다는 점이다. 20세기 초에는 전체 사상자의 약 95퍼센트는 전투원이었다. 일부 사람들의 주장에 따르면, 20세기 말에는 그 비율이 거의 역전되어 사상자 중 90퍼센트가 민간인이었다. 피터 W. 싱어Peter Singer에 의하면, 21세기로 전환되는 시기에 걸친 10년간 600만 명의 아이들이 전쟁에서 심한 부상을 입었고, 100만 명은 고아가 되었으며 2500만 명은 집을 떠났고 거의 30만 명은 군인이 되었다. 그는 이 마지막 숫자는 몇 십 년 전만 해도 "0에 가까웠던" 수치가 증가한 것이라고 주장한다.[196]

회고록 《집으로 가는 길A Long Way Gone》에서 이스마엘 베아Ishmael Beah는 시에라리온 반란군이 마을을 파괴했던 1993년에 열두 살이었다고 말한다. 열세 살쯤에는 각성제, **브라운 브라운**(화약을 섞은 코카인), 영화 <람보>에 푹 빠진 군인이었다. 그는 2년간 전투원에게든 비전투원에게든 가리지 않고 총질을 해대면서 싸웠다. 몇 사람이나 죽였는지는 전혀 모른다. 다른 소년들과 마찬가지로 그도 효과적으로 쓰고 버릴 수 있는 하수인이었다. 국제적십자위원회에 있는 한 친구는 언젠가 그런 소년들에 대해 말하면서 "아이들은 자신들이 죽을 수 있다는 것을 몰라서 아무것도 겁내지 않기 때문에 가장 위험하지"라고 했다. 아이들을 사용하는 효과적인 방법은 적을 도발해서 조준점을 알고자 할 때 약에 취한 소년을 데려다가 살상지대로 보내 총을 휘두르며 적을 조롱하게 하는 것이다. 적이 아이를 쏘면 그들이 어디에 있는지 알게 되는 것이다.

특히 아이를 키워본 사람들로서는 아이들을 살해한다는 것을 생각하기란 어렵다. 그 어려움은 어느 정도는 감정적인 것이다. 아이들은 너무도 취약해서 우리 안의 동물적인 모든 것이 그들을 보호하도록 만든다. 게다가 아이들은 독특하게도, 개념적으로 명확하면서도 보편적인 인격의 유형을 나타낸다. 모든 사람이 '군인', '일본인' 또는 '여성'이 되는 것의 의미를 이해하는 것은 아니지만, '아이'가 되는 것의 의미는 모두가 내면에서부터 경험한 것이다. 하지만 그런 점에서 아이들 살해를 생각하는 것의 어려움은 감정적인 것 이상의 문제이다. 그것은 존재론적인 것이다. 소년과 소녀를 죽이는 것은, **나는 그 사람들 자체만이 아니라 그들의 가능성을 파괴하고 싶다**라고 말하는 것과 같기 때문이다. 아이의 죽음은 항상 일종의 종말이다.

도스토예프스키는 문학사에서 잔혹행위에 대한 가장 엄중한 검토로 남을 논의에서 아이들에 대해 생각해야 한다고 주장한다. 그리고 아이들에 대해 생각하는 것은 현재의 슬픔만이 아니라 궁극적인 의미에 대해 생각하는 것이기도 하며, 적어도 신앙이 있는 사람들의 경우에는 신성에 대해 생각하는 것이라고 말한다. 신정론theodicy의 근본적인 난제를 제시하면서 이반 카라마조프는 울분에 찬 채 수도사인 동생에게 부모로부터 잔인하게 괴롭힘을 당한 어린 소녀의 이야기를 들려준다. 부모는 아이를 얼어붙은 옥외 변소에 밤새 가두어두고 인분을 먹게 한다. "자신에게 일어난 일을 아직 이해도 하지 못하는 그 어린 것이 어둡고 춥고 불결한 곳에서 긴장된 작은 가슴을 아주 조그마한 주먹으로 두들기며 분개하지도 않으면서 '신에게' 보호해달라고 온순한 눈물을 흘리는 걸 이해할 수 있었어? 그 터무니없는 일을, 내 친구이자 아우, 독실하고 겸손한 수련 수사여, 이해할 수 있었어? 왜 이런 터무니없는 일이 필요한지, 왜 생기는지 이해하겠어?"[197] 대체 어떤 신이 그런 걸 용납하는 거지? 이반은 묻는다. 너라면 어때? 너라면 어떻게 참을 수 있겠어? 어떤 신이 그런 걸 참을 수 있지?

그런 악을 저지르는 사람을 벌하기 위해 분노에 찬 신이 나타날 거라는 생각은 많은 사람에게 감정적 만족을 준다. 그것은 상처받은 우리의 정의감, 우주에는 균형이 이루어져야 한다는 감각을 회복하게 해준다. 그러나 이반은 그런 생각에 만족하지 않는다. 악인에게는 영원한 지옥이 기다린다는 생각은 학대받은 어린 소녀에게 안도감을 주지 않는다고 그는 주장한다. 그것은 인간들에게서 고통의 양을 늘릴 뿐이다. 어떤 신이 무의미한 고통과 불균형한 응징으로 조직된 세계를 만든 조물주가 되는 데 동의하는 거지? 왜 대체 그런 세계가 존재해야 하는 거지? 이반은 묻는다.

토머스 하디Thomas Hardy는 묻는다. "어떤 거대한 바보천치가/ 만들고 혼합해내는 힘은 강력하면서/ 돌보는 힘은 없어서/ 장난삼아 우리를 만들어놓고 운에 맡겨버린 건가?"[198] 아니면 우리는 "너, 고통스러운 것/ 네 슬픔은 나의 희열/ 네 사랑의 상실은 내 증오에 득이 되는 것이다!"라고 소리치는 "복수심에 불타는 신"의 노리개에 불과한가? 적어도 후자는 하디에게 일종의 위안이 된다.

그러면 나는 부당한 분노라는 생각으로 강해져서
그것을 참아내며 이를 악물고 죽으리라
나보다 강한 자가 내게 눈물을 흘리게 하려고
마음먹었다는 데 어느 정도 안심하면서.

그러나 하디는 우리의 운명은 그보다 훨씬 나쁘다고 말한다. 우리의 고통은 "우연"이나 운, "반쯤 눈먼 재판관"이 제멋대로 "주사위 놀이"를 하는 문제일 뿐이다.[199] 대체 왜 그런 세계가 존재할까? 거기에는 이유가 없다. 우리는 어리석게도 의미 없는 세계에서 의미를 찾는 존재이다.

전쟁은 대개 초월적인 것—때로는 신에 대한 개념, 때로는 신성한 사람에 대한 개념—을 믿어야 할 필요성에서 시작된다. 내가 인터뷰한 이들은, 많은 사람들이 이전에 그랬듯이 그리고 앞으로도 그렇게 할 것처럼, 전쟁에 자신들을 희생하면서 신성한 목적에 기여하고자 했다. 천황은 신의 후손이었다. 때로 이런 종류의 조직적 활동은 신성한 것에 대한 믿음에—특히 전쟁의 승자에게나 공격으로부터 안전하게 남아 있는 후방에—활력을 불어넣는다. 그러나 때로는 가장 완강한 지지자들조차 믿기 어렵게 만들기도 한다. 악이 무고한 사람들의 머리 위에 떨어지는 세상에서 우리가 지닌 신의 개념은 어떻게 영속할 수 있는가? "신이시여, 우리의 기도에 언제 귀를 기울여주시렵니까?"라고 하진Ha Jin의 《난징 레퀴엠Nanjing Requiem》에서 주인공은 외친다. "당신의 노여움을 언제 보여주실 겁니까?"[200]

이반 카라마조프의 악의 문제와 관련해 영미 전통의 최근 종교-철학적 논의는 존 레슬리 맥키J. L. Mackie의 중대한 논문 〈악과 전능함Evil and Omnipotence〉을 그 출발점으로 자주 인용한다. 맥키는 우리는 신을 믿어서는 안 된다고 단적으로 주장했다. 종교적 믿음에 합리적 근거가 없기 때문이 아니라 (흔히 주장된 바처럼) 악의 존재가 종교적 믿음이 "명백하게 비합리적"[201]이라는 점을 보여주기 때문이다. 수전 니먼Susan Nieman은 그 주장을 명쾌하게 요약해 말한다.

악의 문제는 서로 잘 부합하지 않는 세 개의 명제를 주장하려 할 때 발생한다.

1. 악은 존재한다.
2. 신은 자비롭다.
3. 신은 전능하다.

이 세 가지 명제를 원하는 대로 왜곡하고 공격하고 바꾸더라도, 그 셋을 화합하게 만들 수는 없다. 셋 중 하나는 제거되어야 한다.[202]

데이비드 흄David Hume은 질문했다. "신이 악을 막고자 하지만 할 수 없는가? 그렇다면 그는 무능하다. 그가 막을 수 있는데 하려 하지 않는가? 그렇다면 그는 악의를 갖고 있는 것이다. 막을 수 있고 막으려 하는가? 그렇다면 악은 대체 왜 존재하는 것인가?"[203]

악의 문제는 단지 논리적 모순의 문제처럼 제시되지만, 악의 힘은 감정적인 것에서 기인한다. 우리는 그 주장에 따라 잔인한 신이 이처럼 끔찍한 세상을 만든다고 상상할 수 있고 무능한 신이 그렇게 하는 것을 상상할 수 있다. 그러나 이 특별한 창조의 결과를 예견하는 합리적이고 전능한 모든 신은 시작하기도 전에 모든 것을 백지화할 것이다. 분명히 더 나은 선택이 있었다. 그리고 그런 것이 없었다면 신이 무슨 필요가 있겠는가?

몇 세기에 걸쳐 신앙이 있는 사람들, 신이 희망, 의미 또는 구원의 마지막 가능성을 나타낸다고 믿는 사람들은 이 비탄에 잠긴 비난에 적절한 답을 찾고자 분투했다. 18세기 초 라이프니츠 Gottfried Leibniz는 신을 옹호하려는 노력을 표현하고자 '신정론'이라는 단어를 만들었는데, 이에 대해 존 밀턴John Milton은 "인간에게 신의 방식을 정당화"하기 위한 시도라고 거리낌 없이 말했다. 라이프니츠는 창조는 신의 계획에 따라 이루어지며 그것이 무의미하고 참기 어렵거나 악해 보이는 것은 시간적으로 제한된 인간의 관점에서만 보기 때문이라고 주장했다. 우리는 모든 가능한 세계의 가장 좋은 곳에 거주하고 있다. 사물은 그래야 하는 바와 같다. 흄은 고통을 피하고 이를 쾌락으로 대체하려는 인간 행위의 동기의 원천 같은 약간의 개선을 생각했다.[204] 그러나 라이프니츠는 우리가 창조로 인해 생겨난 손상을 인지하고 어떻게 고치려고 상상하든 간에 절망적으로 광대한 우주에서 절망적일 정도로 좁은 우리의 시야를 감안할 때 우리는 그저 이해할 수 없는 방식으로 문제를 악화시키게 될 거라고 믿었다. 그렇지 않으면 세계는 불가능할 것이다. 가령 신이 어떤 사람을 자기 자신보다 더 큰 사람으로 만들 수 없듯이, 미혼남이 결혼을 했다고 주장할 수 없듯이, 신은 논리적으로 불가능한 우주를 만들 수 없다. 다시 말해 신은 자유롭게 서로 해를 끼치지 않는, 자유로운 영혼으로 이루어진 우주를 만들 수 없다.[205]

"모든 것은 거대한 전체의 부분일 뿐이다/ 그 몸이 자연이고 신이 그 영혼이다"라고 라이프니츠와 거의 동시대인이자 영국의 유명한 시인 중 한 명인 알렉산더 포프Alexander Pope는 썼다. 포프는 라이프니츠의 신정론을 자신의 철학시 〈인간론An Essay on Man〉

(1733)의 핵심으로 삼아 역사의 가해자들조차 신의 계획에 부합한다고 주장했다. "역병이나 지진도 신의 설계를 무너뜨리지는 않는다/ 그렇다면 왜 보르자나 카틸리나가 그렇게 하겠는가?"

모든 자연은 그대가 모르는 예술

모든 우연은 그대가 보지 못하는 법칙

모든 부조화는 이해되지 못한 조화

모든 부분적인 악은 보편적인 선

그러니 교만에도 불구하고, 이성의 과오에도 불구하고,

하나의 진리는 명백하다. "존재하는 것은 무엇이든 옳다."[206]

포프는 신정론을 내세워서 매도당했고, 경박한 낙관론자로 특징지어졌다(가장 유명한 것으로 볼테르의 비판이 있다). 그러나 그는 고통을 알고 있었다. 어렸을 때 불치병인 척추 결핵을 앓아서 청소년기에는 자라는 대신 작아졌고(성인이 되었을 때 키는 137센티미터였다) 다리를 절뚝거렸고 척추가 굽어 등에 눈에 띄는 혹이 생겼으며 평생 고통에 시달렸다.[207] 고통은 그가 결코 이해하지 못할 불가사의였지만, 그 이해할 수 없음을 자신의 무지 탓으로 여겼지 신의 설계 탓이 아니라고 여겼다.

아우구스티누스에서 존 밀턴, C. S. 루이스C. S. Lewis에 이르기까지 많은 신학자들과 철학자들은 고통에 대한 설명을 우리의 자유에서 구했다. 고통은, 우리의 삶을 의미 있게 만든 선물이자 우리가 지나치게 악용한 자유의지에 대해 치르는 대가이다. 우리는 자유와 함께 악과 고통에 빠져버렸다. 완전해진 우리는 "새로운 인류"[208]가 되는 죄를 짓고 루이스의 말대로 "신에게 끔찍한 것"[209]이 되었다. 그러나 우리의 몰락이 신을 놀래켰을 거라고 믿어서는 안 된다('무능한 신' 논쟁의 한 형태). 고난이 수반된 우리의 몰락은 그 목적이 분명하고 생산적인 비극이다. 우리를 악과 고통에 이르게 하는 자유는 우리의 존재를 심오하게 만들기도 하고 정신적 아동기의 무지한 순수에서 빠져나와, 윌리엄 블레이크William Blake의 표현대로 발달된 성인 의식의 "조직화된 순수"로 향하게 한다. 아우구스티누스는 "도망치는 말이 도망치지 않는 돌보다 낫다. 돌은 자기 운동과 지각이 없기 때문이다. 따라서 자유의지가 없어서 죄를 짓지 않는 것보다 자유의지로 죄를 짓는 생명체가 더 훌륭하다"라고 말한다.[210] 자유롭고 죄 많은 사람들의 세계는 죄 없는 노예들의 세계보다 완벽하다.

따라서 그런 사상가들에게는 애정 어린 신이 고통과 고뇌가 있는 세계를 만들었다고 상상하는 것이 당혹스러운 일이 아니다. 존재가 겪는 겉보기에 무의미한 고통은 사실 이해 가능하다. 우리의 고통은 신이 주는 가혹하고 비타협적이며 까다로운 사랑의 자연스러운 결과다. 고통은 신의 교정 도구이다. 고통은 우리에게 그의 불쾌감을 의식하게 하고, 고통의 시련은 우리를 정신적으로 다듬어준다. 고통은 매우 가치 있는 선의 존재를 위해 필요하다(가령 도덕은 품위와 용기, 애정 어린 지지와 슬픔의 연대 경험을 보여준다). '선' 개념 자체의 존재를 위해서라도 필요할 것이다. 매릴린 맥코드 애덤스Marilyn McCord Adams에 따르면 고통은 신의 한 측면으로서, 각 개인이 창조주와의 지복합일이라는 비교 불가능한 선을 실현할 수 있기 위해서는 (그녀가 제시하는 기독교 전통에서) 십자가형에 분명히 나타나는 극도의 고통에 대한 이해가 필요하다.[211]

일찍이 2세기에도 초기 기독교 교회 사제였던 성 이레네우스St. Irenaeus는 세속적인 삶의 슬픔과 역경이 우리를 신과 닮아가게 만들었다고 주장했다.[212] 존 키츠는 세상은 "영혼을 빚는 골짜기"[213]라고 말했다. 사실 단테가 《신곡》에서 썼듯이 지옥 자체는 정의뿐만 아니라 "최초의 사랑"에 의해 만들어진다. 달리 말해 지옥에 떨어진 사람이 거치는 마지막 고문소조차 한없이 애정 어린 자유의지가 준 선물로서, 그것은 유일하게 영혼의 영광을 허용한다.

최악의 고통일지라도 고통을 정당화하는 데는 많은 방법이 있다. 그러나 그런 정당화를 부정하는 데도 많은 방법이 있다. 예를 들어 창조의 의미가 자유의지 개념에 달려 있다면 자유의지는 정말 매우 자유로워야 할 것이다. 유전적 프로그램, 문화적 조건, 역사적 배치, 가족의 운명, 정보 박탈, 자원에 대한 갈망, 호르몬의 영향, 화학물질에 대한 취약함에 좌우되고 의지박약한 우리 존재보다는 훨씬 자유로워야 할 것이다. 우리의 자유는 사실상 애덤스의 난로 비유에 나오는 세 살짜리 아이의 자유처럼 상대적으로 약해 보인다. 한 어머니가 세 살짜리 아이를 가스로 가득 찬 방에 둔 채 나가기 전에 아이에게 밝은 색깔을 띤 멋진 손잡이를 갖고 놀지 말라고 주의를 준다. 그 손잡이를 돌리면 버너에 불이

붙고 가스가 점화되어 아이가 심한 화상을 입을 것이다. 당연히, 어머니는 모든 것을 아이의 '자유' 선택에 단순히 전가함으로써 책임을 회피할 수 없다. 신도 마찬가지다.[214]

물론 '징벌 신정론'이라고 부를 수 있는, 도덕적 모순이 있다. 알베르 카뮈의 《페스트》에서 파늘루 신부는 청중들에게 말한다. "기뻐하십시오. …… 여러분의 목숨을 앗아가고 있는 이 역병은 여러분의 선을 위한 것이기도 합니다." "구원의 길은 여러분에게 그 길을 준엄하게 가리키는 붉은 창입니다."[215] 방금 요약한 신부의 말을 포함해 고통에 대한 많은 종교적 정당화는 고통과 죄, 그리고 더 나아가 행복과 덕 사이의 연관성을 함축한다. 가령 도덕적인 사람들은 역병을 두려워할 필요가 없다는 생각이 실증적으로 타당하지 않다는 점은 무시하자. 더 심각한 문제는 덕이 당신을 고통으로부터 보호해줄 수 있다고 생각하는 것이 적어도 칸트에 따르면 덕을 **왜곡한다**는 점에 있다. 신성한 방패로서의 덕 개념은 덕을, 스스로를 구현하는 것이 아니라 도구적 가치를 위한, 자기 방어로서의, 심지어는 자기본위적인 타산calculation의 구현으로 만든다. 좋은 전략으로서의 덕이 정말 덕일까? 니먼에 따르면, 칸트는 신정론을 매우 불경한 것으로 여겼다.[216]

마지막으로 전지전능한 존재에 관한 논리적 불가능성의 문제가 있다. 맥키는 묻는다. "전지전능한 존재가 이후 자신이 통제할 수 없는 존재를 만들 수 있는가? 아니면 그것에 사실상 상당한 경우로서, 전지전능한 존재가 그 자신이 속박되는 규칙을 만들 수 있는가?"[217] 두 질문에 대해서는 긍정과 부정 모두 답이 될 수 없다. 그러므로 우리는 신의 전지전능함이라는 개념—또는 우리가 자유롭다는 생각—을 거부해야 한다고 맥키는 주장한다. 두 가지가 동시에 참이 될 수는 없다.

나는 믿고 싶다. 존재론적 의미에서 그건 말도 안 된다. 하지만 두 어린 아이의 아버지로서 나는 어쩔 수 없다. 모든 부모가 그렇듯, 나도 아이들을 찾을 수 없었을 때 두려움을 겪었던 적이 있고, 아이들이 겁먹거나 외로워하거나 다치지는 않았는지, **내가 아이들에게 갈 수 없는 건 아닐지** 극도의 공포에 사로잡히기도 했다. 그것은 참아낼 수 있는 것이 아니다. 언젠가 내가 아이들을 영원히 볼 수 없게 된다는 생각은 견딜 수 없었다. 그들의 작은 삶이 언젠가 아무 의미 없는 것이 된다는 생각은 참아내기 어렵다. 때로 늦은 밤 아이들이 자는 모습을 어둠 속에서 바라볼 때면 어쩔 수 없이 그런 생각을 하게 된다. 그런 생각은 가슴을 울렁거리게 하면서 갑자기 구역질이 치밀어 오르듯 덮쳐온다.

신과 악의 문제에 대해 논하면서 흄은 쾌락과 고통은 경험적으로 두 부분으로 이루어진 것이 아니라고 지적한다. 쾌락의 단계는 도달하기 어렵고 급속히 악화된다. 고통의 심연은 빠르게 시작되고 달아나기 어렵다.[218] 그는 말한다.

한 이방인이 갑자기 이 세계에 떨어졌다고 하자. 나는 그에게 세상의 해악을 보여주는 표본으로 질병으로 가득한 병원, 악인과 채무자로 붐비는 감옥, 시체가 흩어져 있는 전쟁터, 바닷속에서 허우적거리는 함대, 독재·기근·역병에 시달리는 국가를 보여줄 것이다. 삶의 즐거운 면에 눈을 돌리게 하고 쾌락이라는 개념을 제시하려면 그를 어디로 안내해야 할까? 무도회, 오페라, 법원? 내가 그저 다양한 괴로움과 슬픔을 보여주고 있다고 그가 생각하는 것도 당연할 것이다.[219]

암울한 제목의 《태어나지 않는 것이 낫다: 세상에 존재하게 되는 것의 해악Better Never to Have Been: The Harm of Coming into Existence》에서 현대 철학자 데이비드 베너타David Benatar는 쾌락과 고통의 불균형("고통의 부재는 좋다. …… 쾌락의 부재는 나쁘지 않다")을 아기를 낳는 것에 반대하는 논거로 간주한다. "잠재적인 자손들은 세상에 태어난 것을 유감으로 여기지 않을지도 모르지만, 그들은 분명 태어나지 않는 것도 유감으로 여기지 않을 것이다."[220]

인간은 고통을 겪도록 만들어진 것 같다. 오늘날 심리학자들에 따르면, 스트레스는 사람에게 휴식보다 강한 생리적 영향을 주고, 예상된 부정적 사건은 예상된 긍정적 사건보다 기분에 강한 영향을 주고, 나쁜 육아는 좋은 육아보다 강한 영향을 미치며, 생리적 자극의 기본 경험은 긍정적이기보다는 부정적일 수 있다고 한다.[221] 가장 실망스러운 점은, 트라우마의 반대항이 존재하지 않는 점이다. 즉 모든 범위의 인간 경험을 통틀어 트라우마처럼 인간 행동에 오래 지속되며, 포괄적이고 극심한 영향을 끼치는 긍정적인 사건 개념은 없다.[222]

내 아이들, 미키와 토퍼는 침실에서 혼자 자는 것을 무서워한다. 그들은 매일 밤 침대 하나는 비워둔 채 둘이 한 침대에 들어가 잔다. 아이들이 늘 내게 옆에 있어달라고 하는 탓에 나는 그 애들의 몸이 움직이지 않고 숨소리가 깊어질 때까지 바닥에 앉아 야간등 불빛 아래에서 책을 들고 조용히 책장을 넘기곤 한다. 아이들이 자는 것을 보면서 나는 이반 카라마조프와 함께 신의 선함을 고대한다.

———◆———

내 친구 바브는 출간 전에 앞 절을 읽고 거기 깔린 절망적인 기운을 지적하며 책망했다. "넌 대학에서 가르치잖아"라고 내게 상기시켰다. "수업에서 뭘 가르치는 거야?" 나는 인권 강의에서 곧 세상을 바꿀 예정인 낙관주의자·이상주의자 학생들에게 일말의 절망을 가르치려 한다고 농담을 하곤 했다. 나는 그것이 실망에 대한 예방 접종이며 인권활동의 냉엄한 현실에 대한 사전 준비로서 그들이 현장에서 불가피하게 무력함과 실망, 실패를 접할 때 더 잘 적응할 수 있도록 대비하게 해줄 거라고 여겼다. 이상주의자들은 부서지지만 현실주의자는 터덕터덕 걸어간다고 나는 주장한다. 그러나 바브는 내가 다시 생각하도록 만들었다. 바브가 이야기했던 무렵에 나는 테리 이글턴Terry Eagleton의 《악On Evil》을 읽고 있었는데 그 책에서는 악이 파괴를 통해 비존재를 갈망한다고 주장한다. 그의 주장의 이면에는 세상을 포기하는 형태로서의 절망이 악의 구조를 재생산한다는 암시가 있는 것 같았다.[223]

오늘날에도 절망할 이유가 있는가? 《인간 안전 보고서

2005 The Human Security Report 2005》에 따르면, 이유가 없을 수도 있다. 그 보고서에서는 전쟁과 폭력이 시간이 흐르면서 어떻게 악화되는지를 보여주는 가장 흔한 통계—내가 앞서 인용한 것처럼—가 근거 없는 믿음이거나 증거가 빈약하거나 증거가 없는 주장으로서, 오직 매우 자주 되풀이됨으로써 정치적 사실로서 견고함을 획득했다고 보았다. 보고서에 따르면, 반대로 상황은 나아지고 있다. 세계사적 경향상 임의적인 변동이 일어나고 있기 때문은 아니다. 인류가 전 세계적으로 폭력을 완화하고 방지하기 위해 지속 가능한 조직구조를 만들기 시작했기 때문이다.

보고서에서는 1990년대 후반 무력 충돌·정치적 살해·대량 학살·전사자 수의 하락과 유엔의 평화 유지 활동, 예방적 외교 임무, 전 세계에서 시행되고 있는 경제 제재의 증가 사이에 상관관계가 있다고 주장한다.[224] 《우리 본성의 선한 천사 The Better Angels of Our Nature》에서 스티븐 핑커 Steven Pinker는 폭력이 지금까지의 광대한 인간사에서 극적으로 감소해왔다고 야심차게 주장하며, 그것을 특히 "계몽주의적 인도주의"의 진전이 초래한 결과로 본다. 또 다른 최근 연구에서는 인간 정치 조직의 전략으로서 비폭력 경향이 나타나고 있다는 현저한 증거를 제시한다. 마리아 스테판 Maria Stephan과 에리카 체노웨스 Erica Chenoweth는 1900년에서 2006년까지 일어난 폭력·비폭력 시민저항운동을 분석한 후 비폭력 저항운동은 폭력 저항운동에 비해 전략상 목표를 달성할 가능성이 두 배 정도 높았다고 말했다. 우리가 흔히 주고받는 통계 이상으로 우리 공동의 미래에 대해 더 낙관할 만한 이유가 있을지도

모른다.[225]

앞서 제시한 심리학 연구 내용 이상으로 인간의 내면성의 경험에 대해 더 낙관할 만한 이유도 있을 수 있다. 우리는 고통받도록 만들어지지는 **않았을** 것이다. 우리는 부정적인 기억을 더 강하게 겪을 수 있지만, 그보다 더 많은 긍정적인 사건들을 기억하고 거기에 더 빨리 접근할 수 있다. 사람들의 자아 개념은 대개는 비현실적으로 긍정적이고, 특정 상황에서 긍정적 감정은 부정적 감정에 비해 전염성이 강하고 확산시키는 능력이 큰 것처럼 보인다. 그리고 우리가 확실히 고통을 겪는 동안에도 그 고통이 사회 활동과 소속감, 심지어 이타주의까지도 증진시킨다는 많은 연구 결과가 있다. 실험 심리학자들도 피험자에게 좋은 기분보다는 나쁜 기분을 유발하는 것이 더 어렵고, 그들로 하여금 나쁜 기분을 유지시키게 하는 것이 훨씬 더 어렵다고 말한다. 이런 이유로 셸리 테일러Shelley Taylor에 따르면, 실험은 대체로 긍정적인 기분과 부정적인 기분보다는 긍정적인 기분과 중립적인 기분을 비교하도록 설정된다. 자연적인 회복력을 갖춘 사람은 나쁜 사건에 대한 경험을 최소화하기 위한, 매우 효과적이고 때로는 무의식적인 전략을 많이 갖추고 있다. 다행히도 긍정적인 사건에 대한 경험에 필적할 수 있을 만큼 강한 것은 확실히 존재하지 않는 것처럼 보인다.[226]

19세기 말에 미국인 철학자 윌리엄 제임스William James는 세상의 특정한 사실들은 그 안에 "예비적 믿음"이 존재할 경우에만 성립될 수 있다고 했다. 달리 말하자면 운동선수가 지니고 있는 능력에 대한 믿음을 공표할 때 그의 능력을 진짜로 만들도록 도울 수 있다는 것이다. 따라서 우리가 충분한 증거 없이 믿음(예를 들어 신에 대한 믿음이나 우리 자신에 대한 믿음)을 채택하는 것은 당연한데, 믿음의 채택이 초래할 수 있는 것 때문이다. 그는 믿음의 가능성을 설명하기 위해 인상적인 비유를 사용한다. "(개별적으로는 충분히 용감한) 전체 열차 승객이 몇몇 노상강도에게 약탈당하는 것은, 노상강도들은 서로 믿을 수 있지만 승객들 각각은 자신들이 저항하는 움직임을 보이면 다른 사람이 도와주기도 전에 총에 맞게 될까봐 두려워하기 때문이다. 전체 승객이 즉시 대처할 것이었다면, 개별적으로 제각기 대처했을 테고 열차 강도질은 시도되지도 못했을 것이다."[227]

달리 말해 절망하는 것은 결과를 상정하고 결정을 내리는 것이다.

———◆———

에바토 씨

내가 시베리아 포로수용소에 있을 때 밖에서 육체노동을 하고 있었는데 한 노인이 다가오더니 물었어요. "강제 노동수용소에 [불명확] 거기에 먹을 건 충분해요?"라고 물었어요. 나는 "아니요, 없어요……"라고 말했죠. 그곳은 시베리아였어요. 그는 가방에서 사과를 꺼냈어요. 그 사과는 우크라이나 근처 어딘가에서 온 매우 귀한 사과였을 거예요. 그가 사과 한 개를 내게 내밀었어요.

그때 그 잔인하고 혹독했던 시베리아 생활에서 가장 감동적이었고, 행복하다고 느꼈어요. 거기서는 같은 인간에게 이런 진실한 애정이 있었어요…… 그 일이 남긴 인상은 영원히 사라지지 않을 것 같아요. 이런 느낌이 들었어요. 어느 인종이든 인간의 손을 잡는 곳에 전쟁은 없다고요.

———————◆———————

> 사람이 아무리 이기적이라고 할지라도 다른 사람들의 행복에 관심을 가지며, 그들의 행복은 보는 것을 제외하고는 얻는 게 없는데도 자신에게 필요한 것으로 만드는 원리가 분명히 존재한다. 우리가 다른 사람들의 불행을 볼 때 느끼거나 매우 생생하게 갖게 되는 감정인 연민이나 동정은 이런 종류의 것이다.
>
> ─애덤 스미스Adam Smith, 《도덕감정론The Theory of Moral Sentiments》

우리는 무엇이 사람들에게 악한 행동을 하도록 만드는지 알고 있다. 그러나 무엇이 사람들로 하여금 악한 행동을 하거나 이타적인 행동을 하는 것을 거부하도록 하는가? 이타주의를 정의하는 한 가지 방식은 그것이 다른 사람들을 돕는 자발적이고 의도적인 행동이라는 것이다. 도움은 그 자체로 행동의 목표이며 외부의 보상에 대한 기대 없이 행해진다.[228] 이런 종류의 자기희생과 관대함은 잔인함보다 덜 눈에 띄지만 더 흔하다. 그것은 매일의 순간들을 봉합한다. 가장 기본적인 사회 단위인 가족과 이웃은 이타주의 없이는 가능하지 않다. 그렇다고 그것이 이타주의가 의미 있는 관념으로 존재함을 뜻하는가? 자기희생적 행동(예를 들어 아이나 나이 든 부모님의 돌봄을 위해 자신의 행복을 포기하는 것, 배척되거나 처벌을 받을 위협에도 불구하고 다른 사람들을 해하라는 명령을 거부하는 것)은 사리사욕을 초월하는 인간의 동기부여 원칙을 보여주는가?

그렇지 않다고 생각할 만한 근거가 있다. 합리적 행위자 이론과 사회생물학에서는 외관상 자기희생적인 행동을 이기심으로 재구성할 다양한 방법을 제시한다. 우리가 도움을 주겠다고 선택하는 것은, 그것이 (만족스럽고) 호의적인 자아 개념을 유지한다는 기쁨을 주기 때문이다. 우리가 도움을 주겠다고 선택하는 것은, 일종의 자기돌봄 문제로서, 다른 사람이 고통받는 것을 보는 불쾌한 느낌이 주는 부담을 덜고 싶어 하기 때문이다. 우리가 도움을 주겠다고 선택하는 것은, 도움을 주지 않은 데 대한 반감이나 처벌을 두려워하도록 훈련되었기 때문이다. 우리가 도움을 주겠다고 선택하는 것은, 그것이 우리가 큰 어려움에 처해 있을 때 다른 사람들도 우리를 도와줄 거라는 위안을 주는 믿음을 합리적으로 지속시킬 수 있는 유일한 방법이기 때문이다. 우리가 도움을 주겠다고 선택하는 것은, 그것이 우리의 사회적 지위를 나타내고 확고히 하기 때문이다(즉 우리는 다른 사람들이 우리의 도움을 받아들일 때 그들이 우리에 대한 "그들의 의존과 열등함을 암묵적으로 인정한다"고 믿는다).[229] 우리가 도움을 주겠다고 선택하는 것은,

우리가 그런 취향을 갖고 있기 때문이다. 하워드 마골리스Howard Margolis는 그 취향이 "특성상 고급 자동차나 시가cigar에 대한 취향과 꼭 다르다고는 할 수 없다"[230]고 말했다. 가장 기본적인 수준에서 이타주의자와 이기주의자는 같다. 그들은 모두 유용성을 극대화하는 사람들일 뿐이다.

그런데 우리는 도움을 주지 않겠다고 선택할 수 있다. 우리는 도움을 줄 수밖에 없지만 도움을 주면서 실제로는 우리 자신을 돕는다. 진화생물학자들이 '포괄 적응도 이론inclusive fitness theory'이라고 부른 것에서는 이런 설명을 제시한다. 삶은 무자비하고 다윈의 생존 투쟁을 따르므로 이타주의자들은 생존에 유리한 장점을 타인을 위해 희생함으로써 시간이 흐르면서 저절로 근절되고 말 것이다. 그러나 이타주의는 지속하고, 사실은 오히려 번영한다. '적응도'(생식을 통해 번식에 성공하는 것)는 신체에 근거하는 것이 아니라 유전자에 근거하기 때문이다. 인간이나 비인간 동물이 친족을 부양하기 위해 자신의 이익을 희생할 때, 그 행위는 하나의 신체 내에서의 유전적 번식을 위태롭게 하지만 다른 신체 내의 동일한 유전적 번식 가능성은 향상시킨다. 이익의 계산은 얼마나 가까운 친족관계인지, 친족이 얼마나 많은지, 위험이 얼마나 큰지 같은 것에 달려 있다. 선구적인 진화생물학자 홀데인J. B. S. Haldane은 물에 빠진 동생을 구하기 위해 목숨을 걸겠냐는 질문에 다음과 같이 재치 있게 대답했다고 한다. "아니요. 동생 두 명이나 사촌 여덟 명이라면 구하겠지요."[231] 그런 세계관에 대한 더욱 불쾌한 암시는 부모는 아이가 청소년기에 죽었을 때 가장 큰 슬픔을 겪게 된다는 주장에 있다. 그때 아이의 생식력이 절정에 달하기 때문이다. "말 사육자는 순종 말이 태어난 다음 날 죽는 것보다 첫 경기 직전에 죽었을 때 더 낙심한다"고 로버트 라이트Robert Wright는 포괄 적응도 이론에 대해 설명하면서 덧붙인다. "부모는 유아보다는 청소년인 아이의 죽음에 더 상심할 것이다."[232]

다시 말해서 우리는 사랑이나 이타주의, 어떤 종류의 구제행위를 보면서 고귀한 이타적 행동을 보고 있다고 생각할 수 있지만, 리처드 도킨스Richard Dawkins의 직설적인 표현에 따르면 실제로 그것은 "생존 기계—유전자로 알려져 있는 이기적 분자를 보존하도록 맹목적으로 프로그램되어 있는 로봇 매체"[233]의 바보 같은 행위에 불과하다. 그래서 우리는 그 단어가 갖고 있는 어떤 유의미한 관념에서든 이타주의자가 아니다. 우리는 사리사욕에 이끌리는 합리적 행위자이거나 무리를 이루는 동물이다. 선구적인 진화생물학자 조지 윌리엄스George Williams는 "일반적으로 현대 생물학자는 동물이 다른 동물에게 유익한 행동을 하는 것을 보면 다른 개체에게 조종되었거나 교묘하게 이기적인 것이라고 추정한다"[234]고 말했다.

그러나 가장 최근에, 저명한 생물학자 에드워드 윌슨E. O. Wilson은 포괄 적응도 이론의 토대가 흔들리고 있다고 주장했다. 그의 연구는 진眞사회적eusocial 행위에 관련된 것으로서 진화생물학자들이 "극단적인" 이타주의라고 여기는 특별한 사례를 다룬다. 윌슨의 주장은 복잡하고 논란이 많으며 앞으로 몇 년간 확인되어야 하겠지만 기본적인 주장은 공익을 위한 자기희생은 단순히 유전적 이기주의로 다시 기술될 수 없다는 것이다. 그에 따르면, "가까운 유전적 근연도relatedness는 진사회적 행위의 원인이 아니라 결과"이다. 거칠게 번역하자면, 개체들은 가족이기 때문에 협력하는 것이 아니라 협력해서 가족이 **되었다**는 것이다. "인간은 옳은 일을 하고 자제하며 때로는 개인적인 위험을 무릅쓰면서도 다른 사람을 돕는 등 도덕적인 경향이 있다. 이는 자연선택이 집단 전체에 도움이 되는, 집단 구성원들의 상호작용을 지지했기 때문이다."[235]

다른 지적 분야에서도 이타주의를 반증하는 데 많은 에너지를 투입했다. 가령 이타주의의 '혐오적 각성 감소aversive-arousal reduction' 이론(즉 우리는 타인의 고통에 노출되면서 갖게 되는 괴로움을 없애기 위해 도움을 주려 한다)을 시험하기 위해 다양한 연구가 고안되었다. 이 이론의 설명력은 약하지만, 개인적 괴로움이 커서 공감 능력이 낮은 경우의 행동은 잘 설명하는 것 같다.[236] 홀로코스트가 진행되던 시기 유대인을 구출한 중부 유럽인들에 주목한 다른 연구에서는 "합리적 행위자 이론은 구출행위를 설명하는 데는 거의 또는 아무 소용이 없다"고 결론을 내렸다. 구출자들의 동기에는 비용 편익 분석, 집단 압력, 보상 기대, 자기만족감이 포함되어 있지 않았다.[237] 많은 이들은 자신들의 경험에 대해 이야기하기를 꺼렸고, 자신들이 구출한 사람들과 연락하지 않았다. 호프먼은 어떤 면에서는 수치심이 돕는 행위와 결부되어 있었을 거라고 짐작한다. "구출자와 피신자 양쪽 모두에게 요구되었던 수치심은 그런 숨김이 일어날 수밖에 없을 정도의 비인간화와 관련된 것이었다."[238] 그런 행동을 사리사욕 모델을 통해 설명하기는 어렵다.

좀 더 일반적으로, 많은 이들은 경제 이론에서 말하는 고전적인 '사리사욕 추구 인간self-interested man' 모델의 설명력에는 매우 중대한 결함이 있으므로 철저히 재고되어야 한다고 주장했다. 1970년대 후반, 노벨상 수상 경제학자 아마르티아 센Amartya Sen은 사리사욕으로 재정립될 수 없는 윤리적 몰입의 중요성을 강조하면서 (사리사욕이 "자기가 하기로 선택한 것"이라는 비어 있는 동어반복이 아닌 한) "모든 행위자는 사리사욕에 따라서만 행동한다"는 편협한 가정을 비판했다. **"전적으로** 경제적인 사람은 실제로는 사회적 바보에 가깝다"[239]고 그는 말한다.

최근 들어, 정치적 스펙트럼에서 좀 더 좌파 성향인 경제학자 로버트 로손Robert Rowthorn은 "여전히 대다수 경제적 이론화의 근간을 이루는 이기주의 가설과 함께 대부분의 경제활동 분석들에서 윤리나 도덕에 관련된 고찰의 중요한 역할이 부재하는 현상"[240]을 비판했다. 예를 들어 사리사욕 추구 모델에서는 기회가 주어지면 합리적 행위자는 덜 기부하고 공공재의 공정한 몫을 더 많이 소비하며—무임승차 가설—이것이 최소 생산과 공공재 유지로 이어질 거라고 예측한다. 내가 공정한 세금 납부를 회피할 수 있다면 그래야 하고 그럴 것이다. 그러나 우리 모두 그런 식으로 생각한다면 모두 실패할 것이다. 세계 어업과 탄소 배출은 이런 문제의 종말론적인 사례다. 그러나 무임승차에 대한 연구는 엇갈린 결과를 가져왔다. 기묘하게도 일부 연구에서는 사람들이 본질적으로 사리사욕을 추구하며 무임승차를 하게 될 거라는 증거를 원할 경우, 그 증거를 제시하는 최선의 방법은 경제학자와 경제학과 학생들을 실험 대상자로 사용하는 것이라고 한다. 과연 경제학자들은 무임승차 게임 실험을 하기로 되어 있을 때 그저 예측하는 데 능숙한 것일까? 아니면 경제학자들은 '사리사욕 추구 인간' 모델에 지속적으로 노출되면서 무임승차를 추구하는 방식으로 생각하도록 훈련된 것일까?

'공유의 비극the tragedy of the common'에 대한 연구에서 정치학자 엘리너 오스트롬Elinor Ostrom(노벨 경제학상 수상자)은 많은 경우에 자기조직적 집단은 무임승차의 유혹에도 불구하고 공유재를 효율적으로 관리한다는 점을 발견했다.[241] 우리가 이기심에 지배되는 이기주의자라는 생각에 대한 반증은 아니지만(내적 제재를 수반한 장기간의 협력은 차라리 사리사욕으로 쉽게 설명된다), 그럼에도 이는 친사회적이고 협력적인 실행 능력에 대한 낙관의 근거를 제공해준다.

그러나 "우리는 사리사욕에 지배되는가?"나 "이타주의는 존재하는가?" 같은 근본적인 질문에 대한 오랜 논의로 진입하기보다는 내가 앞서 제기한 질문을 바꿔 되돌아가보자. 우리는 무엇이 사람들에게 악한 행동을 하도록 하는지 알고 있다. 그러나 무엇이 사람들로 하여금 우리가 이타주의적 행동이라고 부르는 것을 행하게 하는가? 이 두 가지 매우 다른 과정에는 놀라운 대칭이 있다.

1. 피해자가 익명일 때 방관자는 수동적이기 쉽고 가해자는 잔인해지기 쉽다. 그와 대조적으로 피해자의 정체성을 알아볼 수 있으면 공격성을 억제하고 이타주의를 조장한다. 같은 논리가 잠재적 피해자를 주시하는 이들에게도 적용된다. 개인적으로 익명의 존재라고 느끼는 관찰자는 타인이 도움을 필요로 하는 상황 앞에서도 충동적으로 반사회적이거나 수동적이기 쉽다. 반면 자신이 쉽게 눈에 띈다고 느끼는 관찰자는 친사회적 행동을 하고 타인에게 고양된 책임 의식을 느끼기 쉽다. 예를 들어 밀그램의 한 변형 연구의 실험 과정에서 부수적인 역할을 맡은 피험자는, 충격을 직접적으로 가한 피험자에 비해 더 많은 충격을 피해자에게 가했다. 실제로 피험자가 물리적으로 피해자와 접촉하면서 충격을 가해야 했을 때 충격을 가하는 행위는 현저히 감소했다.

   그와 관련해 새뮤얼 올리너Samuel Oliner와 펄 올리너Pearl Oliner는 홀로코스트 구출자들에 대한 연구에서 피해자들과 이전에 긴밀한 관계를 가진 이들이 도움을 주는 데 중요한 역할을 했다는 점을 발견했다. 방관자의 수동성 실험은 이러한 양상을 확인해준다. 실험 대상자들은 짧은 순간이라도 이전에 만났던 피해자들에게 도움을 주는 행동으로 반응할 가능성이 더 높았다.

2. 우리가 피해자들을 외집단으로 인식할 때 그들을 도울 가능성이 감소된다면, 피해자를 내집단으로 인식할 때는 도울 가능성이 증가된다. 사실 내집단 효과는, 피해자가 우리에게

어떤 영향을 미치는지뿐만 아니라 다른 조력자들이 우리에게 어떤 영향을 미치는지도 결정하는 것 같다. 즉 우리는 다른 조력자들이 외집단이라고 믿기보다는 내집단이라고 믿을 때 도움을 줄 가능성이 더 높다.[242]

무자퍼 셰리프Muzafer Sherif의 로버스 케이브 공원 실험은 집단 간의 갈등에 관한 가장 유명한 심리학 연구 중 하나이다. 셰리프는 열두 살짜리 소년들이 참여한 여름캠프에서 관리인 행세를 하면서 격렬하게 대립하는 내집단들이 급속하게 형성되는 것을 관찰했다. 다음은 그 관찰의 한 예이다. "특히 독수리 조는 방울뱀 조와 관계된 것은 어떤 활동에든 참여하는 것을 단호히 반대했다. 그날 이른 아침에 수영을 하면서 독수리 조는 전날 저녁에 방울뱀 조가 태워버린 그들의 깃발을 물속에서 발견했다. 이것을 발견하고 그들은 방울뱀 조를 '더러운 녀석들'이라고 맹렬히 비난하면서 그들이 물속에 얼음을 넣고(그들 중 누군가에게는 평소보다 물이 차게 느껴졌기 때문에) 개울에 돌멩이를 던졌다고(그들 중 누군가가 수영하는 동안 여러 차례 돌에 걸려 발가락을 찧었기 때문에) 힐난했다."

셰리프는 내집단 간 적대성을 줄이는 가장 효과적인 방법은 독수리 조와 방울뱀 조에 '상위 목표', 즉 협력을 통해서만 해결될 수 있는 도전을 도입하는 것이라고 결정을 내렸다. 예를 들면, 식수를 부족하게 만들어 모두가 함께 일하게 했고, 이후에는 캠핑객들이 보고 싶어 했던 영화의 상영 비용을 엄청나게 비싸게 만들어 공동으로 자금을 모으지 않으면

안 되게 했다. 사실상 상위 목표로 충분히 동기를 부여함으로써 모두를 내집단으로 만들었다.[243]

3. 정보가 결핍된 경우에는 잔혹행위를 무시하거나 지지하는 게 더 쉬워지지만, 정보가 풍요로운 경우에는 잔혹행위를 무시하거나 지지하는 게 더 어려워진다. 우리는 타인의 고통에 괴로워하며 그로 인해 개인적인 희생을 해가며 도움을 주게 될 것을 알고 있다. 따라서 공감을 이끌어낼 수 있는 정보, 특히 우리가 상처 입히게 되어 있는 사람들에 대한 개인화된 정보는 회피하려 한다.[244]

이와 관련해 경제학자들은 무임승차 가설 연구에서 이기심과 타인의 착취는 익명성과 타인과의 단절하에서 극대화되고, 개인들이 직접 소통할 수 있는 능력이 있을 때 감소된다는 점을 알아냈다.[245] 오스트롬이 노벨상 수상 인터뷰에서 무임승차 문제에 대해 말했듯이 "인간은 천사도 악마도 아니다. 환경과 제도적 상황에 따라 상호성을 이용해 서로 신뢰하고자 할 의지를 더 가질 수 있을 뿐"이다.[246]

4. 명백한 반대가 없는 경우에는 반사회적 행동에 순종하도록 부추기지만, 명백한 반대가 있는 경우에는 의무 불이행을 부추긴다. 예를 들어 애쉬와 밀그램의 다양한 실험에서 피험자들은 저항하는 다른 공모자가 한 사람만 있어도 집단이나 권위로부터의 압력에 훨씬 더 잘 맞설 수 있었다.

아렌트는 아이히만의 재판을 논하면서 이런 점에서 공적 결함은 도덕적 책임이고 사적 결함은 아무리 용기가 있다 해도 일종의 실패라고 주장한다. 그뤼버 감독Propst은 독일인 성직자로 나치에 저항하고자 했다는 이유로 강제수용소에 수감된 바 있는데, 그는 아이히만과 만났을 때는 도덕적 비판을 삼갔다. 아렌트는 다른 부분에서는 소극적이었던 아이히만 측 변호사가 이 문제를 강조하는 것에 동의하듯 언급한다. "'당신은 그에게 영향을 주고자 노력했습니까? 당신은 목사로서 그의 감정에 호소하고 설교하면서 그의 행동이 도덕에 위배된다고 말해보려 했습니까?' 물론 용기 있는 이 감독은 그중 어떤 것도 하지 않았으며, 그의 대답은 매우 당혹스러운 것이었다. 그는 '행동이 말보다 더 효과적입니다'라고 하면서 '말해봤자 소용없었을 겁니다'라고 대답했다. 그는 이 상황이 담고 있는 현실과는 전혀 관계가 없는 상투적인 표현으로 말했다. 그 현실에서 '단순한 말'은 행동일 수 있었고 '말이 쓸데가 있는지 없는지'를 시험해보는 것이 목사의 의무였을 것이다."[247] 다시 말해 "단순히 상징적인" 저항 같은 것은 없다.

5. 피해자에게 거리감이 느껴지고 개입에 따른 대가가 커 보일 때, 그리고 상황이 불명확하고 혼란스러울 때 도움을 줄 가능성이 낮다면, 우리가 도움에 대한 요청을 개인적으로 받을 때, 그리고 그 상황을 돕는 "대가가 크지 않고 상황이 명확하고 매우 위급할"[248] 때는 도움을 줄 가능성이 더 높다. 유엔 산하 인도 지원 담당 사무차장인 얀 에겔란드Jan Egeland는 서로 다른 서사 프레임이 개입 의지에 영향을 미칠 수 있는 방

식에 대해 설명한다. 그는 2003년 쓰나미에 대한 대대적인 세계적 관심과 우간다와 콩고민주공화국 분쟁에 대한 거의 전적인 무관심을 비교하면서 말한다. "첫째, 우간다와 콩고민주공화국은 끝없는 불행의 순환 속에 있는데, 사람들은 끝없는 순환을 **좋아하지 않아요**. 둘째, 이 경우 무엇이 선이고 악인지 분명하지 않지만 쓰나미의 경우에는 선과 악이 있을 수 있지요. 자연은 나쁘고 사람들은 선하다는 식으로요. 그래서 국제 구호 요원들은 성공을 거둘 수 있어요. 말하기 좋은 이야깃거리죠. 우간다에서는 아무도 모르는, 규정하기 힘든 반란 세력에 의해 이해할 수 없는 테러가 행해진 거죠. 콩고 동쪽의 경우에는 더 불확실하죠. 하나의 반란 세력만이 아니라 스무 개의 다른 무장 집단들이 있으니까요."[249]

6. 잔혹행위가 월러의 표현대로 '몰입 상승 효과'의 문제라면 도움을 주는 행위도 마찬가지이다. 올리너와 올리너에 따르면, 구출자들은 특정한 개인들에게 공감하고 그들을 돕고자 제한적으로 시도하면서 위험한 자기희생의 길을 시작하며, 시간이 흐르면서 더 폭넓고 총괄적인 구출에 전념하게 된다.[250] 이런 종류의 변화는 문간에 발 들여놓기 효과의 강력한 형태다. 문간에 발 들여놓기에 관한 한 대표적인 연구를 보자. 노숙자 지원의 필요성을 강조하는 편지에 서명하도록 요청받은 학생들은 그런 요청을 받지 않았던 이들보다 이후 노숙자를 위한 식량기부운동에 참여하기 같은 더 큰 요청을 받아들일 가능성이 매우 높다. 이런 연구는 이타주의의 확장

을 일관된 자기인식을 유지하기 위한 필요의 결과로 설명한다. ("이전의 내 행동은 내가 이 문제에 신경 쓰는 이타주의적인 사람이라는 점을 보여준다. 그런 사람은 이 새롭고 더 큰 요청에 응할 것이다.")[251] 그러나 우리가 압력을 받았거나 그렇게 행동할 만한 강한 금전적 동기가 있었기 때문에 도왔다고 생각한다면, 우리는 자신을 이타주의자로 인식할 가능성이 낮으며 미래에 그런 자기인식과 일치하는 방식으로 행동할 가능성이 낮다.[252]

7. 구출자와 가해자는 모두 자신들의 행동을 선택의 여지가 없었다는 강압에 의한 언어로 규정한다. 이 둘의 차이는 '명령'이 어디에서 오는가에 있다. 추측해보자면 많은 가해자가 외적 압력이나 외적인 인간성 모델에 의해 강요받는 반면(나는 다른 사람들에게 내가 진정한 남자, 진정한 독일인임을 보여줄 필요가 있다) 많은 구출자는 내적 압력과 내적인 인간성 모델에 의해 강요받는다. 에바 포겔먼Eva Fogelman은 홀로코스트 구출자들은 "자신이 누구인지 그리고 무슨 일을 하는지 강한 의식을 갖고 있었다. 그들의 가치는 홀로서기로서, 타인의 인정에 의존하지 않는 것이었다. 그들에게 가장 중요한 것은 자신의 진실성을 유지하는 방식으로 행동하는 것"이었다.[253] 나 같은 부모들은 이런 종류의 인간성이 양성될 수 있다고 믿는다. 우리가 얼마나 쉽게 악에 빠질 수 있는지 보여준 연구로 잘 알려진 필립 짐바르도는 실제로는 이런 낙관적인 시각을 공유하고 있다. 그가 만든 유용한 웹사이트 루시퍼 이

펙트(www.lucifereffect.com)는 우리가 택할 수 있는 다양한 실천과 부정적인 사회적 영향에 거부함으로써 도덕적 영웅행위를 위한 능력을 키울 수 있도록 서로에게서 양성할 수 있는 특성을 상세히 설명한다. 이 특성은 우리로 하여금 부정적인 사회적 영향을 거부하고 도덕적으로 용감한 행위를 하는 역량을 기를 수 있도록 돕는다.

8   인지부조화로 인한 압력이 우리가 상처를 입힌 이들을 경멸할 가능성을 커지게 만든다면("나는 그들을 해쳤다. 그러므로 그들은 그런 대접을 받을 만한 사람이다."), 우리가 도움을 준 이들에 대해서는 긍정적인 감정을 가질 가능성을 커지게 한다.[254] 우리가 추하다거나 죄가 있다고 여기도록 훈련받은 이들에 대해 공감할 가능성이 낮다면, 아름답다거나 결백하다고 여기도록 훈련받은 이들에 대해서는 공감할 가능성이 높다(그리고 이 두 가지 이유로 아이들에 대해 공감할 가능성은 높다).[255] 게다가 연구에 따르면, 일단 타인에 대해 공감을 하면 그 타인의 도발에는 덜 공격적으로 반응한다.[256]

9. 몰개성화가 공격성을 촉진할 수 있다면, 자선 또한 촉진할 수 있다. 에드 디너Ed Diener에 따르면 "몰개성화는 많은 사람이 친사회적이라고 여길 행동을 표출할 수 있는데, 이 행동이 규범이나 공포, 장기 계획의 고려 사항에 의해 억제될 경우 그렇다. 예를 들어 특정 상황에서 몰개성화된 사람은 자선단체에 많은 돈을 기부하거나 다른 사람을 돕기 위해 자신의 목숨을 바치거나 친구에게 인사로 입을 맞출 가능성이 클

수 있다. 이 모든 행동은 많은 이들이 의무적이라고 여기는 것이다." 스티븐 프렌티스 던Steven Prentice-Dunn과 로널드 로저스Ronald Rogers는 몰개성화된 사람들은 "모델의 선례를 따른 다고 밝혀졌다"고 하면서 "비공격적인 모델은 탈개인화된 개인이 표출하는 위반을 줄일 수 있다"[257]고 덧붙인다.

10. 잔혹행위가 초기 교육에 역점을 둔 훈련의 문제라면, 이타주의도 마찬가지다. 여러 연구에서는 성인에게서 이타주의적 행동을 촉진하고 공격성을 억제하는 데 부모의 영향력을 필수 요소로 강조한다.[258] 올리너와 올리너는 구출자들에게서 "결속력이 강하고 화합이 잘되는 가족 간의 유대감", "폭넓은 사회적 책임, 전체로서의 사회복지에 대한 강한 개인적 책임 의식", 평등한 가정교육 같은 몇 가지 공통점을 확인한다. 그와 대조적으로 비조력자들은 권위주의적인 가정교육을 받았을 가능성이 컸다.[259] 친사회적 행동과 연관된 성격 특성에 대한 다른 연구에서는 이러한 규칙성을 발견한다. 이타주의자들은 "자부심이 높고 능력이 뛰어나며 내적 통제성이 높고 인정을 낮게 필요로 하며 도덕적 발달이 뛰어나다".[260] 그들은 비이타주의자들에 비해 "사람들에 대한 더 큰 믿음과 신뢰", "대담한 정신", 위험을 감수하는 능력을 갖고 있고 "사회적으로 약자임"을 느끼는 것의 의미를 이해한다.[261]

앞서 말한 과정의 대부분에서 이야기하기는 매우 중요하다.

서술과 조망 수용perspective taking에서의 실천은 우리가 내집단을 어떻게 생각하는지, 한 사람의 정체성이 우리에게 얼마나 두텁거나 얕은지, 주위 사람들의 반응적 행동을 어떻게 해석할지, 복잡하거나 혼란스러운 사건을 어떻게 표현할지, 우리 자신을 어떻게 볼지, 무엇을 우리 삶의 특별한 의미에 중심이 되는 것으로 발견할지에 영향을 미칠 수 있다. 앞서 나는 '정보'가 강압적이라고 말했지만 '이야기하기'가 강압적이라는 뜻이었다. 셰리프가 로버스 케이브 공원 실험을 논하면서 알려주었듯이 "집단의 지배적인 고정관념을 교정하기 위한 특정 정보의 전파는 …… 태도를 바꾸는 데 상대적으로 효과가 없다. 외집단과 경쟁과 갈등을 겪는 다사다난한 과정에서 확고해진 고정관념이 그들에게 전해진 사소한 정보보다 집단 구성원의 경험에는 대개 더 현실적"이다. 정보는 우리에게 압력을 가할 수 있다. 하지만 새로운 정보를 수용하기 위해 해석 틀을 조정하는 것이 비교적 용이하기 때문에, 우리의 기본적인 믿음이나 행동을 바꾸지 않은 채 새로운 정보를 수용한다. 그와 대조적으로 이야기는 인지적 일관성 메커니즘을 압축해서 타인의 정체성을 단순히 고려하기보다 우리로 하여금 **경험**하게 하고 내면화하게 한다.

그러나 이야기에 관해서는 이후에 더 자세히 다루려 한다. 여기에서 강조하고자 하는 주안점은 이것이다. 우리가 타인을 비인간적으로 대하도록 몰아가는 모든 강력하고 구조적인 힘에는, 우리에게 친사회적 행동을 촉진할 수 있게 하는 강력하고 구조적인 힘이 똑같이 있다. 마크 오시엘Mark Osiel은《명령에 복종하기

Obeying Orders》라는 연구에서 이 원리의 상세한 제도적 모델을 제시한다. 만일 전쟁범죄가 병력들 간의 분열의 결과라면(잔혹행위가 아래에서부터 비롯된다), 군인들의 행동을 통제하는 "일반적이고 자유재량에 따른 기준"보다는 "명백한 규칙"을 제시하는 더 나은 관료주의를 조직하도록 해야 한다.[262] 만일 잔혹행위가 엄격하고 비인격화하는 상의하달식 관료주의의 결과라면(잔혹행위가 위에서부터 비롯된다), 이때 관료주의는 민주주의 정신을 훈련에 포함하도록 재구성되어야 하고, 군인들이 불법적인 명령을 다르게 해석하고 거부할 수 있도록 "상관의 명령 복종 의무에 대한 관대한 조건과 예외 조항"을 성문화한다.[263]

잔혹행위가 명령의 재량과 모호함으로 인해 발생한다면 두 가지 이유 중 하나 때문일 것이다. 첫째, 군인들은 다른 사람들에게 좌절감을 불러일으킬 가능성을 만들기 위해 모호함과 재량의 자유를 이용할 것이다. 둘째, 전장에서 상황이 발생하고 복잡해졌을 때 상관들은 병사들이 자제할 수 있도록 하는 방식보다는 극단적인 행동이 처벌받지 않고 보상받을 수도 있을 거라고 병사들에게 은연중에 약속하는 방식으로 재량의 분위기를 의도적으로 구축할 것이다(위에서부터의 잔혹행위). 두 가지 가능성 모두에 효과적인 해결책이 있다. 전자의 경우에서는 명백한 불법 규칙임을 강조하여, 명령이 자신들에게 범법행위를 요구했다는 군인들의 믿음과 무관하게 범법행위에 대한 책임을 부대가 지도록 하는 것이다. 후자의 경우에서는 지휘 책임 규칙을 강조하여, 상관이 부하의 행동에 대해 형사법상 책임을 진다.[264]

마지막으로 오시엘은 적에게 맞서도록 전반적인 적대감을 양성해 부대를 잔인하게 만드는 것은 군법을 "민간화하여 군사색을 엷게" 함으로써, 가령 "적법절차에 의한 장교의 부대 보호 의무"[265]를 강화함으로써 완화할 수 있다고 주장한다. 그리고 무분별한 공격을 촉진하는 것 같은 종류의 훈련 의식인 "재통합적 수치 주기"도 덕을 증진시키는 데 사용할 수 있다.[266] 군 문화는 잔인한 행동을 일으킬 수 있는 것만큼이나 제한을 가할 수도 있다. "전쟁범죄를 최소화하는 최선의 가능성은 기사도 정신과 전쟁의 명예라는 가치에 기초한 개인 정체성을 만들어내는 데서 비롯되며, 장교들이 그 가치를 좋은 군 생활을 구성하는 요소라고 보아야 한다."[267]

인간의 행동을 도덕적으로 최적화하는 방법에 대해 전략적으로 생각하는 것은 좋다. 그러나 그것은 인간을 어떻게 개념화할 것인가에 대해 내적인 경계심을 유지할 필요 또한 요구하는 것 같다. 문제는 여기에 있다. 앞에서 말한 모든 것은 반사회적 충동을 표출하는 비인격화의 과정에서 벗어나는 방식을 생각하는 진실한 시도이지만, 다른 한편 우리를 비인격화하는 자아 모델로 밀어붙이기도 한다. 그 주장은 이와 같다. 집단의 시각에서, 주어진 특정 상황에서 보면 우리의 행동에는 예측 가능성이 있다. 이는 좋은 일이다. 그렇지 않다면 어떻게 공동의 사회생활을 규제할 수 있겠는가? 우리에게는 자신의 외부로 나아갈 수 있는 역량, 스스로의 행동을 집단의 시각에서, 즉 주관적으로보다는 객관적으로 볼 수 있는 역량이 있기 때문에 우리는 원하는 행동을 조장하고, 경멸하는 행동은 억제하는 조직을 설계할 수 있다.

그러나 집단적 관점에서 인간성을 형성할 때는, 개별성의 무한한 미묘한 차이가 조직이나 사회 집단 내 위치보다 덜 중요해 보인다. 그리고 이는 매 순간 자아의식에 위배될 뿐만 아니라 진실성과 진정성처럼 우리의 삶을 조직하는 개념을 심각하게 약화시킨다. 우리는 내면에서부터 자신을 경험하며, 이런 관점에서 우리의 내적 숙고와 개인적 자유는 대단히 중요해 보인다. 철학자 토머스 네이글Thomas Nagel의 주장대로, 객관적 관점에서 세계를 볼 때 주관성은 제한적이고 사소해 보이는 것이 아니다. 객관적 관점에서 세계를 볼 때 주관성은 전혀 보이지 않는다. 두 관점은 상호 배타적이다.

주관성과 객관성의 이러한 분열에 주의한다는 것은, 이 경우 극단적인 잔혹행위와 극단적인 이타주의가 인간에 대한 보편적 진실을 드러낸다고 말하지 않도록 주의하는 것을 의미한다. 어떤 심리적 회로가 잘못되었을 때 우리는 멍해진 채 행동 원칙을 비인격화한다. 사실 가장 무의미한 폭력으로 보이는 것조차 문화적이고 개별적인 특수성의 표지가 될 수 있다. 알렉산더 힌튼 Alexander Hinton에 따르면, 가해자들은 환경에 의해 통제되고 심지어는 뒤틀려도 "여전히 의미를 만들어내고 폭력적인 행위를 통해 자기 정체성을 확고히 하는 적극적인 주체"로 있다.[268] 상처에 대한 비난과 분개가 적절한 감정인 것은 다른 행위주체성을 인정하기 때문이다. 돌에 발을 찧었을 때 화를 낼 수는 있지만 돌을 **비난**할 수는 없다. 비난은 인간으로서 존중하는 상대를 향하는 것이다.[269]

◆━━━

유아사 씨

〔한숨을 쉬며〕 교육 과정은 길었어요! 그랬죠. 〔포로수용소에서〕 나는 중국인들이 일본과 어떻게 싸웠고 큰 고통을 받았고 그리고 어떻게 죽었는지, 중국인들의 이야기를 들었어요. 매일 교육을 받고 중국의 발전 상황을 지켜보면서 내가 저지른 용서할 수 없는 짓에 대해 깊게 반성했고, 결국 내가 깨달았다고 말할 만한 것을 깨달았어요. 그래서 집에 돌아올 수 있었지요. 하지만 그때까지는 내 죄를 회피할 방법 외에는 아무것도 생각하지 않았어요.

　　그런데 내가 저지른 짓을 가장 잘 깨닫게 된 건 석방되기 직전에 중국인 피해자의 어머니에게서 온 편지를 받았을 때였어요. 그건, 아 〔편지를 떠올리기 시작하며〕, "유아사, 나는 당신이 생체 해부를 한 〔X〕의 어머니입니다. 그날 내 아들이 헌병대에 연행되어 갔을 때 나는 그 앞에 서 있었어요. 나는 그걸 본 걸 기억해요. 먼지투성이 도로에서 기다리던 중에 당신이, 차 한 대가 와서 당신이 아들을 어딘가로 데려갔어요." 〔**내가 아니었어요**. 유아사 씨는 손짓으로 표현했다. **내 부하였죠**.〕 "나는 겁에 질려 어쩔 줄 모른 채 언

덕을 달려 내려갔죠. …… 당신은 보이지 않았어요. 걱정하던 친구 하나가 들러 말해주더군요. '아주머니, 아들이 (X) 병원에서 산 채로 죽임을 당했다는 통지가 왔어요.'"〔혀를 차고 한숨을 깊이 쉬며〕"오, 나는 울고 또 울었어요. 먹을 수도 없었고, 밭을 갈 수도 없었어요. 나는 당신이 거기 있다는 이야기를 듣고 엄벌을 내려달라고 조사관에게 말했어요."

하지만 나는, 내 정신 상태는 '엄벌'을 두려워하지도 않을 정도였어요. 오히려 "아주머니, 범인을 찾으셨습니다……"라고 말했어요. 그리고 고개를 숙였어요. 내가 한 일들, 내가 죽인 사람들에 대해 생각한 적은 있었지만, 이렇게 피해자 **가족**에게 마음이 쓰인 적은 없었어요. 전혀 생각조차 하지 못했어요.

———◆———

이런 범죄에 대한 비난과 참회에 대해 생각하기 위해서는 우선 악의 개념에 대해 더 숙고해봐야 한다. 어떤 것을 악하다고 판단하는 것은 다른 판단과는 달리 용서의 가능성을 문제 삼는 것이다. 무엇이 악한가? 그것은 언제 용서받을 수 있는가? 칸트의 '근본악' 개념을 홀로코스트와 막연히 융합하면서 아렌트는 썼다. "우리가 아는 모든 것은 우리가 그런 범죄를 처벌할 수도 용서할 수도 없다는 점이다. 그러므로 그 범죄는 어디에서든 인간사와 인간이 지닌 힘의 잠재력을 넘어서고 철저히 파괴해버린다. 여기에서, 그 행위 자체가 우리에게서 모든 힘을 빼앗아버리는 경우에 우리는 예수의 말을 따라 할 수 있다. '차라리 그의 목에 큰 맷돌을 매달고 바다에 빠뜨리는 것이 나을 것이다.'"[270]

아렌트의 규정이 유용한가? 악의 개념 자체가 유용한가? 일단 홀로코스트의 직접적인 그늘 아래에서 벗어나자 많은 학자들은 그렇지 않다고 생각하기 시작했다. 여러 학자들이 그 위치를 규정한 대로, 악 개념은 "세계에 대한 낡은 신학적 관점의 잔여물일 뿐"이다. 악은 "나쁨+신"일 뿐이다. 악은 "무용하거나 달갑지 않은 단어"이다. 악은 "산타클로스나 이tooth의 요정 같은 키메라chimera*"다.[271]

사실상 서구 철학은 악에 대해 비교적 거의 말하지 않는다. 잘못된 행위wrongdoing는 주요한 분석 주제인 데 반해 악은 그렇지 않다. 실제로 철학자 클로디아 카드는 현대 세속 철학의 주된 가닥은 "악의 부인denial"을 포함한다고 주장하면서 니체의 영향에서 그 기원을 찾고 있다. 니체는 악의 개념은 (나쁨의 개념과는 대조적으로) 주인의 힘에 제약을 가하고 싶어 하는, 원한에 찬 노예들이 세상에 떠넘긴 속임수라고 주장했다. 도덕에서의 노예 반란을 설명하면서 그는 이렇게 썼다. "고귀한 정신적 독립성, 자립하려는 의지, 명석한 지성조차 위험하다고 여겨졌다. 개인을 무리 위에 올리고 이웃을 움츠리게 하는 모든 것은 이제 **악**이라고 불린다. 보통의 평범하고 유순하며 자기를 내세우지 않는 성향의,

---

*   고대 그리스 신화의 괴물. 사자 머리에 염소 몸통, 뱀 꼬리를 가지고 있다. 종의 경계를 뛰어넘기에 '악의 힘'을 가진 불길한 존재로 그려진다.

평범하고 평균적인 욕망을 지닌 사람은 도덕적 명성과 명예를 얻는다."[272]

　　클로디아 카드는 현대의 철학적 사상이 니체의 도덕에 대한 주장—우리는 세상의 가차 없는 나폴레옹들이 지닌 자신에 찬 강인함을 존경해야 한다—보다는 그런 주장을 표현한 특수한 방법에 의해 형성되었다고 설명한다. 그에 따르면, 니체의 도덕의 계보학은 "악을 방지하고 감소시키거나 교정하기 위해 무엇을 해야 하는가에 대한 질문에서 무엇이 사람들로 하여금 악을 판단하게 하는지, 그런 판단이 어떤 작용을 했는지에 대한 회의적인 심리적 질문으로 이행"[273]을 꾀하도록 도움을 주었다. 다시 말해 "악이란 무엇인가?"라는 질문은 성직자와 신학자를 위한 것이지 철학자나 정치학자, 인문학자를 위한 것이 아니다. 그것은 특별히 흥미로운 질문이 아니다. 그것은 오직 질문하는 사람에 대해 무언가를 드러낸다는 이유에서만, '악'을 정의하는 것은 주관적인 욕망을 객관적인 책무로 위장하려는 시도라는 이유에서 흥미로운 질문이다.

　　그러나 9·11 이후 악의 개념은 영미 학술 연구에 다시 나타났으며 대부분은 악에 대한 포괄적으로 만족스러운 정의를 찾아내려는 철학적 기초연구를 수반했다. 철학자들은 다음과 같은 질문들을 제기했다. 무언가가 "극도로 나쁘기"보다 더 악하려면 얼마나 해로운 것이어야 하는가? 그리고 그 질문에 대한 답을 결정했다면, 그 각각의 경우 우리의 대응에는 어떤 차이가 있어야 하는가? 사고accident가 악할 수 있는가? 악하기 위해서는 악의적인 의도가 반드시 있어야 하는가? 악의적인 의도가 반드시 있다면 그걸로 충분한가? 예를 들어 악의적인 의도가 실제로 해harm로 나타나지 않는다면 어떤가?[274] 이는 끈덕지게 세속적인 일이다. "우리는 악이 그 태생부터 초자연적이라는 점을 가정하지 않고서도 악을 믿을 수 있다"고 테리 이글턴은 설명한다. "악의 관념은 발굽이 갈라진 사탄을 상정할 필요가 없다."[275]

이글턴은 악을 규정하고자 시도하면서 특히 기독교 신학을 지배했던 관점에 많이 의지한다. 악은 근본적으로 존재의 선이 결핍된 상태로, 악에 대한 욕구는 존재의 부정에 대한 욕구라는 것이다. 그는 악의 힘에 대해서 다음과 같이 말한다. "본질적으로 죽음 충동의 힘으로서, 밖으로 방향을 바꾸어 같은 인간에게 끝없는 악의를 쏟아내도록 하는 것이다. 그러나 이 광포한 폭력은 일종의 결핍, 비존재에 대한 참을 수 없는 의식을 수반한 것이며 이른바 타자에게 퍼부어야 하는 것이다. 이 폭력은 또 다른 종류의 부재, 죽음의 무로 향한다. 여기에서 가공할 만한 힘과 완전한 공허함이 모인다."[276]

이글턴의 시각은 성 아우구스티누스가 제시한 악의 결핍 이론을 정신분석적으로 변형시킨 현대화된 버전이다. 아우구스티누스는 유아들도 지옥에 간다고 믿으면서 악에 대해 단호한 태도를 보인다.《고백록》에서 그는 열여섯 살 때 자신의 철학을 현저히 명확하게 만든 사건을 떠올린다.

우리집 포도밭 근처에는 배나무가 한 그루 있었습니다. 배가 많이 달리긴 했지만 보기에나 맛보기에 먹음직스럽지는 않았습니다. 어느 늦은 밤에 나는 친구들과 함께 배나무를 흔들어 배를 땄습니다. 우리는 어두워진 후에도 밖에서 계속 노는 나쁜 습관을 갖고 있었습니다. 우리는 배를 많이 따서 조금 먹고는 돼지들에게 던져주었습니다. 우리는 배가 먹고 싶었던 게 아니라 금지된 것을 하는 데서 기쁨을 느꼈기 때문입니다.

주여, 제 마음을 보십시오. 제 마음은 깊은 심연 속에 빠져 있는데도 주님께서는 측은하게 여기셨습니다. 제가 악한 짓을 저지르게 된 동기는 나쁜 짓을 좋아해서였습니다. 제 안의 악은 추악한 것이었지만 저는 그것을 좋아했습니다. 저는 제 자신이 파멸해가는 것을, 나쁜 짓을 하는 것을 좋아했습니다. 저는 어떤 것을 위해 나쁜 짓을 저지른 게 아니라 나쁜 짓 자체를 좋아했습니다. 제 영혼은 사악했고 당신의 안전한 보호에서 도망쳐 나와 어떤 것도 얻지 못한 채 그저 수치스러운 짓 자체가 좋아서 계속 했습니다.[277]

아우구스티누스의 자기혐오는 그가 배 도둑질을 로마의 정치인 카틸리나(아우구스티누스가 읽은 역사서에서 악인으로 꼽히는)의 잔혹행위와 비교하면서 자신의 범죄행위가 더 질이 나쁘다고 평가할 때 더욱 놀랍다. 그는 악을 근본적으로 내면화하고, 세상에 존재하는 고통보다는 영혼의 타락에, 해로운 결과보다는 그 악행을 촉발하는 동기에 더 중점을 둔다. 악이란 무엇인가? 아우구스티누스는 악은 결핍, 결여라고 주장했다. 그러므로 우리는 어둠을 보지 못함으로써 인식하듯이, 침묵을 듣지 못함으로써 인식하듯이 악을 알지 못함으로써 악의 본질을 안다.[278] 그의 절도는 근본적으로 동기가 없기 때문에 끔찍하다. 우리는 누군가에게 해를 끼치고자 하는 악의 있는 욕구를 가질 수 있지만 거기에는 목적이 있을 수도 있고(우리는 분노, 질투, 원한, 야심을 가지고 행동한다), 더 불안하게는 목적이 없을 수도 있다(아무런 이유 없이, 아우구스티누스의 생각으로는 비존재인 악 자체를 위해 행동한다).

아우구스티누스의 악에 대한 관점을 지지하는 이글턴의 말을 다시 한 번 들어보자. "악은 사실 무無를 선호할 것이다. 그것은 창조된 만물의 의미를 이해하지 못한다. 악은 창조된 만물을 혐오한다. …… 존재 자체가 일종의 선이기 때문이다. 존재가 더 풍부해질수록 세상에는 가치가 더 풍요로워진다."[279] 악을 추구하면 소멸을 추구하게 된다. 다른 사람들과 사물들의 소멸뿐만 아니라 더 중요하게는 자신의 소멸도 추구한다.

————◆————

도즈: 그는, 그는 과거의 자신을 지금 돌아보면서 무엇을 봅니까? 전쟁 중인 자신의 모습에서 무엇을 보죠?

통역사: 현재, 지금 선생님은 전쟁 중이었던 선생님의 모습을 어떻게 보세요, 어떻게 생각하세요?

가네코 씨: 악랄했다고 생각해요. 내가 저지른 일은요. 하지만! 〔아

주 갑자기 강한 어조로) 하지만, 네? 우리는 끝까지 그 전쟁이 중요한 거라고 강하게 확신하고 있었어요. 이제는 없애야 하는 것, 일어나서는 안 되는 거라고 생각하지만요. 우리가 저지른 일은 정말 악한 것이었다고 생각해요. 우리는 사람을 죽이고 강간을 했어요. 좋은 일은 아무것도 하지 않았죠. 도둑질도 했어요. 면직물을 약탈했죠. 밀도 약탈했어요. 그런 짓을 엄청나게 많이 했어요. 그 밀은 어디로 갔을 것 같아요? 전혀 모르겠어요……

도즈: 자신이 한 일을 만회할 수 있을까요?

통역사: 의미를 만들어내기 위해서요? 다시 얘기해주시겠어요?

도즈: 아니오, 그가 할 수 있는지…… 그가 구원을 받을 수 있을까요?

통역사: 구원이라면…… 어떤 의미에서……

도즈: 그가 한 일에 대해 갚을 방법이 있을까요?

통역사: 저, 가네코 씨, 속죄할 수 있다고 한다면……

가네코 씨: 네?

통역사: 속죄하신다면 어떤 것을……

가네코 씨: 그게 무슨 뜻이죠?

통역사: 속죄하신다면……

가네코 씨: 물론 전쟁에 반대하는 거지요.

통역사: 아, 그렇죠……

가네코 씨: 그런 전쟁은 다시는 하지 않을 겁니다. 아니요, '그런 종류'의 전쟁이 아니라 전쟁 자체에서 싸우지 않을 거예요. 이

런 시기에는요 [불명확한 말]. 이건 이론이 아니에요. 이건 우리가 생각해낸 이론이 아니에요. 우리가 실제로 경험한 데서 나온 거죠. 우리가 그 경험을 버텨낸 후에 느낀 거죠.

도즈: 이제 자신이 과거에 한 일에서 벗어났다고 생각하나요? 대가를 치렀다고요?

통역사: 이제 과거의 행동에 대해 용서받았다고 생각하세요?

가네코 씨: 말하자면 나는 정말 용서받았다고 생각해요. 그래서 그런 일이 다시 일어나는 것을 용납하지 않겠다고, 우리는 그런 짓을 다신 할 수 없다고 강조하는 겁니다. 이게 우리의 속죄죠. 간단히 말하자면 우리가 하고 있는 게 그런 거죠.

———◆———

일본은 여러 차례 전쟁범죄를 인정하고 사과했는데 사과를 특정한 방식으로 해석했다. 1995년 일본 국회는 '역사를 교훈으로 삼아 평화를 위한 결의를 새롭게 하고자 하는 결의안'을 가결했다. 그 결의안은 본래 공식적인 사과가 될 예정이었으나, 그 대신 일본의 "침략적 행위"에 대한 "반성"의 표시가 되었으며 일본의 전쟁범죄를 "현대 세계사에서 일어난 수많은 식민지 지배와 침략 행위 사례"와 동일시했다.[280] 내각총리는 나중에 그의 "사과"를 덧붙였지만, 노마 필드Norma Field가 지적하듯이 총리는 사과를 하는 동시에 쇼와 천황이 "국가 정책을 그르친" 데 대한 어떤 책임도 없다고 주장했다.[281] 수년간 일본은 대만, 한국, 중국과 관련해

"불행한 사건"에 대해 "유감"을 표하고 "진심으로 유감스럽고" 식민 지배의 "불행한 시기"에 대해 "깊이 반성하며" "중국 인민들에게 가해진 큰 손실"을 "깊이 반성하고" "책임감을 느낀다"고 말했다.[282] 미우라N. Miura는 동일한 시기에 국회에서 통과된 일련의 결의안에서 유사한 형태의 애매한 인정을 발견한다. 다른 아시아 국가들이 겪은 고난에 대한 애도는, 일본 군인들은 일본의 안전을 보장하고 미래의 번영을 확보하기 위해 죽었다는 해명과 결부되었다.[283]

필드에 따르면, 그동안 화해와 보상은 '위안부' 피해자들을 위한 "위로금"을 개인적인 기부금으로 모으기 위한 기금을 비롯해[284] "이웃 국가들에 일본 자본이 침투할 방도를 마련한 대출과 융자 형태"[285]를 취했다. 그의 지적에 따르면 그 기금은 개인적인 위로금이므로 부정한 행위에 대한 국가의 책임 인식과는 분리되어 있다. 게다가 그것은 많은 사람들을 괴롭히는 "후원자-수혜자 관계"를 재생산한다. 위안부 출신으로 일본의 공식적인 사죄와 배상을 청구하는 소송을 제기한 송신도 씨는 "위로금"은 "사람들이 우리를 의심의 눈으로 바라보도록 만든다"[286]고 말한다.

크리스토퍼 바너드Christopher Barnard는 일본의 역사교과서를 연구하면서 책임과 행위주체성을 최소화하기 위한 미묘한 수사적 책략이 계속 사용되는 것을 발견했다. 예를 들어 난징대학살은 교과서에서 대부분 인정되었지만, 일본 국민은 당시 잔혹행위에 대해 알지 못했다는 수식어구가 붙는 경우가 많았고, 언제나 그것을 익명의 조직적인 범죄로 제시하는 문법구조를 사용했다.

"일본 군인들이 중국인들을 죽였다고 명시하는 교과서는 단 하나도 없었다."[287] 게다가 그 사실에 대한 대부분의 인정은 "동의어를 반복해서 사용하기overwording"(유사한 의미를 지닌 어휘를 중첩함으로써 특정한 동일시를 피하려는 노력을 드러낸다)[288]와 수동형 구문(예를 들어 "난징 사건이 일어난 것은……"이라는 문장에는 그것을 행한 사람이 아무도 없다. 그 사건은 그저 일어났을 뿐이다)[289]으로 이루어져 있다.

어쩌면 당연한 것일 텐데, 내가 이 프로젝트에 대해 연구한 수년간 몇몇 사람들은 내게 묻곤 했다. 당신은 "고백", "사과" 그리고 심지어는 "구원"에 대해 계속 말하는데 이 말들이 그들에게도 당신이 의미한 것과 같은 의미를 가질 거라고 생각합니까? 그들에게 "고백"이 의미하는 것(공산주의의 정치적 실천과 유교 사상의 성실성과 관계가 있는 의미에서)은 "고백"이 당신에게 의미하는 것(아우구스티누스와 루소, 정신분석학과 관계가 있는 의미)과 너무나 다르지 않은가요?[290]

이 프로젝트의 초기 단계에서 나는 동료 학자들과 대화하면서 전범들의 "자백을 받기 위해" 일본에서 시간을 보내고 있다고 설명하곤 했다. 그러나 그러지 말아야 한다는 것을 곧 깨달았다. 그런 언어(교회와 경찰서에서 사용하는 언어)를 사용하면서 나는 나 스스로가 푸코가 말한 문화적 형태의 고백, 말하자면 사회적 통제 형태로서 진실을 생산하는 "권력/지식" 체계에 연루되어 있음을 드러내고 있는 게 아닐까? 서구에서는 고백을 규제 없는 진정한 자아의 발견, 심지어는 창조로도 여긴다. 그러나 푸코에 따르

면 고백은

권력관계 내에서 펼쳐지는 관례ritual이기도 하다. 단순한 대화 상대자일 뿐만 아니라 고백을 요청하고 강요하고 평가하고 판단하며 처벌하고 용서하고 위로하고 화해시키기 위해 개입하는 권위자인 상대가 (잠재적으로라도) 현존하지 않으면 고백이 이루어지지 않기 때문이다. 고백은 진실이 명확히 진술되기 위해 배제되어야 했던 장애와 저항에 의해 진실이 입증되는 관례이다. 마지막으로 고백은 외적 결과와는 별개로 그 언표행위만으로도 발화하는 사람 내에서 내재적 변화를 초래하는 관례이다. 그것은 고백하는 사람의 무죄를 입증하고 구원하고 정화해준다. 그것은 그의 잘못을 털어놓게 하고 해방시키며 구원을 약속한다.[291]

이 구절을 보면서 나는 일본에 머무르던 시기 조직의 혼란이 표출되던 순간에 발생했던 일에 대해 생각한다. 관련된 지역 활동가 한 사람이 불만스러워하면서 흥분한 채로 통역사와 얘기하고 있었다. 나중에 우리는 통역사에게 그 이야기를 자세히 말해 달라고 했지만 그녀는 주저했다. 그녀가 그가 한 말을 전부 전해주지는 않았지만, 그때 그 활동가—반국가주의 공산주의자로서 일본제국주의가 자행한 전쟁범죄를 자백하게 하는 데 헌신한—가 일본에 폭탄을 투하한 바로 그 백인 서구인들이 다시 와서 일본인들을 그들 앞에 무릎 꿇게 한 데 대해 깊은 비통함을 나타냈다는 게 결국 분명해졌다.

　　나는 내가 일본에 가서 그 인터뷰를 한 이유를 알고 있고, 그 이유를 평온하게 받아들인다. 하지만 나는 얼마나 다르다고 생각하겠는가? 최근 인권 이론과 실천은 크게 바뀌었지만, 인종적 타자의 땅에서 일어난 고문과 구조적 폭력을 발견하는 것을 지지하면서 자기 나라에서 오랜 역사에 걸쳐 일어난 고문과 구조적 폭력을 대수롭지 않게 취급할 수는 없다.

　　이따금 동료들은 내가 아니라 그 군인들과 관련해, 다른 측면의 우려를 나타낸다. 그 군인들은 도대체 왜 그 이야기를 당신에게 하는 것일까? 대체 왜 그러는 걸까? 그들은 어떤 영향을 기대하는 걸까? 문학평론가로서 나는 그것을 '장르 문제'로 생각할 수밖에 없다. 아르헨티나, 칠레, 브라질, 남아프리카공화국의 가해자들에 대한 주목할 만한 연구에서 리 페인Leigh Payne은, 고백은 영혼의 창이 아니며 사실 "진실에 대한 권리"를 나타낸다고 할 수 없다고 설명한다.[292] 그 대신 고백은 배우, 각본, 무대, 관객이 갖춰져 있는 **공연**performances이다. 그리고 고백에는 하위 장르가 있으며 참회의 표현에서부터 장황한 해명, 부인, 가학증에 이르기까지 범위가 다양하다. 그는 참회 고백─내 연구 대상으로서 흔히 화해와 양립 가능하다고 간주되는 종류─은 "거듭난" 서사 장치로서 개인들이 "죄 많은 과거와 신성한 현재를 맞바꿀 수 있도록" 해준다고 밝힌다.[293] 페인에 따르면, 모든 고백과 마찬가지로 참회 고백 역시 가해자들이 "서사를 통해 과거를 재창조할 수 있도록" 해준다.[294]

상처를 입었을 때 우리는 참회를 갈망한다. 그러나 참회 고백이 과장되고 자기를 정당화하는 고백보다 반드시 사회적인 논란을 덜 유발하는 것은 아니다. 관객은 가해자가 말하는 참회의 진실성을 거의 받아들이지 않으므로 성공하기 위해서는 특출한 공연이 필요하다.[295] 그리고 진실성을 잘 수행했다 하더라도 참회가 효과를 발휘하지 못할 수도 있다. "참회는 상관없다"고 아르헨티나의 더러운 전쟁의 고문 생존자 아나 마리아 카레아가Ana Maria Careaga는 단언한다.[296] 페인의 말대로 많은 참회는 거부하고 싶은 "유혹"이 된다. 참회는 피해자와 생존자가 가해자로 하여금 도덕적 자기회복이라는 이득을 볼 수 있도록 허락하는 과정을 촉발하기 때문이다. 피해자들과 생존자들은 "가해자들에게는 기대되지 않는 정신건강과 관대한 정신을 유지하면서" 용서해야 한다. 그들은 "감사해하고 고백을 예상치 못한 너그러운 선물로 여길" 것이다. 참회 고백은 "개인적, 국가적 치유라는 이름으로 이미 고통을 받은 사람들—피해자들과 생존자들—에게 지나친 짐을 지우는 것으로 느껴진다"[297]고 페인은 결론짓는다.

어떤 형태로 행해지든 간에 고백은 트라우마를 부활시킬 수 있다. "증인들, 특히 독재국가 아래에서 폭력을 겪은 피해자들과 생존자들은 고백을 안전하고 비판적인 거리에서가 아니라 현재 삶의 일부로서 경험한다. 가해자들의 고백은 그들의 안전한 공간을 침범한다."[298] 게다가 고백은 "방관자들과 독재국가 시대 이후의 세대, 특히 신체적, 심리적 폭력의 피해자들에게 정신적 외상을 초래할"[299] 수도 있다.

이 프로젝트를 시작한 이후 이런 생각이 내 머릿속을 떠나지 않았다. 머릿속에서 조용한 목소리 같은 것이 들렸다. **이 사람들은 전쟁 동안 신과 같은 권력을 가졌다. 그들은 말 한마디로 사람의 생명을 허락할 수도 있었고 앗을 수도 있었다. 그런데 피해자들에게는 아무것도 없었다. 그 모든 시간이 지난 지금 너는 그들에게 다시 모든 힘을 실어주고 있다.** 이 목소리를 들으면서, 나는 오랫동안 아무것도 쓸 수 없었다.

하지만.

하지만 개인, 제도, 문화에는 고백이 요구된다. 고백은 기본적인 욕구를 채워주기에 그들은 계속해서 고백을 추구한다. 고백은 정신적으로 유해한 독재정권의 폭력에 대한 사회적 침묵, "피해자의 자책, 혼란, 분노를 영속시키는"[300] 침묵, 대규모로 일어나는 잔인한 애쉬 동조 실험처럼 기능하는 침묵의 해결책이 된다. **당신이 보는 것을 우리는 보지 못한다.** "정신질환자로 만들었어요." 마요 광장의 어머니들의 일원인 르네 에펠바움René Epelbaum은 더러운 전쟁의 거짓과 왜곡에 대해 말한다. "우리는 우리를 둘러싼 세상을 '번역하는' 것은 고사하고 거의 '읽어낼' 수조차 없었어요. 그게 그들이 바로 원한 거였죠."[301] 용서는 제쳐놓더라도, 고백은 개인과 사회를 치유하는 데 중요한 역할을 할 수 있다. 오염된 국가의 날조와 맞서 싸우고, 공적 담론이 생존자들의 개인적 현실을 폭력적으로 부인하지 못하도록 만든다는 점에서 그렇다. 고백은 사회적 현실을 재구축한다.

하지만 용서는 어떤가? 시몬 비젠탈Simon Wiesenthal은 《해바라기《The Sunflower》에서 죽어가는 나치 친위대 요원과의 만남에 대해 이야기한다. 그 요원은 자신의 전쟁범죄에 대해 용서를 구할 수 있도록 간호사에게 "유대인 수감자를 데려와달라"고 부탁했다.[302] 사실상 소년이었던 그 남자는 극심한 고통에 시달리고 있었으며 가련했고 진심으로 후회하고 있었다. 도덕적 고뇌에 빠진 것이 분명해 보였던 그는 자신이 끔찍한 범죄를 저질렀다고 고백했다. 그는 말했다. "제 부탁이 당신에게는 무리한 거라는 걸 알고 있습니다만 답해주지 않으시면 편히 죽을 수 없어요." 비젠탈은 조용히 경청했고 그의 고백에서 "진정한 참회"를 들었지만 앞을 보지 못하는, 죽어가는 소년에게 어떤 대답도 건네지 않은 채 방을 떠났다.[303]

비젠탈의 친구들은 비젠탈이 제멋대로 그 사람을 용서했다면 끔찍했을 거라고 하면서 그 자리를 떠난 게 옳았다고 말했다. 그가 무슨 권리로 다른 사람들에게 가해진 범죄를 용서하겠는가? 그러나 비젠탈은 그 후 평생 그 결정과 화해할 수 없었음을 알게 된다. 당신이라면 어떻게 했겠는가? 그는 독자들에게 묻는다.

신시아 오지크Cynthia Ozick는 비젠탈에게 직접적으로 답하면서 확신한다. 그는 "용서는 가차 없다"면서 "용서의 얼굴은 온화하지만 학살당한 자에게는 냉혹하다"고 이어서 말한다. 우리는 "복수는 잔인한 행동을 하지만 용서는 순화시킨다고 생각한다. 그러나 그 반대가 사실이 될 수도 있다. 랍비들은 말한다. '잔인한 자에게 자비를 베푸는 사람은 무고한 자에게도 무심해질 것이다.' 용서도 잔인한 행동이 될 수 있다". 오지크는 비젠탈이 회고록에서 그 환자의 상처 부위에서 파리를 손짓으로 쫓는 순간을 상기하면서 결론짓는다. 그것은 자연스러운 동물적 연민에서 생각 없이 나온 행동이었다. "그 남자가 용서받지 못한 채 죽게 내버려두라"고 그는 단언한다. "그를 지옥에 가게 내버려두라. 다만 그보다는 파리를 하느님에게 먼저 보내라."[304]

퍼트리샤 햄플은 자신의 글쓰기 학생이자 홀로코스트 망명자였던 헨레 씨가 어떻게 다른 결정을 내리게 되었는지 말한다. "용서는 이루어져야 합니다." 그는 일종의 화해를 위해 고향 독일에 돌아가기로 한 결정을 설명하면서 말했다. 그는 의도적으로 "나는 용서해야 합니다"라고 말하지 않았다고 설명해주었다. 대신 그는 비인칭 명령어를 사용했다. 어떤 것은 개인적인 인간의 마음을 넘어선다. "역사의 엄밀한 이치는 용서를 필요로 했다. 죄가 존재하지 않거나 인간의 마음에 분노가 남아 있지 않기 때문이 아니라 시간의 힘이 피투성이 땅에 녹색의 새싹을 틔우기 때문이다. 그리고 헨레 씨는 그 새로운 성장에 그의 수척한 고개를 정중히 숙였다. 무정하긴 하지만, 미래는 그 권리를 갖고 있다."[305]

"용서는 복수보다 인간적으로 훨씬 더 까다로운 가치다"[306]라고 월레 소잉카Wole Soyinka는 썼다. 그러나 용서받는 것 또한 까다로운 일이다. 남아프리카공화국의 진실과화해위원회 일원인 품라 고보도 마디키젤라Pumla Gobodo-Madikizela는 용서는 가해자에 대한 "피해자의 승리"라고 설명한다. 그는 무도한 유진 드 콕Eugene de Kock에게서 필요한 참회를 보고, 그 참회를 받아들이면서

"확실한 도덕적 만족"을 얻었을 때, 자신이 그 사람보다 더 나은 사람이 되었다는 것을 알게 되었고 자신이 그에게 갖고 있는 "힘을 의식했다"고 말한다. 그는 "용서는 일종의 복수다"[307]라고 썼다.

동독 진실위원회에 대해 논하면서 몰리 앤드루스Molly Andrews 는 동독 지하 조직의 여성운동 지도자였던 B.와 나눈 인터뷰에 대해 말한다. "너무 빨리 용서를 베풀었다는 점에서 우리는 순진했어요"라고 B.가 말했다. "우리는 그들〔비밀경찰〕이 '그 점은 정말 잘못했다'고 기꺼이 말할 거라고 기대했어요. …… 그들도 이 역할에서 마침내 빠져나올 수 있게 되면 안도감을 느낄 거라고 생각했죠." 도널드 슈라이버Donald Shriver는 B.가 직면한 문제를 이와 같이 규정한다. "범죄 혐의자는 〔흔히〕 누군가가 '자신들을 용서한다'는 말을 듣는 것을 경계한다. 그들은 어떤 도덕적 평가의 대상이 된다고 느끼자마자 그것에 응하지 않을 수도 있다."

놀라운 표현으로 B.는 설명했다. "그들은 자신들이 우리에게 한 일에 대해 우리를 여전히 용서하지 못했어요."[308]

◆

고백자와 청자 사이의 관계에 존재하는 용서의 자리에 대한 시몬 비젠탈의 질문은 2010년 〈인민의 적Enemies of the People〉이라는 새로운 세기의 가장 놀라운 공동 영화 작업에서 다시 나타났다. 국제적으로 호평을 받은 이 다큐멘터리에서 롭 렘킨Rob Lemkin 감독은

텟 삼밧Thet Sambath이라는 기자를 뒤따르면서 그가 캄보디아 집단 학살의 가해자 수십 명을 만나 친구가 되어 유례없는 자백을 받아내는 것을 카메라에 담아낸다. 가해자들 가운데에는 폴포트의 2인자였던 누온 체아Nuon Chea도 있었다. 이 영화는 여러 측면에서 정서적으로 강력하지만, 그 가장 절묘한 고뇌 중에는 삼밧이 누온 체아(흔히 스탈린, 히틀러와 같은 부류로 분류되는 인물)에게 보이는 타의 없는 친절이 있다. 삼밧은 누온 체아에게 10년간 다정한 존중을 보이며 친구가 되고, 조심스러운 속도로 그를 조사한다. 삼밧은 그의 가족이 누온 체아의 대량학살 현장에서 살해되었다는 사실을 혼란스러울 정도로 가슴 아픈 그들의 마지막 순간에 이르기 전까지 밝히지 않는다.

이 영화가 크메르 루주 가해자들에 대한 동정이나 용서를 표현했다고 규정한다면 그건 맞지 않을 것이다. 그러나 분명히 영화에는 공감과 감정적으로 접한 상태에서 개인적인 판단을 피하는 인내심이 있다. 내가 이 점에 대해 렘킨에게 말하자, 그는 '가해자'와 '피해자'라는 꼬리표가 불편하다고 말했다. 그 개념들에 내포되어 있는 강력한 목적성이 독창적인 사고와 이해를 축소시킨다고 그는 설명했다. 이런 종류의 판단은 소통을 중단한다는 점에서 프로젝트에 도움이 되지 않았을 것이다.

대화 중에 렘킨은 일부 사람들에게서 들었던 비판을 떠올렸다. 그와 삼밧이 스톡홀름신드롬과 유사한 정신적 유폐를 겪고 있다면서 타자의 말을 듣고자 하는 갈망 때문에 그 타자의 세계관에 과잉 동일시하게 되었다는 비판이었다. 그러나 삼밧은 "누온 체아와는 보통의 다른 인간관계와 같이 애정과 긍정적인 감정이 있는 관계를" 발전시킬 수 없었다고 하면서 그 생각을 거부했다고 렘킨은 말했다. "그들은 많은 시간을 함께 공유했죠. 삼밧이 10년에 걸쳐 정보를 얻기 위해서였어요"라고 말했다. "삼밧은 인간성의 다리 위에서 누온 체아를 만나야 했어요. 그들은 각각 반대편에서 와야 했죠."

집단학살의 생존자들이 영화를 보고 나타낸 반응에 대한 보고는 주목할 만했다. 언젠가 영화 일부가 솔트레이크시티의 시민문화회관에서 상영된 적이 있었다. 생존자들은 30년 동안 악몽과도 같았던 사람들의 영상을 대면하는 것을 두려워했지만 평생 시끄러운 침묵과 함께 살았던 자녀들은 주저하는 부모를 억지로 데려갔다. 반응은 격렬했다. 특히 나이 든 여성들은 자신들의 감정에 놀라움을 표했다고 렘킨은 말했다. 다음에 캄보디아에 가면 쿤과 순(영화에 등장하는 두 명의 주요한 집단학살자)을 만나게 해줄 수 있어요? "정말 그들을 껴안으면서 진실을 말해주어서 고맙다고 말하고 싶어요."

나중에 렘킨은 캄보디아 출신 망명자들과 쿤과 순이 화상을 통해 만날 수 있도록 자리를 마련했다. 집단학살로 고아가 된 보우체Bo Uce가 통역을 맡았다. 왜 그런 일을 했냐고 반복해 묻자 쿤과 순은 선택의 여지가 없었다고 답했다. 자신들의 범죄가 끔찍하다는 것을 알고 있었지만 명령을 따르지 않으면 죽었을 거라고 대답했다. 그 후 일어난 일을 《로스앤젤레스 타임스》는 다음과 같이 기술했다.

보는 크메르어를 말하지 못하는 여러 참관인들을 위해 통역하면서 이 대화가 그들의 가책을 덜어줄까봐 걱정했다. 어느 순간 한 남자가 그들을 롱비치에 초대하고 싶다고 말했다. 그들의 고백은 영웅주의적 어조를 띠고 있었다.

보가 마이크를 들었다. 그는 침착해 보였다. 그는 그들의 방어를 다소 풀어버리고 그 부조리를 드러낼 수 있는 것을 묻고자 했다.

"자랑스러운 어르신들, 멀리서 인사드립니다" 그가 말했다. "저는 고아이지만 이미 여러분을 용서했다는 것을 알려드리고 싶습니다."

두 남자는 그에게 감사를 표하며 웃음을 지었다.

"어르신들은 사람의 간과 쓸개를 먹곤 했지요." 보가 말했다. "그건 스스로 한 건가요, 명령을 받고 한 건가요?"

그들은 거북해하면서 서로 곁눈질을 했다. 오랫동안 망설임이 있었다. 순은 자신의 입 앞에서 두 손을 움켜잡고 있었다. 결국 쿤이 마이크를 들었다.

"나는 그저 보고서…… 그저 약간 보고 시험해보고 시도해보려고만 했어요. 쓸개는 약으로도 쓰이니까 시도해보려 했을 뿐이에요. 아주 조금만요. 그게 내 솔직한 답입니다. 아주 조금이었어요."

보는 그 평범한 말에 불만스러운 표정을 지으며 마이크를 넘겼다.

"왜 그 사람들은 자살하지 않았을까요?" 보 우체는 물었다. "그들이 자신들이 한 행동에 대해 후회한다면 왜 그런 일을 한 후에 바로 자살하지 않았을까요? 내 가족, 그 모든 가족들을 죽인 뒤에도 어떻게 살 수 있는 걸까요?"[309]

———◆———

가네코 씨

단 한 명의 윗사람도 "여러분에게 미안합니다. 내가 명령을 내렸습니다"라고 말하지 않았어요. 천황조차도요. 그들은 "나는 아무것도 모릅니다. 아무것도 모릅니다"라고만 말했어요. 우리를 위해서는 아무것도 하지 않았어요. 그때서야 우리 모두는 "대체 이 천황이란 작자는 누구지? 그놈은 우리를 고생하게 해놓고 우리가 그렇게 되니 아무것도 모르는 척하는구나!" 그런 식으로 느끼게 되는 거죠. 그때까지 우리는 천황은 신이라고 생각했잖아요? 그가 하늘의 신이라고 생각했어요. 대단한 신이죠! 그는 우리를 위해 **아무것도** 하지 않았어요.

군인들은 바로 이런 거죠. 휴지와 똑같아요. 코를 풀고 나면 버리는 거죠. 군인들의 목숨이란 게 그렇죠.

다카하시 씨

그건 너무—너무—하죠. 오래전에 일어난 일인데…… 나는 그 일을 좋게 보지 않아요. 아내에게도 **항상** 그렇게 말합니다. 즐거운 꿈을 꾼 적이 없다고요. 시베리아 수용소 때문이죠…… 시베리아 때 겪은 일이 여전히 내게 상당히 영향을 미치고 있는 것처럼 느껴져요. 나도 즐거운 꿈을 꾸고 싶지만 사실 그러지 못하는 거죠…… 그러니까…… 그런 느낌이 들어요. 그런 느낌이 어쨌든 여전히 내게 있어요. 그래요……

그건 전형적인 시베리아식 죽음이었어요. 낮 동안 하는 노동은 극도로 가혹했죠. 추운 계절에 1분만 손을 쉬고 있어도 소련 군인에게 소총으로 맞아요. 그건 노예 같은 육체노동이었어요. 게다가 숙소로 돌아와서도 음식은 충분하지 않았죠. 350그램짜리 빵조각을 받았으니까요. 수프는 물 같은 상태였고요. 그래서 배 속은 완전히, 1년 내내 배가 고팠어요. 그러니 영양 부족이 되겠죠? 영양 부족 상태가 되면 다리의 살이 완전히 사라져버리죠……

어떻게든 의지력으로 견뎌낼 수 있는가에 달린 거였어요. 그렇죠. 정신적으로 약한 사람—의지가 약한 사람—과 아픈 사람—장애가 있는 사람—은 가장 먼저 사라지죠. 밤에 자기 전에는 모두가 빈속으로 잠들고자 애쓰잖아요. 그래서 우리가 유일하게 얘기한 건 음식에 대한 거였어요. 본능에 따른 거였죠. 그 때문에 시베리아에서 보낸 시간은…… 시베리아 수용소에 대한 모든 기억에 대해 이야기한 책이 있어요. 내가 주위에 물어보면 모두 똑같아요. 그들은 흥분해서 먹는 것, 음식에 대해 이야기하기 시작하죠. 나와 비슷한 나이의 군인들도 마찬가지였어요……〔중단〕

그들은 배고픈 채 잠들잖아요. 다음 날 옆에 있는 사람에게 말해요. "이봐, 일하러 갈 시간이야. 일어나! 일어나!" 하지만 그 사람은 이미 죽어서 몸이 차갑게 굳어버린 상태였죠. 그런 환경이었어요. 내 나이의 군인들—내 동지들—을 그런 식으로 많이 잃었어요. 이제 어디를 가도 무덤 같은 건 없어요. 시베리아에 있는 수용소에는 아무것도 없으니까요. 그랬죠. 그들이 무엇을 위해 죽었는지 모르겠어요. 전쟁이 끝난 후에 죽었으니까요. 엿 같은 일이죠. 전쟁이 끝난 후 죽은 그 6만 명은, 그 부모들이 그 얘기를 전해 들었어도 받아들일 수 없었을 거예요. 절대 못하죠!

나는 친구에 대한 기억 외에는 없어요. 내 옆 침대에서 죽어가던 친구죠. 나쁜 기억이에요……

시베리아에서 선생님을 그런 식으로 대했던 그 사람들을 용서할 수 있겠습니까?

용서 못하죠! 절대 용서할 수 없어요! 도대체 누구에게 책임이 있는지 묻고 싶어요. 누구의 책임이었는지요. 물론 그 전쟁을 시작한 사람들의 책임이었죠. 그리고 포츠담선언으로 전쟁이 끝나자마자 6만 명의 관동군은 즉시 군대로 복귀하도록 요구되었어요. 그러나 포츠담선언과는 달리 모두 시베리아로 보내졌죠. 그들을 시베리아로 보내는 데 승인한 건 관동군이었어요. [이름 삭제]나 [이름 삭제] 같은 참모 장교는 바로 최근까지도 살아 있었지요. 그리고 그는—정말 믿기 힘들겠지만—일본 정치계에서 유력한 핵심 인사로 활약했죠. 이 [이름 삭제]는 [이름 삭제] 회사—영리 회사—에서 부사장 지위까지 올랐고 젠장할 사장까지 되었어요! 그는 관동군 참모 장교였죠. 믿거나 말거나 우리는 시베리아에서 함께 있었어요. 우리가요! 함께요!

하지만 죽을 때까지 그는 시베리아에서의 억류에 대해 소련군과 어떤 비밀 협정도 없었다고 말했어요. 우리는 분명히 비밀 협정이 있었을 거라 생각했어요. 거기에 빌어먹을 책임이 있었죠. 나는 가장…… 근본적으로는 천황에게 책임이 있다고 생각해요. 천황이 전쟁을 시작했으니 전쟁을 시작한 책임이 있는 거죠. 전쟁 동안—말하자면 '난징 함락'이 일어나는 동안—그런 일이 일어날 때마다—만주사변도 마찬가지였는데—황제는 격려의 말을 공표했어요. 찬사의 말이었죠. 상이었어요. 전쟁이 끝난 후 그리고 전쟁이 끝난 무렵에 전쟁을 끝내겠다는 결정은 늦은 것이었어요. 여러분도 알다시피, 포츠담선언 후 천황이 그것을 받아들인 건 **너어어무** 늦었어요. 그러고는 전혀 책임도 지려 하지 않죠. 일본 현대 사회에서 아주 퇴보적인 일이죠……

◆——

가해자 고백이라는 장르에 대해 생각해보도록 몰아붙이면서 ("그 사람들이 대체 왜 당신에게 그 이야기를 했을 거라고 생각하죠? 왜 그랬을까요? 어떤 효과를 기대하고 있을까요?") 사람들은 때로 내게 질문을 던진다. 당신은 왜 그들의 이야기를 그런 식으로 말하는 거죠? 인터뷰를 왜 여러 부분으로 나눈 거죠? 인터뷰를 역사적 맥락에 배치하는 것과 역사적 맥락에서 분리해버리는 것 사이를 예측 불가능하게 왔다 갔다 하면서요? 왜 끊임없이 서술 방식과 학문적 관점을 바꾸는 거죠? 내가 인터뷰이들의 전체 일대기를 모았다는 것을 아는 사람들은 이따금 당혹스러워했다. 당신은 왜 그들을 가장 끔찍한 범죄를 통해서만 드러내면서 배제시키는 거죠? 내가 미네소타대학에서 글을 낭독하면서 처음 병치구조를 실험했을 때 객석에 있던 구레비치는 질의응답 시간에 물었다. 왜 이런 섬뜩한 이미지를 내 머릿속에 넣으려 하는 거죠? 특히 왜 이렇게 폭력적으로 탈맥락화된 방식으로 제시하는 거죠? 누군가가 그런 질문을 할까봐 나는 남몰래 두려워하고 있었다. 나 또한 그 이유를 모르겠다고 그에게 솔직하게 말했다.

그런 질문에 답하고자 애쓰면서 나는 인권 재현에 대한 중대한 비판서, 케이 셰퍼Kay Schaffer와 시도니 스미스Sidonie Smith의 《인권과 서사화된 삶Human Rights and Narrated Lives》을 다시 읽었다. 이 책은 미국 감옥 회고록의 하위 장르와 NGO 조직의 감옥 보고서를 분석함으로써 주류 조직이 윤리적 분리를 제공하는 객관성을 유지하면서도 타인의 목소리에 힘을 실어주고 또 그 목소리의 힘을 사용하는 법을 보여준다.

그들에 따르면 구금을 이해하기 위한 고전적인 모델은, 피터 베넨슨Peter Benensen이 《런던 옵저버Londonn Observer》에 발표한 〈사면을 위한 탄원 1961〉에서 "양심수"라고 명명된 이들에 대해 분개하며 엠네스티 인터내셔널을 만들자고 주장한 데서 기인했다. 인권 서사의 독자들이 이 "무고한 희생자들"이라는 원-서사ur-narrative에 크게 좌우된다면, **범죄자**에 의해 쓰이고 범죄자를 다룬 하위 장르 작품이 어떻게 효과가 있을 수 있을까? 섀퍼와 스미스는 휴먼라이츠워치가 미국 교도소에 대한 보고서를 구성하면서 사용한 전략을 추적하면서 이 문제를 다루는 데 사용된 일련의 포괄적인 방법을 확인한다. 교도소에서의 강간에 대한 "비문법적이고 변덕스럽고 난폭할 정도로 직접적인" 상세한 기술을 포함한 짧은 증언이 권위 있고 객관적인 인권 언어 사이에 삽입되어 있었고, 교도소 생활에 대한 강렬하지만 통제된 일별이 매우 선별적인 일대기에 덧붙여졌다. 폭행죄로 기소된 사람 대신 재산범죄property crimes로 기소된 청소년 수감자가 선택되었다. 그리고 수감자들이 행위자로 만들어진 방식에는 세심한 주의가 기울여졌다. 그런 행동은 회피되지 않고—무력한 피해자 만들기는 위협적인 행위 능력만큼이나 소외시킨다—재소자들이 잘 지지하는 이야기로서 재구성되고 표현된다. 섀퍼와 스미스는 이 방식들의 조합을 통해 "수감자/가해자를 피해자/행동주의자가 되게 만드는 행동주의 안건의 중요성"이 어떻게 강조되는지를 설명한다. 그들은 자신들의 해석을 교도소 생활의 회고록 장르에 속한 글들을 이해하기 위한 방법으로 제시한다.[310]

분명히 나는 이 전략들 중 일부(짧고 무자비한 증언의 삽입, 전후의 정치적 행동주의 강조)를 겨우 흉내만 낸 것 같다. 그리고 다른 면에서는 의도적으로 그런 방식(일관성 있는 일대기적 개요를 제시해 개인의 명확한 정체성을 확립하기)을 피했던 것 같다. 모든 글쓰기는 일종의 교묘한 조작이지만 때로 저자는 그 조작을 완전히 통제하지 못하거나 의도하지 않거나 그가 의도한 것을 모르기도 한다. 나는 장르적 반사(작용의) 차원에서 인터뷰이들의 증언을 잘게 나누었는데, 그것은 섀퍼와 스미스가 설명한 바로 그 보고서들을 반복적으로 보면서 생긴 생각지 못한 습관이었다. 내가 인터뷰를 일부러 나눈 것은 감정적인 휴식을 갖지 않은 채 오랫동안 읽는 것을 견딜 수 없었기 때문인 것 같다. 그리고 언어 분열—반복, 소리를 내지 않고 속으로 말하기, 부분적으로 불완전한 단어나 구—을 많이 포함시키겠다고 주장한 것은, 내가 이야기를 나누고 있는 방식이 조작적이지는 않은지 **우려가 되었으므로** 가능한 한 진짜가 아닌 것처럼 느껴지는 것(문법적으로 적절한 표현을 위해 광범위하게 교열하는 것 등)을 피하고 싶었기 때문이었다. 나는 이 시기 미국 시민으로서 다른 국가의 전쟁범죄에 대해 세세하고 올바른 비판을 가할 용기가 없었다. 그리고 관점의 변화와 제한된 전기적 정보는 인터뷰이들에 대한 내 입장의 내적 갈등을 해결하는 데—더 정확히 말하자면, 지연시키는 데—도움이 되었다. 나는 그들에 대해 어떻게 생각해야 할지 몰랐고, 분열은 일종의 분리였다.

그러나 그 이상의 것이 있다. 내가 그런 식으로—때로는 명확하고 때로는 그저 암시적인 글이 수반되는 방식으로—인터뷰를 나눈 것은 더 깊은 두 가지 이유 때문이었던 것 같다. 첫째, 나는 내면의 잔혹성이 그 자체로 끊임없는 순환이라고 생각한다. 즉 방향 감각 상실과 방향 전환이 끊임없이 순환한다. 그 순환은 분명 매번 새로운 수준의 지옥에서 새로운 혼란에 빠져 길을 잃는 퇴역군인들을 위한 것이었다. 그리고 나에게 그것은, 그들의 가공할 잔인함과 우리가 공유한 다정한 친밀함(함께 식사하고 선물을 교환하고 그들의 아내와 자녀를 만나면서) 사이에서 오간 것이기도 했다. 나는 독자들이 그런 혼란, 안정적이거나 합리적인 맥락이 부재하는 것처럼 경험된 순간의 충격을 느끼길 바랐다. 둘째, 이 모든 것에는 **초과하는** 무엇, 넘어서는 무엇, 말로는 진정 설명될 수 없는 무엇이 있지만, 우리는 탈맥락화된 연상과 병치의 비논리를 통해 더듬으며 나아갈 수 있을 것이다. 그런 문제에 대해 선형적 종결과 불변의 구조로 이루어진 글을 쓰는 것은, 내가 처음에 그랬듯이, 독자들에게 나의 관점을 제시하는 게 아니라 독자들을 그 관점에 가두는 것처럼 느껴졌다.

그러나 내가 이런 식으로 글을 쓴 것은 사진가의 작업(그의 사진은 아름답고 잊히지 않아서 여러분과 함께 나눌 수 있기를 바란다)에 어떻게든 영향을 받고 있었기 때문이기도 했다. 내가 사진 이미지의 문학적 등가물을 추구하고 있었을 가능성도 있다. 그러나 내가 이처럼 말하는 데는 자기편의적인 면이 있는 것 같다. 마치 도피처를 찾으면서 사진가들만이 갖고 있는 정당화를 찾는 것 같다. 수지 린필드Susie Linfield는 사진가들이 스냅사진으로 고통을 대상화하고 탈맥락화함으로써 포르노그래피로 만들어버린다고 비난하는 사람들에게 다음과 같이 답한다.

이런 비판은 존재하지 않는 무언가를 추구한다. 즉 타락하지 않고 흠 하나 없는 사진의 시선으로 희망과 절망, 저항과 패배, 친밀함과 거리감 사이에서 완전하게 균형을 이룬 이미지를 생산하는 것이다. 그들은 사진이 사진가와 대상 사이에서 절대적인 상호성을 구현할 것을 요구하지만 절대적인 상호성은 최상의 환경에서조차도 발견하기 어려운 것이다. 그들은 이 지구상에서 일어나는 최악의 일들—이 세상에서 가장 고통스럽고 부당한 일들—이 불충분하고 불완전하거나 불편한 방식으로 재현되기를 바란다. 한 인간의 타락을 보여주는 데 문제가 되지 않는 방식이 있는가? 한 국가의 죽음을 표현하는 데 평온한 방식이 있는가? 용서할 수 없는 폭력을 기록하는 데 무해한 방식이 있는가? 이 중 어떤 것이든 보는 데 올바른 방법이 있는가? 결국 '포르노그래피적' 사진에 대한 경건한 고발은 내가 보기에 상당히 단순한 것을 드러낸다. 세상에서 가장 잔인한 순간들을 보지 않고, 그래서 더럽혀지지 않으려는 욕망이다.[311]

미네소타에서 낭독회가 끝나고 점심 식사를 하던 중 구레비치는 나에게 스스로가 하는 일에 대해 더 명확히 생각해보라고 반복해서 말했다. 사람들에게 잔혹행위와 공포로 이루어진 노골적인 이야기를 하는 데는 아주 정당한 이유가, 그 **말하기 방식으로** 명백하게 밝히려는 이유가 있어야 한다는 것이다. 그 이야기의 의미, 이야기에 주의를 기울이도록 요구하는 의미, 귀 기울이거나 그 이야기를 봐야 하는 이유를 말해야 한다는 것이다. 그런 설득력 있는 목적의식과 의미 없이 극단적인 만행의 생생한 순간을 사람들에게 이야기하는 것은 지적인 행위가 아니라 폭력행위라고 그는 말했다. 그리고 이런 경우 자신은 흠칫하고 진저리치고는 책 읽기를 중단할 거라고 장담하면서 이런 작업에 무슨 장점이 있느냐고 했다.

나는 거기에 어떤 장점이 있는지 모르겠다고 고백해야 했다.

이후 그 대화를 듣고 있던 한 친구가 다가와 말했다. "나는 네가 왜 이렇게 했는지 이해해. 그것은 고통의 법칙이야. 고통은 전달되어야 해. 그게 아는 것과 **이해하는 것**의 차이지."

그 말이 맞을지도 모른다. 학계에서 트라우마 연구는 오래 인내해야 하는 끔찍한 하위 분야이다. 우리 교수들은 직업상의 이익과 만족을 위해, 우리가 중요한 이해관계가 걸린 일을 한다는 느낌을 쉽게 주기 위해 타인들의 충격적인 이야기를 유포한다. 일부 사람들은 우리가 고통 없는 고통을 가지고 놀이를 한다고 말한다. 동료 영문학 교수 패트리샤 예거Patricia Yeager는 우아하게 설명한다. "우리가 그토록 자유롭게 읽고 쓰는 트라우마 서사는 안전하게 즐거운 자기파괴self-shattering의 근원을 만드는 효과를 낼 수 있다."312

어쩌면 이것일지도 모른다. 할 수 있는 한 나는 이것이 안전하지 않기를, 아프게 할 수 있기를 바란다.

◆━━

사카쿠라 씨

〔수용소에〕 들어가자 모두에게 '전범'이라는 표식이 붙었어요.

"우리가 정말 전범이었나?" 그렇게 생각했죠. 왜지?…… 우리는 모두 상관이 시킨 대로 했다고 말했어요. 상관이 명령했기 때문에 했죠. 그리고 그건, 전범을 말하고 있으니 모두가, 모든 군인이, 군대에 있는 모든 사람이 전범이었다는 거잖아요? 이것이 우리가 생각하는 방식이었어요. 강의를 들었고 삶이 계속되었어요. 그리고 서서히, 서서히 아침 햇살에 눈이 조금씩 녹아내리듯이 마음이 녹아내렸어요. 우리에게 스며들었어요. 가령 우리가 운동을 하면 수용소 직원이 "배구는 이렇게 해요"라고 말하면서 방법을 가르쳐주었어요. 농구도 마찬가지였고요. 모든 종류의 〔불명확함〕에서 그들은 우리가 다양한 일본 노래를 부를 수 있게 해주었고 우리는 문화적 〔불명확함〕를 만들어주는 일을 했어요. 영화보는 것도, 우리는 〔불명확한 제목〕 같은 영화를 보았는데 내 마음에 꼭 들었어요……

수용소 직원 중에는 선생님이 있었고 매일 방송이 나왔어요. 우리는 이 방송, 강의를 들었어요. 무슨 강의였을까요? 제국주의 이론에 관한 것이었어요! 그 강의를 들으면서 이건 정말 대단한 교육이라고 생각했어요. 그건 내가 배울 수 있는 최고의 교육이라고 생각했죠. 강의를 들을수록 나는 마음속으로 점점 더 기쁨을 느꼈어요. 놀라운 일이라고 생각했어요. 그때까지만 해도 나는 교육을 전혀 받아보지 못한 사람이었어요. 중학교조차 가지 못했죠! 그래서 당연히 그런 말, 언어는 내게 아주 보기 드물고 특이한 거였어요. 하지만 강의가 계속되고 막바지에 이르게 되었을 때 자본주의 단계를 떠나 제국주의 단계를 다루게 되었죠. 선생님은 말했어요. "여러분 모두 지금까지 있는 힘을 다해 공부했습니다. 이제 이 제국주의 이론을 여러분 자신과 연결시켜야 합니다! 강의는 여기까지입니다." 그의 말을 듣고 나는 곤란에 처했어요! 알 수 없었어요. 누구에게 물어봐도 대답해주지 않았어요. 아무도 "그건 이런 거죠"라고 말해주지 않았어요.

그런데 내가 그러고 있는 동안에, 어느 날 (들리지 않음) 부대가 함께 모인 곳에 39사단 중대장이었던 M이라는 사람이 있었는데, 이 사람이 모두, 모두의 앞에서 자기 생각을 검토하고 이야기해주었어요. "나는 지금까지 중대장으로서 신병들을 용감하게 만들기 위해 예닐곱 명의 지역 농부를 죽이는 훈련을 하게 했습니다. 그리고 이 역할을 맡아 칼날을 시험하기 위해 여러 사람의 머리를 베었고 마을에 불을 질렀습니다. 마을 사람들이 일본인에게 적대감을 가지도록 농가들을 완전히 불태웠습니다."

그는 이런 종류의 (불명확―아마도 '죄')를 조금씩 우리와 나누었어요. "물론 나는 상관들의 명령에 따랐지만 그건 내 자의로 한 것이기도 했습니다. 그래서 그 점에 대해 생각하면 좋든 싫든 간에 내가 사형되기를 바랍니다."

그는 머리를 숙인 채 모든 사람 앞에서 이렇게 말했어요. 그 말을 들었을 때 나는…… 제국주의와 "내 자신을 연결시키는 것"은 내가 제국주의자라는 의미잖아요?…… 그다음에는, 아, "나는 내 죄를 인정하기 위해 애써야 하는구나"라고 생각했어요. 내가 배운 게 그런 거라고 생각했죠. 그 후 처음으로 내가 중국에서 죽인 사람들의 마음을 이해해야 한다고 느꼈어요. 표면적으로 그런

게 아니라 마음속 깊이 그렇게 느꼈어요.

그러고 나서 머지않아 우리는 다음 해 8월에 풀려나 고향으로 갔어요. 그런데 돌아갈 때 (그들은 우리에게 말했어요). "여러분은 지금까지는 전범으로서 우리와 관계를 가졌을지 모르지만 오늘부터 여러분 모두는 우리의 오랜 친구입니다." 그들은 그렇게 말했어요. 그리고 "일본으로 돌아가서 새 집을 구해 평온하게 지내세요"라고 말했죠. 물론 그것이 일본과 중국의 친교나 다른 뭔가를 위해서라는 말은 전혀 없었어요. 그저 "가서 평화로운 가정을 꾸리고 사세요"라고 말했어요. 음. 아, 그리고 그 말을 들었을 때 내가 (불명확한 이름)에게 이렇게 말하면 얼마나 놀랄까 생각했죠. 그때가 아니라 처음부터요. "우리는 그런 일을 다시는 하지 않을 겁니다. 다시는 하지 않을 거예요"라고요. 그리고 그들은 이런 종류의 말을 했죠. "자신의 죄를 자백하세요. 자기의 죄를 고백하고 증언하세요. 그리고 진정으로 전쟁에 반대하세요. 그게 우리가 원하는 겁니다." 그래서 나는 피스 보트Peace Boat 활동을 하게 되었어요.[313]

———◆———

사람들이 마지막 질문으로 내게 묻곤 했던 것이 있다. 당신은 그들의 이야기를 모두 믿나요?

그것은 복잡하다. 나는 페인의 주장에 납득이 간다. 고백은 교활하고 이기적일 수 있으며, 기억은 "편파적이고 선택적이며"

"불완전하고 신뢰할 수 없으며" "기억된 과거의 특정 부분"은 남겨두고 "'현재의 담론과 욕망'에 맞지 않는 다른 것"은 버리는 "구조salvage 작업"이라는 것이다.[314] 그러나 전쟁범죄에 대한 고백이 공산주의에 세뇌된 결과라면서 국가주의적으로 묵살된 상태에서 역사적 수정주의와 맞서 싸우고 있는 상황으로 봤을 때 열려 있는, 관대한 수용의 태도가 필요한 것 같다. 상대편에는 거짓이 너무 많다. 일례로 현대 일본의 역사 수정주의자들의 공통된 입장은, 바너드의 표현에 따르면 "'아시아의 고통에 대한 우발적 개입론'으로서 일본은 서구 제국주의자들에 맞서 싸우고 있었는데 유감스럽게도 일부 아시아인들이 이 전쟁에서 죽었다"[315]는 것이다.

때로는 무언가가 진실이라는 것이 무엇을 의미하는지가 그렇게 명확하지 않다. 리고베르타 멘추Rigoberta Menchú의 생애 이야기 《나, 리고베르타 멘추: 과테말라의 인디오 여인I, Rigoberta Menchú: An Indian Woman in Guatemala》(인류학자이자 편집자인 엘리자베스 부르고스 드브레Elisabeth Burgos-Debray와 가진 일련의 인터뷰 결과)이 수용된 역사는 유익한 사례 연구가 된다.

그 책이 출간된 지 얼마 되지 않아 문학비평가 존 베벌리John Beverley는 《나, 리고베르타 멘추》를 매우 다양한 스페인어권 라틴 아메리카 문학을 이해하고 체계화하는 하나의 모델로 제시했다. 그는 문학 장르가 폭넓은 경제, 문화적 이행에 부합하는 주제를 만들어내는 이데올로기적 실천으로서 나타난다고 주장하는 마르크스주의 문학이론의 전통 속에서 연구하고 있었다. 가령 자본주의로의 이행이 사람들로 하여금 스스로를, 말하자면 공동체 안에서 결정된 존재라기보다는 자율적이고 개인주의적인 존재로 인식하도록 요구했기에, 다양한 형태의 문화적 표현은 그런 새로운 종류의 인간성을 만드는 데 도움을 주기 시작했다. 베벌리는 우리 시대에는 획기적인 문화적, 정치적, 경제적 변화가 생겨나고 있고, 그것은 '증언'이라고 불리는 장르에 의해 만들어지고 있다고 말한다. 증언은 사건의 목격자가 말하는—대개는 편집자나 "편찬자"를 통해—소설 분량의 1인칭 서사로서 개인의 생애 이야기를 통해 집단적 사회문제를 보여준다.[316] 그에 따르면 증언은, 인종해방운동 또는 민족해방운동, 여성해방운동을 비롯해, "오늘날 세계적으로 권력을 얻고자 다투는 사회적 힘"을 포함한다. 따라서 이런 장르에 대한 연구가 우리 시대에서 해방을 향한 가능성을 더 선명히 보도록 도울 수 있다.면서《나, 리고베르타 멘추》를 그 중요한 사례 연구로 제안했다.[317]

《나, 리고베르타 멘추》는 그 시점에 이미 문학적, 정치적 논란의 대상이 되었다. 스탠퍼드대학에서 1988년에 필수 이수 과목인 '서양 문화'를 지적으로 더 포괄적인 '문화, 사상 그리고 가치'라는 과목으로 대체했을 때《월스트리트 저널》은 격분에 찬 사설을 실었다.

이전에 필독서였던 훌륭한 작품 15개 가운데 6개만이 남았다. 나머지는 덜 알려진 작가들의 작품으로 대체되었다. 가령 단테의《신곡》은 제외되었고《나, 리고베르타 멘추》가 포함되었다. 이 장편 서사는 멘추가 빈곤에서 벗어나 과테말라 혁명가로 나아간 것과 '그녀의 페미니즘, 사회주의 이데올로기의 영향'을 추적한다. …… 18세의 신입생들은 스탠퍼드에서의 첫 학기를 혁명적 자아 구축하기에 대한 일곱 개의 강의로 마치게 된다. 이 중 많은 것은 '해체deconstruction'로 알려진 지적 유행에 상당한다. 이런 텍스트 읽기는 본질적으로 가치가 있는 게 아니라 일부 교수들의 사사로운 과제에 도움을 주는 것에 불과하다. 이제 마르크스(아직은 필독서이다)를 그루초와 하포*의 작품을 통해 해석하는 강연을 기다린다.[318]

3년 후 멘추는 노벨 평화상을 수상했고, 과테말라 원주민의 역경은 세계적인 관심을 받았다. 얼마 후 인류학자 데이비드 스톨David Stoll이 멘추가 자기 생애사의 일부 세부 사항을 꾸며냈다면서 비난했을 때 보수 세력 쪽에서 다시 강력한 반발이 일었다. 이 비난에 조속히 답하며 베벌리는 (학문 영역 밖에 있는 이들을 격분시킬 수밖에 없는 언어로) 썼다. "우리가 '사회'라고 부르는 것 자체가 재현 이전에 존재하는 본질이 아니라 재현하고자 하는 분투의 결과이자 재현을 넘어서는 것이라고 한다면, 담론 밖에는 이런저런 재현의 진실을 보장할 수 있는 사회적 사실성의 수준이

---

* 마르크스 브라더스Marx Brothers라는 코미디 그룹의 코미디언들.

존재하지 않는다."[319] 이런 종류의 주장에 대해 데이비드 호로비 츠David Horowitz 같은 보수주의자는 "인권 좌파human rights leftists"의 신뢰성을 신랄하게 공격했다(이와 관련해 그가 《살롱·Salons》에 게재 한 글은 〈나, 리고베르타 멘추, 거짓말쟁이〉였다).[320]

리고베르타 멘추는 진실을 말했는가? 거짓말을 했는가? 무 엇이 '진실'로 간주되는가? 논의가 진행되면서 《나, 리고베르타 멘추》는 학자들과 활동가들에게 인권 옹호 활동에서 이야기하 기의 역할을 검토하는 기회가 되었다. 베벌리가 주장했듯 그것은 부도덕한 '해체'나 포스트모던적 무모함의 문제가 아니라 진실 을 이야기하는 것, 정치, 트라우마와 기억 사이의 복잡한 관계를 협의하는 것, 서사가 모든 정치적 담론을 구조화하는 방식을 이 해하는 문제였다.

《나, 리고베르타 멘추》가 마주하도록 하는 것은 **서발턴**으로 재현되는 누군가가 아니라, 변혁적인 문화적·정치적 프로 젝트를 이끄는 능동적인 행위자이다. 그녀는 고유한 권리를 가지고 패권을 장악하고자 한다. 달리 말해, 토착민들을 위 한 새로운 종류의 자율과 권위를 포함하는 생각과 가치에 대 한 지지를 바탕으로 국내·국제 여론을 만드는 데 자신이 가 장 효과적이라고 느끼는 방식으로 이야기할 권리를 갖는 사 람이다.[321]

도리스 소머Doris Sommer가 강조하듯이 리고베르타 멘추의 증

언은 부르고스 드브레의 "무례할 수 있는 질문"에 대한 일련의
대답으로 이루어진다. 소머에 따르면, 멘추는 "굴욕적일 수 있는
심문의 장면을 스스로 권위를 부여할 기회"로 만든 "비협조적인
통제력"을 발휘했다.[322]

《나, 리고베르타 멘추》는 예외적인 사례이지만 쇼샤나 펠먼
과 도리 라웁Dori Laub의 말대로, 진실과 이야기하기는 다양한 방
식으로 인권활동에 복잡한 문제를 유발할 수 있다. 그들은 한 홀
로코스트 생존자가 아우슈비츠 수용소에서 일어난 봉기에 대해
이야기하면서, 화장터 4개가 폭파된 장면을 상세히 묘사한 증언
을 상기한다. 사실 화장터 굴뚝은 3개가 폭파되었다. 그 때문에
몇몇 역사학자는 그녀의 증언이 전체적으로 받아들일 만하지 않
다고만 주장했다. "역사 수정주의자들이 모든 것을 부정하지 않
도록 정확성을 유지하는 문제는 아주 중요했다." 한 정신분석학
자는 그 생각에 반대하며 말한다.

그 여성이 증언한 것은 폭파된 화장터 굴뚝의 개수가 아니라
더 근본적이고 중대한 것이다. 그것은 상상할 수 없는 사건
의 실재이다. 아우슈비츠 수용소에서 화장터 굴뚝 1개가 폭
파된 것은 4개가 폭파된 것만큼이나 믿을 수 없는 일이다. 그
개수는 그 사건이 일어났다는 사실보다 중요하지 않았다. 그
사건 자체가 거의 상상조차 할 수 없는 일이었다. 그 사건을
증언한 여성은 유대인들의 무장봉기가 일어나지 않았으며
일어날 여지가 없었다는 아우슈비츠의 강력한 프레임을 깨

부쉈다. 그 여성은 그 프레임의 파열을 증언했다. 그것은 역사적 진실이었다.[323]

다카하시 씨

아니에요, 아니에요, 그런 게 처음 일어난 건 (중국 전범관리소에서 지낸 지) 3년이 지난 뒤였어요. 3년이요. 3년쯤 지났을 때 모든 사람의 학습은 어느 정도 진척되었고 스스로의 잘못을 인식하기 시작했어요. 그리고 일본 군대가 저지른 침략 범죄에 가담했다는 데 죄책감을 느꼈고 의식하게 되었어요. 자기인식이었죠. 그들은 이 점을 자각하게 되었고 처음으로 모든 사람이 다른 사람에게 자신의 잘못을 밝히고 자신들이 저지른 죄의 실체를 자백했어요. 자백 과정이 있었어요. 모두가 처음부터 자신의 죄에 대해 말하는 건 아니에요. 첫 2~3년에는 나쁜 짓을 저질렀다는 식의 이야기를 하면 처벌받을 거라고 모두가 생각했어요.

전범관리소 직원들은 **항상** 우리에게 친절했어요. 정말 굉장히 친절했어요. 나와 직접 만나는 이들은 세 명이었는데, 지도원이라고 불렀어요. 세 명의 지도원이 있었고 우리를 지켜보는 '감시원'도 있었어요. 하지만 특히 그 세 명의 지도원이 매우 인상적이었어요. 이들은 일본어에 매우 능숙한 젊은 관리자들이었어요. 매우 뛰어나고 특별한 사람들이었지만 아주 친절했어요. 무엇보다도 친절했어요. 진실하기도 했고요. 그중 한 사람은 대단히 엄격했어요. 또 한 사람은 매우 조용하고 상냥했고요. 한 사람은 매우 논리적이었어요. 각자가 매우 독특했어요. 그리고 우리 중 누군가가 질문을 하면 각자 대답해주는 식으로 책임을 졌어요. 우리가 원하는 것이 있으면 가져다주기도 했고요.

우리는 처음으로 마르크스와 레닌의 교리에 대한 책을 읽게 되었어요. 그런 것을 학습하게 되었죠. 레닌의《제국주의론》이나 일본의 자본주의 발달사, 천황의 실체 그리고 일본이 벌인 공격적인 전쟁의 실체 같은 것들이죠…… 그리고 마오쩌둥의 책을 많이 읽고 크게 감동했어요. 처음으로, 인생에서 처음으로…… 그런 종류의 철학은…… 마오쩌둥이었어요. 마오쩌둥 아시죠? 마오쩌둥의 대표적인 책《모순론》과《실천론》,〔불명확한 제목〕은 철학책이기도 했고 혁명 이론에 관한 책이기도 했어요. 나는 그런 책을 읽고 처음으로 세상을 보는 시각에 대해 생각하게 되었어요. "아, 모순은, 내 머리의 발전은 모순의 발전, 문제의 발전을 통해서 이루어진다는 거였어요." 이런 종류의 것이 대단히 이해하기 쉽게 설명되어 있었어요. 아주 좋은 교재였어요.

그것과 함께 나는 모두가 자백한 잘못들과 일본 군대의 침략 행위를 관련짓기 시작했어요. 그리고 처음으로 침략 전쟁이 무엇인지, 왜 일본의 전쟁이 침략 전쟁인지, 왜 우리 모두 그 전쟁과 천황 체제의 본질을 무조건적으로 받아들였는지 깨달았어요. 우리는 이 모든 걸 학습했어요…… 내게는 인식의 문제였어요. 점차 인식하면서, 점차 크게 깊이 빠져들었어요. 게다가 나는 올바른 인식을 해낼 수 있게 되었어요. 침략이 무엇인지, 발전이 무엇인지, 천황 체제가 무엇인지, 일본 사회의 구조가 무엇인지 알게 되었어요. 처음으로 조금씩 그런 것들을 이론적으로 이해할 수 있었죠. 그리고 우리의 경험 속에서 악함을 이해할 수 있게 되었어요.

———— ◆ ————

중귀련은 중국에 있는 동안 세뇌받았다는 비판을 받아왔다. 세뇌란 무엇인가?

한국전에 참전한 미국 퇴역군인들이 1950년 이후 공산주의 중국의 포로수용소에서 겪은 경험에 대한 보고서는, 여러 면에서 푸순에서 사용된 것과 유사해 보인다. 즉 "관대한 정책"이라고 하는 일련의 전략을 보여준다. 미국 분석가들은 이를 세뇌라고 부르고, 중국 관계자와 중귀련에서는 교화라고 부른다. 리프턴은 관점의 대립을 다음과 같이 규정한다. "우리가 강제적인 책략이라고 인식하는 것을 중국 공산주의자들은 도덕적으로 고양시키고, 조화를 이루게 하는, 과학적인 치료 경험으로 간주한다."[324]

1942년의 유명한 연설에서 마오쩌둥은 공산주의 사상 개혁의 기본 원칙을 처벌과 치유의 문제로 이야기했다. "과거의 오류는 개인적인 감정이나 체면을 전혀 고려하지 않은 채 폭로되어야 합니다. 우리는 바람직하지 않았던 과거의 일을 분석하고 비판할 때 과학적 태도를 발휘해야 합니다. …… 이것이 '미래에 경고를 보내기 위해 과거를 처벌한다'는 의미입니다. 그러나 오류를 폭로하고 결점을 비판할 때 우리의 목표는 병을 치료하는 의사의 그것과 같습니다. 모든 목적은 사람을 구하는 데 있지 죽을 때까지 치유하는 데 있지 않습니다."[325]

미국은 한국전을 치르던 중에 중국의 사상 개조를 처음 접했다. 전하는 바에 따르면, 전쟁 초기에 북한군은 미군 포로들을 매우 빈번하게 총살했으므로 많은 미군은 총살될 것으로 예상했다.[326] 그러나 중국군이 참전한 후 전략이 크게 바뀌었다. 한 미군 대령은 포로로 잡힌 순간을 묘사했다. "처음에는 이런 식이었을 겁니다. 너무나 당황스럽게도 중국군이 포로 한 사람 한 사람에게 웃으면서 인사를 하고 담배를 권하고 악수를 청했어요. …… 미군은 전혀 준비가 안 된 상태여서 평정심을 잃었죠. 바로 세뇌가 시작되었어요."[327] 또 다른 장교의 설명대로, 포로로 잡힌 미군들은 적이 아니라 자본주의적 제국주의 전쟁 기계의 무지한 노리개로, 공산주의 평화(를 위한) 활동의 가치를 학습할 수 있는 이들로 여겨졌다. 그들은 "축하합니다! 여러분은 해방되었습니다!", "여러분은 이제 평화를 위한 투사들에 합류했습니다"[328] 같은 인사를 받았다.

수용소에서 기존의 공식적·비공식적 집단구조는 해체되었다. 눈에 띄는 지도자는 축출되었고 외부 세계의 정보는 제한되었다. 포로들은 학습하고 뜻있게 자기비판하며 회개할 의지를 보일 경우에만 보상을 받았다. "반동분자들"—순응하지 않는 이들—은 격리되었다. 한 분석가는 이를 "모든 사람을 타인과 정서적으로 고립시키는 수단으로서, 각각의 사람들을 지도와 친교를 위한 체제에만 의지하도록 하는 것"³²⁹이라고 규정했다.

다른 복종 유도 기술로는 "명성 암시prestige suggestion"—예를 들어 존경받는 상관이 자백하는 것을 보여주는 것(M 중령의 자백이 사카쿠라 씨에게 준 영향을 상기해보라)과—"관여의 법칙, 반복의 법칙, 각각의 이들의 태도에 걸맞은 의미 있는 상황 조성"³³⁰이 있었다. 포로들은 단순히 그 법칙들을 따르도록 강요받지 않고 자신의 전향에 관여하도록 권유받았다. 그들은 계속해서 강의를 듣고 토론 모임에 참여하고 자서전을 썼다. 자신들이 이전에 지녔던 신념의 결함을 명확하게 인지하는 관점을 견지하면서 말이다.

특히 속도 조절과 점진주의incrementalism는 일본군을 전범으로 만드는 데도 매우 중요한 역할을 했지만, 그들이 전쟁범죄를 회개하게 만드는 데도 역시나 중요한 역할을 했다.

예를 들어 미군은 양치질을 하지 않았다는 다소 사소한 위반을 지적당하며 교도관에게 극심한 꾸짖음을 들을 때면 당황했다. 물론 그들은 모든 사람 앞에서 양치질을 하지 않았다고 순순히 공개자백했다. 그런 일에 강경한 태도를 취하는 것은 너무 어리석어 보였다. 그러나 그런 사소한 것에 대해서라도 일단 그들이 자신을 굽히면, 다른 더 중요한 문제에 대해 자기 자신은 물론 다른 포로들을 비판하기 더 수월해질 수 있다는 것이 공산주의자들의 생각이었다. 포로들은 그것이 칭찬이나 비난의 유일한 원인이 되었을 때에 이르러서야 비로소 이런 상황에 응하는 것이 서로를 미묘하게 고립시키

고, 그런 방식으로 모든 포로들이 정서적으로 체제에 의존하게 된다는 점을 깨달았다.[331]

리프턴은 이 과정을 "인질의 심리"라고 부르면서 설명한다. 포로는 그를 지배하는 사람들과 그들의 힘에서 벗어나지 못한 채 결국 스스로를 거기에 완전히 적응시켜나간다. "그는 모든 종류의 신호에 민감해지고 주위의 압박을 예상하는 데 숙련되면서 자신의 심리적 에너지에 힘들게 대적하기보다는 그 흐름에 결합하는 식으로 압박을 극복하는 데 능숙해진다."[332] 중국에 수감되었던 미국인 신부의 증언은 이와 같이 적응해가는 무력감을 묘사한다. "얼마 후에 누군가 말하고 싶어 합니다. …… 그들이 당신을 압박하므로 당신은 무언가 말해야 한다고 느끼죠. 일단 말하기 시작하면 당신은 속임수에 넘어가는 겁니다. 당신은 정상에 있다가 내려가게 되는 거죠. …… 당신이 첫마디를 꺼내면 항상 다른 것이 더 있어요. '라오슈(선생님)' '아니, 아니요, 잘해봐요! 진실을 말해요!' '탄바이(자백)', '자백해요!' 이런 식으로 2분마다 계속 반복되었어요. 그 사람이 그렇게 우겨대서 그 입을 다물게 하기 위해서라도 더 많이 말하고 싶은 기분이 들 정도였어요. …… 그게 나를 약하게 만들었고 항복하고 싶게 만들었어요."[333]

이것은 극단적인 경우이긴 하지만 그럼에도 피터 브룩스Peter Brooks의 주장이 일반적으로 자백의 핵심 논리라는 점을 분명히 보여준다. 자백을 하면 할수록 더 자백을 하고 싶어진다는 것 말이다. "언어행위로서 '나는 자백한다'라는 것은 죄책감을 암시하면서도 죄책감을 필요로 한다. 죄책감이 인식 대상으로서의 지시체에 존재하지 않을 경우, 그것은 언어행위 자체 내에 존재한다. 그 언어행위는 무죄를 입증하는 동시에 죄를 씌운다." 달리 말하면 자백의 내용은 물론 자백의 **형태** 또한 죄책감을 초래한다. 죄책감은 자백을 만들어내고 자백은 "잠재적으로 무한한 원동력으로"[334] 죄책감을 만들어낸다. 일단 자백하면 범죄자가 된다.

이 점에 대해 솔직히 말해야겠다. 나는 이 원고를 거의 마무리할 때까지 앞서 말한 내용을 포함시키는 데 주저했다. 이것은 새롭거나 논쟁적인 정보는 아니지만, 그래도 전쟁범죄를 부인하는 이들과 역사 수정주의자들이 중국에서 세뇌당했다는 혐의로 중귀련 회원들을 공개적으로 비난할 "증거"를 상세히 말하는 것은 개인적으로 당혹스럽다. 그러나 물론 두 가지 모두가 동시에 사실일 수 있다. 다시 말해, 군인들은 그들이 이야기한 범죄를 저질렀고, 또한 강력한 심리적 강압 체계에 시달리기도 했다.

———◆———

구보테라 씨

중국 정부는 우리가 끔찍한 일을 저질렀는데도 일본의 생활양식과 똑같은 방식으로 우리를 대해주었어요. 게다가 수용소에서는 굶게 될지도 모른다고 생각했는데 배가 부르도록 먹게 해주었고 새 침구를 주고 공부할 수 있게 해주었어요. 일본인은 할 수 없는 일이었죠. 으음. 일본인은 그렇게 할 수 없었어요. 중국인이, 사실을 말하자면 공산당이, 그들의 정책이 우리를 인간으로 살아나게 한 거죠.

통역사: 푸순 수용소에서 아이를 죽인 일에 대해 말할 용기를 처음 냈을 때 어떠셨어요?

15~16명 정도의 사람들과 이렇게 큰 방에 있었어요. 일본인들 사이에서 이뤄지는 서로 비판하는 '단죄 활동'이 있었는데 나도 비판받았어요. 그런데 도중에 '무슨 일이 일어나든 상관없어' 하는 생각이 들었어요. 결심하고 그 이야기를 처음으로 했죠. 그후에 중국 정부가 재판을 통해 내게 선고를 내린다고 해도 상관없었어요. 그렇게 마음을 먹었죠. 그렇게 된 거예요.

푸순 수용소에서 풀려나 일본에 돌아간 우리는 우리 정신이 개조됐다고 생각했어요…… 내가 일본에 돌아온 지 수십 년이 지났는데 아무리 생각해도 내가 말하지 않았다면 인간이 되는 방법은 없어요. 나머지는 거짓이에요.

이나바 씨

나는 수용소에서 10년을 보냈어요…… 거기, 수용소에서 생각할 기회를 가졌고 그들의 관대한 정책 덕택에 일본에 돌아왔어요. 그러면서 내 사고방식은 정말 변했어요. 물론 그때는 우리가 총살될 수도, 사형될 수도 있다고 생각했지만 우리가 할 수 있는 건 아무것도 없었어요. 그게 처음 든 생각이었어요. 하지만 우리는 무죄로 석방되었어요. 석방되었다는 사실 때문에, 특히 그 점 때문에 내 사고방식이 변했어요. 깊은 반성을 할 기회를 많이 가지면 사람은 변한다고 할 수 있겠죠. 그건 사람을 근본적으로 바꿔요…… 나는 그 전쟁이 왜 일어났는지, 나 스스로 무엇을 했는지 완전히 알게 됐어요. 그리고 이 모든 것에 대해 생각하면서 그 사람들을 누가, 어떤 목적으로 죽였는지 점점 더 알게 되었고, 내가 어떤 사람이었는지 깨닫기 시작했어요. 진짜 악마였다는 걸요……

그건 단계적으로 이루어졌죠. 처음 잡혔을 때는 일본군을 믿었고 내가 잡혀 있다는 걸 알면서도 여전히 반발심이 있었어요. 하지만 10년이라는 기간을 통해 나는 조금씩 생각하고 반성했고 온갖 종류의 일이 일어나면서 상황이 하나씩 변했죠. 그래서 여기서의 시간은 정말 아주 길었어요.

언젠가 아버지가 말해주기를, 일본 경찰이 몇 명 찾아와서 내가 중국에서 돌아왔으니 완전히 빨갱이가 되었을 수도 있다고 했대요. 그래서 내가 얼마나 빨갱이가 됐는지 알아보려고 왔다고요…… 아버지는 "말도 안 돼요"라고 말했어요. 그들은 내가 공산당에 가입했는지, 공산당 일을 하기 위해 일본에 돌아왔는지 조사하고 있었던 것 같아요.

유아사 씨

다른 포로들—800명의 포로들—도 모두 같았어요. 모두 솔직하게 자백했어요…… 그리고 한번은 중국인 지도원, 우리의 정치 지도원이 모두에게 얘기했어요. 그는 모두에게 전쟁에서 저지른 범죄를 적으라고 하면서 말했어요. "모두 마음이 불안할 겁니다. 걱정이 되겠죠. 하지만 중국인들은 여러분 중 단 한 사람도 본인의 의지로 중국에서 전쟁을 벌인 게 아니라는 걸 알고 있어요. 모두가 국가권력에 의해 강제로 끌려나와 강제로 범죄를 저지른 거죠. 중국인들은 이 점을 잘 알고 있습니다"라고 했죠. 그가 그렇게 말했을 때 나는 너무나 감사했어요. "중국인이 우리를 이토록 잘 이해해주는구나!"라고 생각했어요. 그는 중국인들이 우리를 용서하고 집으로 돌려보내줄 거라고 말했어요. "그렇지만 중국인들은 여러분 때문에 크게 고통을 겪었습니다. 여러분은 모종의 역할을 맡아 이런 일을 **했어요**. 그러니 이제 그 모든 걸 써내세요"라고 말했죠. "자백하세요." 나는 그를 믿었고 내가 한 일을 써냈어요.

하지만 전에도 말했듯이 그건 진실되지 못한, 회피하는 자백이었어요. 사과하기 위한 자백이 아니었어요. 그렇지만 중국인들이 우리에게 제공한 사상 개조 교육의 일환으로 우리는 우리 죄의 본질에 대해 생각하고 반성했어요. 그게 개조의 첫 단계죠. 다른 부분은 육체노동이었는데, 그 노동은 사람에게로 돌아가는 수단이었어요. 그리고 세계 문제와 전쟁 같은 정치 교육을 들을 수 있었어요. 그런 일을 통해 점차적으로 내가 저지른 범죄에 대해 더 깊이 반성해야 한다고 여기기 시작했고, 감추고 있었던 일들을 다시 자백했죠.

"당신은 세균전에 관여했죠?"라고〔무례한 말투로〕묻는 질문에 꽤 시달렸어요. 나는 그런 일에 대한 기억이 없어서 "아뇨, 안 했어요"라고 말했죠. 이런 식으로 심문을 받고 호되게 비난을 받았어요. "나는 그 일과 전혀 관계가 없었어요, 전혀요"라고 답했죠.〔하지만〕한 대대장이 이렇게 말하더군요. "네, 우리가 침략해 들어갔을 때 우리는〔불명확함〕로부터 박테리아를 받아서 배양해 사람들에게 뿌렸어요." 그가 이런 자백을 하는 것을 보았죠. 나는 충격을 받았어요. 그 박테리아가 어디에서 온 거지? 나는 환자들에게서 막 추출한, 살아 있고 생존력이 강한 새 박테리아를 전달하곤 했어요.〔불명확함〕가 오면 모두 그것을 위생병, 내 직속 위생병에게 전달했어요. 나는 세균 활성화 같은 것에 대해서는 전혀 듣지 못했어요. 하지만 그의 자백을 통해 '아, 내가 전달한 박테리아가 그렇게 사용되었구나!'〔라고 깨달았죠.〕수용소에서 석방되기 직전에 나는 마침내 깨닫고 사과하기 위해 말했어요. "용서해주세요. 나 역시 세균전에 이용되었다는 것을 알았습니다. 제발 용서해주세요." 나는 그렇게 적었어요.

중귀련 회원들은 내가 일본에 체류하는 동안 부시 대통령과 이라크를 수차례 언급했다. 미국에 돌아가 이런 이야기를 하자 몇몇 사람들은 반발했다. 그건 자신들에게 쏟아지는 비난을 모면하기 위한 시도였을까? 미국인으로서 내 분수를 알게 하기 위한 것이

었을까? 그들이 이라크 침공이 난징대학살과 다르지 않다고 주장하는 게 가능한 일이었을까? 부시 대통령이 다른 지도자들이나 그 이전의 미국 대통령들보다 도덕적으로 열등하다고 주장하는 게 가능한 일이었을까?

나는 모든 점에서 그렇지 않다고 생각한다. 나는 내 분수를 알고 있었고, 나 자신의 역사 또한 그들이 스스로에게 행했던 동일한 도덕적 검토에 맡길 수 있다고 그들에게 증명할 필요를 느꼈다(정말이지 여전히 그렇게 느끼며, 이 절이 그걸 보여줄 것이다). 그러나 그들은 부시 대통령에게 분노한 것이 아니었고, 나에게 자신들의 신뢰를 얻기 위해 분노하라고 요구하지 않았다. 이것이 맞다면, 그들은 걸프전의 '미국성Americanness'에 대해서도 사실 관심이 없었다. 대신 그들은 전쟁이 지니는 진정으로 초월적인 특성에 관심을 가졌고 그 당시 부시 대통령이 가까운 예였을 뿐이었다. 내가 그들을 나중에 찾아갔다면 그들은 분명 노벨 평화상 수상자인 오바마 대통령, 아프가니스탄의 드론과 민간인들의 죽음에 대해 물었을 것이다. 내가 더 일찍 갔다면 클린턴 대통령 집권 시 전 세계적으로 발생한 군인 사망자 수에 대해 물었을 것이다. 그들 자백의 주요 핵심은 그들이 거짓의 세계에서 살았다는 것, 전쟁이 그들의 눈을 멀게 했다는 것을 드러내는 것이었다. 이라크전쟁에 대해 물으면서 중귀련 회원들은 내가 무엇을 **볼** 수 있는지에 관심을 가졌을 뿐이었다.

전쟁은 무엇이 진실인지 분별하기 어렵게 만든다. 항상 그랬다. 전쟁은 속임수 그리고 말하기의 혼란을 통해 가능해지고 유지되며 이기거나 패배한다. 전쟁의 거짓말은 가장 기본적인 물리적 작전에까지 미친다. 일레인 스캐리는 "전략은 단순히 거짓말을 수반하는 것 이상으로, 그 본질과 핵심이 '거짓말하기'인 언어 행위"라고 말한다. 예를 들어 암호는 "의미를 복구할 수 없도록 만들려는 시도"이며, 위장에서는 "거짓말이라는 원칙은 의복, 은신처 그리고 기타 구조물 등으로 물질화되어 표현"된다. 그에 따르면 전쟁은 "그 내용의 사라짐"[335]으로 정의된다. 전쟁은 본질적으로 은폐의 문제이다. 이라크에서 미국은 민간인을 공격 대상으로 삼는 산탄식 소형 폭탄과 열화 우라늄탄이 발생시키는 방사성 먼지라는 실재를 스마트 폭탄과 첨단 기술이 동원된 "포스트모던 전투"에 대한 프로파간다의 장막으로 은폐했다.[336] 그리고 전투의 성공을 극찬하는, 본질적으로 허구인 투고를 군인들로부터 받는 캠페인을 벌임으로써 현장에서의 실패라는 현실을 은폐했다.[337] 유엔 보장이사회 회원국들이 이라크전쟁의 가능성을 논의하던 비통한 상징의 순간에 유엔 직원들은 피카소의 〈게르니카〉 태피스트리에 암막을 씌웠다. 국제 언론 매체가 눈길을 끄는 반전 이미지 가까이에 있는 관료의 사진을 찍지 못하게 하기 위해서였다.[338]

게이브 허드슨Gabe Hudson의 익살스럽게 섬뜩한 《대통령께 Dear Mr. President》에서 초조하고 불안해하는 아버지 조지 부시는 시야를 가리는 방독면을 착용한 군인들만 찾아간다. 허드슨은 직시에 대한 이와 같은 거부를 전시 문화뿐 아니라 전쟁이 중단된 후에도 일어나는 일에 대한 주요한 비유로 만든다. 특히 부상당한 군인들의 몸을 이용하는데, 책 속의 퇴역군인들에게 세 번째 귀가 생겨나고 거품 괴물 블롭blob이 되어버리는 동안, 미국 정부는 걸프전 증후군을 단호하게 부인하고, 재향군인 의료원 의사들은 스트레스를 진단하고 프로작Prozac을 처방한다. (이안 부르마Ian Buruma는 1970년대와 1980년대에 "제국군대의 퇴역군인들이 시력을 잃고 불구가 된 몸으로 기차역 홀에서 투박한 의족으로 서서" 잔돈을 구걸하다가 은밀히 무시당하던 모습을 본 것을 상기한다.[339])

전쟁 후에 부상당한 신체를 응시하고, 피해의 중대함과 지속성을 인정하는 것은 어려운 일이다. 그 이유를 주의 깊게 살펴보는 것도 어려운 일이다. 한때는 선명하고 명확했으며 한때는 정서적으로 강렬했던, 원래의 공적인 해명과 권고는 전쟁이 끝날 무렵에는 오판되고 호도되어 절단된 사지와 화상 흉터라는 실재와는 전혀 어울리지 않아 보인다. 그리고 우리가 싸운 이유에 대해 다른 해명이 제시되기 시작할 때 그것은 특히 고통스럽다.

부시 대통령이 이라크에서 "임무 완수"를 했다고 공표한 지 4년 후 나오미 클라인Naomi Klein은, 이라크는 물론 전쟁 자체를 민영화하려 한 미국의 시도가 부수적인 목표가 아닌 핵심 목표였다고 주장했다. 이라크에서 전투 작전 종결을 공표한 지 겨우 8일 만에 부시 대통령은 "10년 내 미국-중동 자유무역 지대 창설"을 촉구하면서 속셈을 드러냈다고 클라인은 지적한다. 부시는 바그다드에 도착한 지 2주 만에 자신의 기획이 "성공적"이라고 말했고, 폴 브레머Paul Bremer(이라크 복구를 위한 최고 행정관)는 그 나라에 "사업의 기회가 열려 있다"고 말했다. 제2차 이라크 재건 회의에 참여한 한 대표가 "투자하기 가장 좋은 시기는 땅에 피가 남아 있을 때죠"[340]라고 한 말을 클라인이 들은 것처럼.

클라인은 "1991년 제1차 걸프전 기간에는 군인 100명당 하나의 도급업체가 있었다"고 썼다. 이라크전이 시작된 지 4년이 지나자 "미군 1.4명당 하나의 도급업체가 있게 된다". 다국적기업 할리버튼Halliburton은 200억 달러짜리 독점 계약을 따냈는데, 이는 2006년에서 2007년 사이 유엔 평화 유지 활동 예산 전체의 거의 네 배에 달하는 액수였다. 폴 브레머는 이라크 중앙은행이 국영 기업에 자금을 제공하는 것을 차단함으로써, 사실상 공공 부문 사회기반시설의 예산을 삭감해서 도급업체에 돈이 전달되도록 하는 역할을 맡았다. 클라인의 주장에 따르면, 자유시장에 대한 열망은 침공 후 약탈로 확대되었다. 폴 브레머의 수석 경제 고문인 피터 맥퍼슨Peter McPherson은 "이라크인들이 자동차, 버스, 부처의 설비 같은 국가 소유 자산을 가져가는 걸 보고서도 신경 쓰지 않았습니다"라고 말했다. 약탈을 공공 부문 "위축"의 한 형태로 표현하면서 그는 말했다. "누군가가 이라크 정부의 차량을 인수하거나 정부가 소유했던 트럭을 운전하기 시작했을 때 자연스럽게 발생하는 민영화 정도는 괜찮다고 생각했습니다."[341] 제러미 스카힐Jeremy Scahill의 《블랙워터Blackwater》가 소름 돋게 기록했듯, 그런 지도부 아래에서 사설 용병군은 증가할 수밖에 없었다.

존 다우어John Dower는 미국의 이라크 재건과 제2차 세계대전 이후 일본 재건을 비교하면서 이렇게 말한다. "이라크에서와 마찬가지로 일본에서도 항상 건전한 자본가 경제를 만들어내는 것이 목표였다. '자본주의'(게다가 '건전한')로 이해된 것은 전적으로 또 다른 문제였다." 제2차 세계대전 후에는 국가—즉 미국과 일본 정부—가 "경제 발전에서 중요한 역할을 맡아야 한다"는 점이 당연하게 여겨졌다.

반면에 미국인들은 이라크 재건에 닥치는 대로 뛰어든 순간부터 열성적인 태도로 일을 추진해나갔다. 그런 태도에는 시장 근본주의라는 지배적 신조가 반영되어 있었다. 재건에 뒤늦게 뛰어든 사람들에게 '민영화'는 교리가 되었다. 한 중대한 초기 관점에 따르면, 점령된 이라크 경제의 상당 부분이 매물로 나온 것처럼 보였다. 모든 면에서, 산산이 조각난 국가의 민정을 계획하고 총괄하는 데 연관된 작업과 기능의 막대한 부분이 민간 소유인, 주로 미국 도급업체에 위탁되었다. 심지어 '민원 사무'·정보 수집·보안 업무마저도 위탁되었고, 일본에서는 일본인에게 맡겨졌고 이라크인들이 대단히 효율적으로, 훨씬 적은 비용으로 해낼 수 있었을 재건 작업조차 위탁되었다. 그 결과 일본에서는 볼 수 없었던 수준의 혼란, 연고주의, 비투명성, 부패가 발생했다.[342]

《이코노미스트》는 〈모두 벼룩시장으로!〉라는 기사에서 개인과 기업에게 15퍼센트라는 일률 과세를 새롭게 적용하고 관세는 없애거나 5퍼센트로 대폭 낮춘 이라크를 "자본주의자의 꿈"[343]이라고 표현했다.

미국이 전쟁에 들인 모든 비용을 완전히 추적하는 것은 불가능하겠지만, 린다 빌름스Linda Bilmes와 노벨상 수상자 조지프 스티글리츠Joseph Stiglitz는 그 비용을 3조 달러로 추산한다. 그들에 따르면, "최상의 경우에도"

이 비용은 제1차 걸프전에 든 비용의 거의 10배, 베트남전의 거의 3배, 제1차 세계대전의 2배로 추정된다. 역사상 1630만 명의 미군이 4년간 총 비용(물가상승률을 조정한 후 2007년 달러로 환산한 비용) 5조 달러(5조 달러 또는 2조 5000억 파운드)를 들여 싸운 제2차 세계대전보다 더 많은 비용이 발생한 유일한 전쟁이다. 사실상 독일군, 일본군과의 전투에 투입된 전체 병력은 (오늘날 달러로 계산할 때) 부대당 투입된 비용이 2007년 기준 10만 달러 미만이었다. 이와 대조적으로 이라크전쟁에서는 부대당 40만 달러 이상의 비용이 투입되었다.[344]

불굴의 다큐멘터리 〈전쟁 테이프War Tapes〉에서 한 하사관은 인상적인 세부 정보를 제공한다. "군 트럭 운전사는 E-5(병장급)로 1년에 1만 7000달러를 받아요. 그래서 그들은 그 자리를 외부에 하청을 줘서 민영화한 뒤 군대 비용을 절약하고, 동일한 일을 처리하는 데 KBR(할리버튼 자회사)에 12만 달러를 지불하죠." 다른 군인은 KBR 수송대에 대해 불평한다. "대체 왜 내가 여기 앉아서 치즈케이크로 꽉 찬 트럭을 지켜야 하는 거죠? 이 사람들은 정신이 나갔나요? KBR는은 돈벌이를 안전이라는 우선 사항보다 중대하게 여기는 것 같아요."

전쟁에서 부당 이득 취하기, 사업체와 정부의 결탁은 전후 담론에서 도덕적 역겨움을 유발하는 근원이 되었다. 존 더스 패서스John Dos Passos는 제1차 세계대전이 "모건가의 증대에 최적의 조건"[345]을 제공했다고 주장했고, 앤서니 스워포드Anthony Swofford 는 해병대에서 석유회사로 이직당한 후로 자신의 삶이 부시 부자의 재정 이윤을 보호하는 데 "낭비되었다"며 암울한 농담을 했다.[346] 그 후로 미국에서 전쟁에 든 비용을 결산할 때면 항상 놀란다. 일부 사람들이 치르는 막대한 생명·재산상의 비용으로 다른 사람들은 엄청난 이익을 얻기 때문이다.

━━━◆━━━

2004년에 아부 그라이브 교도소에서 발생한 포로 가혹행위를 보여주는 사진이 공개된 후 나는 이라크전쟁에 관한 비학술적인 공개 토론회에서 발언해달라는 초청을 받기 시작했다. 질의응답은 불가피하게 고문으로 향했다. 고문이 효과적인가? 고문과 강압을 분리하는 것은 무엇인가? 우리는 고문을 하고 있는가? 특히 사람들은 물고문에 대해 묻고 싶어 했다. 그게 뭐죠? 어떤 거죠? 그들은 우리가〔미국이〕무엇을 하고 있는지, 그에 대해 어떻게 느껴야 하는지 알고 싶어 했다. 그것은 시민의 의무로서 가지는 호기심이었다.

대화를 이어가면서 때때로 나는 존 쿳시 J. M. Coetzee가 쓴 고문 소설에 대한 서평 〈어두운 방 속으로 Into the Dark Chamber〉가 생각났다. 쿳시는 남아프리카공화국 작가들이 왜 고문에 "짙은 매혹"을 느끼는 것처럼 보이는지 설명하고자 했다. "고문실은 관계자 외에는 아무도 접근할 수 없는 극한의 인간 체험이 이루어지는 장소"라고 그는 썼다. 소설가와 독자는 "그 어두운 방에 들어가고자 하지만 그러지 못한 채" 문밖에 서 있다. "외설성을 만들어내면서, 그것을 신비로 둘러싸면서 국가는 소설이 쓰여질 전제조건을 조성한다." 고문실은 특정한 종류의 환상이 생겨나는 "근원"이 된다고 쿳시는 말한다.[347]

그렇다면 물고문은 **어떻게** 이루어지는가?

사카쿠라 씨

나는 동료 셋과 있었는데, 서른 대여섯 정도 된 건장한 남자 한 명을 잡았어요. 그를 집 안으로 데려갔어요. 그리고 문을 부수고 문이 있던 자리로 갔어요. 그런 다음 그 남자를 문 위에 눕게 했어요. "여기 누워"라고 말했어요. 그는 너무 놀랐는지 놀란 표정으로 우리를 쳐다봤어요…… 우리는 그를 밀어뜨려서 〔들리지 않음〕에 묶어놨어요. 손과 발을요. 양손을, 여기와 여기를 문에 묶었어요. 그러자 그가 화를 냈어요. 왜 나를 여기에 묶는 거야? 그렇게 우리에게 몇 번이나 고함을 쳤어요. 하지만 우리가 이미 밧줄로 그를 단단히 묶어놓았기 때문에 움직일 수 없었어요. 이제 그다음은 어떻게 하느냐의 문제였죠.

음, 고참은 경험이 있어서 "우물에서 물을 퍼와"라고 말했어요. 내가 가서 물을 가져오자 "헝겊을 가져와"라고 했어요. 그래서 나는 헝겊, 천 조각을 가져왔어요. 고참이 "녀석에게 물을 먹여"라고 말했어요. 그는 그 남자의 머리에 헝겊을 올렸고 나는 그의 코에 주전자 주둥이를 대고 물을 콸콸콸 쏟아부었어요. 물을 억지로 먹이면서 나는 물었어요. "여기에 무기가 있나? 팔로군은 어디 있지?" 우리가 이런 질문을 하는 동안 그는 몸부림치고 울었는데 고통스러워 보였어요. 처음에는 물이 잘 들어가지 않았지만 점점 물이 들어갔어요. 그가 고통스러워하건 말건〔우리는 계속했고〕그가 "그만! 그만!"이라고 했어요.〔들리지 않음〕그리고 그 사람은 완전히 진이 다 빠져버렸어요. "〔팔로군에 대해선〕**아무것도 몰라……**"라고 말했어요.

한 30분 정도 했는데, 우리가 그렇게 하는 동안 남자의 복부가 이렇게〔손짓하며〕부풀었어요…… 억지로 물을 먹였으니까요. 얼굴에 천을 덮은 채 계속해서 물을 마시게 되는 거죠. 숨을 쉴 때마다 아무리 원치 않아도 물을 마시게 되는 거죠. 그래서 천을 벗어야 하는데 손이 묶여 있잖아요. 다리도 묶여 있고요. 그래서 몸부림만 치게 되는 거죠. 꿈틀거리면서요. 머리를 흔드는 것도 별 효과가 없죠. 누군가가 머리를 잡고 있으니까요. 물을 마셔서 복부가 부풀어 오르니까 고참이 "됐어"라고 했어요. 그런 다음 발을 들어 그 남자의 배 위에 놓고 팡 하고 발로 밟았죠. 그 사람의 입에서 물이 뿜어져 나왔고, 피도 내뿜었어요. 그랬어요. 그때도 그는 "나는 아무것도 몰라"라고 했어요.

우리는 한 시간 동안 계속했어요. 물을 토하게 하고 다시 물을 먹이고. 한 시간이 흘렀어요. 그 사람이 그렇게 해도 말하지 않으면 소주〔일본술〕를, 술〔불명확함〕을 먹여야 했어요. 그래서 나는 술을 찾으러 나갔어요. 그때는 구정이었기 때문에 모든 집에 술이 있었어요. 그래서 여러 집에서 술을 구해 가져왔어요. 그리고 이번에는 얼굴을 덮었던 헝겊을 새것으로 바꾼 다음 코와 입에 천천히 소주를 부었어요. 한꺼번에 마시게 만들 방법은 없었죠. 그래서 소주를 마시도록 조금씩 부었는데 잘 마시는 것 같았어요! 20병 정도 가져갔죠. 그 이상이었을지도 모르겠어요. 그걸 거의 다 마시게 했어요. 그리고 **마침내**, 결국—결국에요—그 사람이 "말할게요! 말할게요, 말할게요!"라고 했어요. 우리는 생각했죠. "해냈다."

밧줄을 풀어주며 일어서게 했는데 제대로 서지 못했어요. 그래서 그를 부축해서 그 장소로 갔어요. **어디로 가는 거지?** 나는 생각했어요. 우리는 난로가 있는 집 안으로 갔어요. 그가 "여기 있어!"라고 말하고 눈을 감았어요. "여기, 그 사람들이 여기 있어"라고 했어요. 그건 말도 안 되는 거였죠. 이상했어요. 그런 곳에 무기가 있을 리는 없다고 생각했어요. 그는 곧 쓰러졌어요. 그게 끝이었죠. 대장이 가망이 없다고 말해서 그 사람을 그렇게 내버려뒀어요……

(사카쿠라 씨의 부인은 오래전 세상을 떠났다. 그는 입양한 딸과 사위, 손주와 함께 살고 있다. 이 글을 쓰고 있을 때 그는 투석으로 인한 합병증으로 병원에 입원해 있었지만 안정된 상태였다.)

———◆———

더글러스 존슨Douglas Johnson은 최근까지 미네소타주 트윈시티에 위치한 고문피해자센터 사무국장이었다. 미국이 아부 그라이브 수용소에서 자행한 고문에 대한 국제적인 논란이 정점에 이르렀을 때 그가 한 공개 강연을 나는 들었다. 그는 고문의 정보 가치와 그 유명한 '시한폭탄' 시나리오에 대해 논했다.

'시한폭탄'은 도덕적 절대주의 관점에서 고문을 예외 없이 비난하는 사람들을 혼란에 빠뜨리려는 목적에서 고안된 사고실험이다. 폭탄이 뉴욕시 어딘가에서 폭발하기 직전이라면 어떻게 하겠는가? 폭탄의 위치와 폭탄을 해체하는 법을 아는 사람을 고문하겠는가? 폭탄이 100명을 죽인다면 어떻게 하겠는가? 테러리스트 한 명의 생명이 100명의 죄 없는 생명보다 더 가치 있는가? 당신의 도덕적 순결은 100명의 생명보다 더 가치 있는가? 1000명을 죽인다면 어떻게 하겠는가? 테러리스트의 생명이 1000명의 생명보다 더 가치 있는가? 당신의 도덕적 순결이 1000명의 생명보다 더 가치 있는가?

기타 등등. 어느 정도의 수에 이르면 그 어떤 분별 있는 도덕적 절대주의자라도 무너져버리고 가상으로라도 고문을 승인하게 된다.

그렇지만 이건 SF소설입니다, 존슨은 말한다. 고문은 이런 식으로 작동하지 않습니다. 더 현실적인 사례를 들어보죠. 쇼핑몰 근처에 폭탄이 있습니다. 폭탄이 폭발하면 100명 이상의 사람이 죽게 됩니다. 존슨은 말을 멈추고 50명 정도 되는 청중 사이에서 무언가를 찾는 듯 강연장을 둘러보았다. 그러고 나서 시선을 첫 번째 줄에 고정시켰다.

맨 앞줄에 앉아 있는 누군가가 이 폭탄에 대해 무언가 알고 있다는 걸 우리는 알고 있습니다.

다른 청중을 돌아보면서 그는 물었다. 그 사람이 누군지, 무엇을 알고 있는지 알아내기 위해 앞줄에 있는 모두를 고문하시겠습니까?

나는 맨 앞줄에 앉아 있지 않았다.

그는 계속해서 말했다. 좋습니다. 이렇게 생각해보죠. 앞의 두 번째 줄에 있는 어떤 사람이 이 폭탄에 대해 무언가를 알고 있다는 걸 우리는 압니다. 그 사람이 누군지, 무엇을 알고 있는지 알아내기 위해 그들 모두를 고문하시겠습니까?

앞의 세 번째 줄이라면요?

이 강당 안에 있다면요?

기타 등등.

일정한 수에 이르면 그 어떤 분별 있는 고문 옹호자라도 무너져버리고 만다.

다나카 유키에 따르면, 1942년 일본 특수부대인 헌병대원들이 인도네시아 반자르마신의 한 집을 급습해 무선 송신기를 발견했다. 그들은 현지인들이 송신기로 연합군과 연락했다고 믿었다. 이어진 조사에서 257명이 고문당하고 살해되었다. 이런 일이 일어나는 동안 무선 송신기가 폰티아나크에서 사용되었다는 "근거 없는 소문"이 불쑥 나타났다. 결국 1500명 이상의 민간인들이 체포되었고 그중 대부분이 고문을 당하고 살해되었다. 다나카는 이에 대해 다음과 같이 설명한다.

> 헌병대원들은 지역 주민들에게 자신들의 공포를 투사하면서 새로운 음모를 끊임없이 "발견해냈다". 그들은 심문을 하기도 전에 체포된 이들이 유죄라고 확신했다. 며칠, 몇 주, 심지어는 몇 달간 고문한 끝에 이끌어낸 자백은 보통 호된 시련을 끝내기 위해서라면 무엇이든, 심지어는 사형죄로 처벌될 수 있는 범죄마저도 자백하려고 하는 피해자들에게서 나온 것이었다. 그런 자백에서 지명된 이들 역시 체포되어 고문당했고, 거짓 자백과 고문의 악순환은 헌병대원들의 편집증을 확대하고 부채질했다. 헌병대원들은 자신들이 광범위한 저항활동 조직을 발견했다고 갈수록 더 확신하게 되었다.[348]

이것은 흔히 볼 수 있는 유형이다. 고문은 잘못된 정보를 많이 만들어낸다. 죄가 없는 사람을 고문하면 결국 명단을 얻게 될 것이다. 당신에게 고문당하는 사람은 그 고문을 멈추기 위해 무엇이든 말하게 되고, 당신이 이름을 원한다고 생각한다. 그렇게 해서 당신은 몇몇 이름을 얻게 된다. 물론 이 사람들은 죄가 없지만 당신은 그것을 알 수 없으므로 당신은 그들에게도 고문을 가하게 될 것이다. 일부 사람들은 이름을 대기까지 다른 사람보다 더 오래 걸릴 수 있지만 당신은 결국 이 사람들에게도 명단이 있다는 걸 알게 될 것이다. 이제 당신 앞에는 해결해야 할 음모가 있고 당신은 무언가를 발견한다. 안보 수단은 부족하고 다른 곳에 있지만 이 정보는 중요하다.

그러나 고문은 잘못된 정보를 만들어낼 뿐 아니라 좋은 정보도 차단한다. 휴먼라이츠워치의 사무총장 케네스 로스Kenneth Roth는 정보요원들 사이에서도 가장 좋은 정보원은 정보와 제보를 제공하는 협조적인 지역사회에서 나온다는 점에 광범위하게 동의한다고 주장한다. 그리고 그에 따르면 이라크에서 무슬림 공동체들은 미국이 고문을 사용한다는 점이 명확해지자마자 협력을 중단했다. 무슬림을 잔인하고 비인도적으로 대우하고 죄 없는 사람들을 고문한다면, 그 누가 기이하거나 수상쩍은 행동에 대해 정보를 제공하려 하겠는가?[349] 양심상 누가 그런 것을 바라겠는가? 침묵을 지키는 것이 최선이 된다.

그러나 그렇다고 해서 꼭 고문이 아무런 효과도 없다는 말은 아니다. 예를 들어 고문 옹호자들은 고문을 찬성하면서 흔히 알제리 전투에서 프랑스가 민족해방전선FLN 게릴라들을 상대로 거둔 승리를 증거로 든다. 여기에서도 고문은 정보를 획득하는 데는 대체로 효과가 없다고 간주되었다. 그러나 다음의 예처럼 그 사실은 의미가 없었다.

알제리 전투에서 공식적으로 처음 고문을 사용한 사령관은 이렇게 주장했다. "침입과 더불어 주민들에게서 자연스럽게 획득한 정보가 가장 유용한 방법이다. 몰아붙이는 심문(고문의 완곡 표현)은 확실히 죄가 있는 사람을 다룰 때나, 정보가 즉각적으로 이용될 수 있을 때만 가치가 있다."[350] 그러나 알제리 전투의 고문자들이 "즉시 이용될 수 있는" 정보를 가진, "확실히 죄가 있는" 사람들을 발견하는 일은 드물었다고 다리우스 레잘리Darius Rejali 는 이야기한다. "그 누구도 자신이 시한폭탄의 폭발을 막는 역할을 했다고 말하지 않는다"면서 "그렇게 소문 난 성공은 항상 다른 곳에서 일어난 것으로 심문자들도 그저 들어보기만 한 일이었다"[351]고 말했다.

사실 고문자들은 허위 자백의 문제에 대해 자주 불평을 털어놓았으며, 후에 고문이 군인들을 비전문화하고 군 기관을 분열시켰다고 한탄하기도 했다.[352] 그렇지만 고문은 알제리 전투 내내 공격적으로 사용되었고 일시적이지만 적을 물리치기도 했다. 왜일까? 고문은 정보를 획득하는 문제가 **아니기** 때문이다. 정보를 얻어내기 위한 전략인 고문이 테러리즘을 물리친 것이 아니라, 고문이 테러리즘**으로서** 유효하게 작동한 것이다. 레잘리가 말하듯이 9개월 내에 도시 인구의 3분의 1가량이 체포되었고 "적어도 15명의 죄 없는 사람이 모든 민족해방전선 첩보원을 대신해 고문당했다".[353] 설사 그것이 전쟁의 패배를 의미할지라도, 전투를 승리로 이끌고 도시를 폐쇄하기 아주 좋은 방법이었다.

사카쿠라 씨

그리고 돌아가는 길에…… 그들이 한 여자를 큰 나무의 그루터기에 묶고 있는 걸 발견했어요. 또 다른 〔불명확함〕. 그들은 여자를 묶어두었고 다른 군인이 여자의 아이를 잡고 있었죠. 그리고 한 남자가, 그 여자에게, 음, 여자가 있잖아요. 그들은 총검을 내밀었어요. "어디 있어? 그 사람들 어디 있어? 거기가 어디야?"라면서요. 그들이 이렇게 할 때 아이 엄마는 미쳐버린 것 같았어요. 총검을 여자가 아니라 아이에게 겨누고 있었으니까요.

그들은 이렇게 아이에게 총검을 겨누고서 "그 사람들 어디 있어? 어디야?"라고 물었어요. 여자가 말하도록 하기 위해 아이에게 그렇게 한 거죠. 아이 엄마는 완전히 미쳐버린 채 발길질을 하고 소리를 질렀어요. 하지만 그래도 그들은 아이를 풀어주지 않았어요. 그들은 계속해서 그렇게 위협했죠. 이런 일들을 때때로 보게 되죠. 중대장에 대해 말하면, 중대장은 가서 마을 사람 스무 명을 둘러쌌어요. 그리고 우리는 촌장을 잡아서 커다란 버드나무에 거꾸로 매달았어요. 그의 손을 〔불명확함〕 거기에 그냥 매달았죠. 그러면 〔불명확함〕 뼈가 관절에서 튀어나와요. 우리는 마을 사람들에게 소리쳤어요. "무기는 어디 있지?" "팔로군은 어디 있지?" 우리는 이런 종류의 정보를 수집했어요. 매번 마을 사람들은 무기가, 팔로군이 없다고 말했어요. "너희들이 말하지 않으면, 네놈들이 말하지 않으면 촌장을 죽이겠다!" 그러면 마을 사람들은 언제나 화를 내죠. 그들이 화를 낼 때마다 스무 명 정도 되는 우리 군인들은 대열 간격을 좁혔어요. 그리고 그렇게 계속하다가 중대장은 결국 말하죠. "소용없어." 그리고 부하에게 말해요. "자, 죽여버려." 하사관에게 명령하죠. 그러면 부하는 선택의 여지가 없어요. 그에겐 당연히 그게 첫 경험인데……

모든 사람 앞에서 일본 검을 꺼내들어 남자의 목을 자르는 건, 그건 〔불명확함〕에 없죠. 그는 다리를 조금 떨어요. 음. 그리고 물이 든 양동이에 칼을 씻죠, 양동이에요. 그러고 나서 우리는 촌장을 나무에서 끌어내려요. 촌장을 나무에서 끌어내려 우물 앞에, 이 우물은 파낸 거죠. 중국에서는 땅에서 우물을 파거든요. 촌장을 우물 옆에 앉히고 부하는 일본 검을 들어올려서 휙 하고 순식간에 남자의 목을 베어버렸어요. 촌장의 머리가 바로 앞에 쿵 하고 떨어졌고 피가 공중으로 2미터가량 치솟았어요. 내가 끝났구나 하고 생각했을 때 그가 다리로 촌장을 재빨리 걷어찼어요. 촌장은 우물 속으로 떨어졌고 그게 끝이었죠.

이런 일은 아주 간단했어요…… 내 생각은 이랬어요. "그들이 정보를 내놓지 않을까?" "우리에게 이런저런 정보가 있다면 좋을 텐데." 우리에게 그건 성공이었고 우리가 추구한 공적이었어요.

고문하고, 불을 지르면서 무언가 결과를 얻으면 군 실적에 영향을 끼치죠. 그래서 원하는 걸 얻지 못하면 실망했어요. 그래서 적〔또는 민간인〕이 죽으면 기분이 좋지는 않았지만 그들이 죽어도 상관없다는 기분이었어요. 어쨌든 그들에게서 정보를 얻으면 만족스러웠어요. 그건 성공이잖아요. 우리의 실적이니까요. 우리는 더 나은 실적을 올려야겠다고 생각하면서 그런 걸 한 거죠.

〔잠시 뒤〕

내가 군에 들어갈 때 〔어머니가〕 말씀하셨어요. "본때를 보여 줘라." "거기 가서 이상한 병에 걸리지 마라!" 그렇게 말씀하셨어요. 이상한 병에 걸리지 말라고요. 그 말이 기억나요. 군대에서 이상한 병에 걸리지 말라는 말이요.

◆

처음 이 사람들을 만나고 집에 돌아왔을 때 나는 사람들에게 이에 대해 이야기하려 했다. 그러나 어떻게 설명해야 할지, 어떻게 이것을 공유할 수 있는 일관된 이야기로 만들어야 할지 알지 못했다. 그럼에도 내 안의 무언가가 계속해서 시도하도록 했다. 나는 결국 부적절한 시기에 부적절한 방법으로 부적절한 것을 이야기하게 되었다. 이야기를 시작하고서도 어디로 향해야 할지, 어떻게 마무리지어야 할지, 상호적인 대화의 흐름에 적합하게 하려면 어떻게 해야 할지 몰랐다. 그래서 진부한 이야기를 떠들어대다가 대화를 끝낼 수 있었는데, 매번 내 말은 달라졌다. 그로 인해 내가 사람들에 대해, 우리 공동의 미래에 대해 어떻게 냉소적이 되었는지, 그리고 어떻게 변화의 여지와 희망의 근거에 관해 생각해보게 되었는지 매번 다르게 이야기한 것이다. 어떨 때 나는 축구 동호회 경기를 옆에서 지켜보면서 사람들에게 그 일에 대해 이야기했고, 다른 때에는 휴일 파티의 수다 모임에서 이야기했다. 사람들이 나를 바라보는 태도가 어떤지 알게 된 후로는 조용히 있겠다고 결심했다.

다음 해에 나는 이 이야기를 공유할 방법과 공유할지 말지 여부에 대해 생각하느라 많은 시간을 보냈다. 동시에 대학에서 이야기하기의 이론적, 윤리적 구조와 인권에 관한 강의를 했다. 이 모두가 내 머릿속에서 연결되어 있는 탓에, 나의 글쓰기에 대한 매우 현실적인 질문을 일반적인 글쓰기의 본질에 대한 더 폭넓은 철학적 질문과 분리할 수 없었다. 질문이 무엇인지 확신할 수 없었음에도 마치 답이 있는 것처럼 느껴졌다. 그것은 친숙한 이름을 기억해낼 수 없을 때 일시적으로 갖게 되는 느낌과 같았다. 하지만 이 경우 그 느낌은 수개월간 지속되었다.

어쨌든 이제 여러 해가 지났고 나는 해결책처럼 느껴지는 무언가로 또는 내가 다룰 수 있을 것에 가까운 무언가로 향하는 작은 굽잇길을 만들었다. 그것은 이야기하기와 인간의 존엄성이라는 개념을 굽이돌아 서로 맞물리는 일련의 조각들을 통해 결국 단 하나의 문장에 이르게 된다. 그 자체로는 어떤 의미도 없는 마지막 문장이지만 여러분이 그 문장과 마주했을 때는 그것이 내게 어떤 의미를 지니는지 여러분이 알게 되기를 바란다.

그 길은 나와 마찬가지로 선생이었던 한 군인에게 던진 질문으로 시작된다. 만나기 전에 이 사람은 내게 **걱정거리**였다. 대학 때 그는 유명한 일본 도덕 철학자 밑에서 윤리학을 전공했고 톨

스토이를 좋아했으며 시라카바파白樺派(개인주의와 휴머니즘을 추구한 문예운동)에 몰두했다. 졸업 후에는 문부과학성에서 일했지만, 그가 존경한 학자에 대해 "이념 검증"을 하라는 요구에 양심을 가진 사람으로서 저항하면서 그만두었다. 그 후 그는 교육대학에서 가르쳤고 징집되어 전범이 되었다.

당신은 전쟁 전에 아주 많은 것에 불복종하고 희생했습니다. 나는 그에게 말했다. 당신은 중국에서 그 모든 시간을 보내면서 스스로의 철학적 입장에 크게 모순되는 행동에 가담했습니다. 그런 행동을 명령으로 합리화하는 방식 외에 스스로의 행동을 어떻게 이해하셨나요?

———◆———

에바토 씨

도쿄대에서 나는 논리학을 배웠어요. 주로 칸트 논리학이었지요. 특히 인간의 존엄성에 대한 칸트의 생각은 내 삶에 분명 영향을 미친 것 같아요. 자세히 말하자면, 내가 군대에 들어갔을 때는 일본 천황 군대의 신병훈련의 일환으로 연일 맞으면서 벌을 받았어요…… 나는 얼굴을 맞으면서도 굴하지 않았고 군대 생활을 해나갈 수 있었어요. 스스로를 위해 전선에 가서 끔찍한 짓을 했지만—끔찍한 짓을 많이 했죠—그런 일은 하나만 해도 너무 많은 거죠. 하지만 내가 말했듯이 상관의 명령은 천황의 명령이었으니까요. 그런데 그 명령을 실행하면, 그런 명령을 실행하면 계속 살아갈 수가 없어요…… 하지만 우리는 패배했고 바꾸어 말하자면 나도 양심에 따라 행동하지 않았어요…… 내가 그런 범죄를 저질렀다는 사실은 내 인생에서 가장 후회스러운 일로 남았어요.

우리 지식인들은 말이죠. 일본군에 있던 지식인들에게는 공통점이 있었어요…… 이 모든 전쟁범죄를 인정할 수 없었어요. 따라서 영리하거나 지적인 군인들은 전쟁범죄를 저지른 게 아니라 상관의 명령을 따른 거라고 생각하죠. 그들은 그 무엇도 하지 않았어요. 하지만 지금 하는 말이지만, 일상의 모순에 대해 늘 진지하게 생각했다면 신경쇠약에 걸렸겠지요.

전쟁 상황에서, 그런 일을 저지하기 위해서는…… 자신을 전쟁 밖에, 경계 밖에 두게 되죠. 그래요. 실제로는 침략 전쟁에 가담하고 있지만 따로 떨어진 채, 자신을 환상의 세계에 두는 거예요. 달리 말해 침략 전쟁을 하고, 전쟁에 가담하는 동안에도 지식인들은—뭐라고 말할까요—음, 그들은 이 침략 전쟁에서 따로 떨어져 있는 거죠. 그리고 이제 나 자신에 대해 말하자면, 나는 일종의 리허설을 하고 있는 거라는 입장을 취했어요…… 그래서 이 고통스러운 전쟁이 일어나는 세계에서 벗어나고자—예를 들어 나는 사람들을 죽이기 위한 목적으로 온 게 아니라—아름다운 풍경을 보기 위해 또는 그 나라의 본모습을 접하기 위해, 나의 존재이유를 찾기 위해 왔다거나 하는 그런 생각으로 도피했죠. 그렇게 생각했어요. 전쟁에 대해 스스로 기록한 글에서 그렇게 썼어요…… 그랬던 것 같아요. 하지만 결국 나는 큰 범죄를 저질렀죠. 이해하시겠어요?

한번은 〔시베리아 포로수용소에서〕 소련 정치부 요원이 나를 부르더니 가장 친한 친구를 〔분명하지 않은 단어〕, 그를 배신하라고 강요했어요. 그 친구는 오래전에 만주국에서 경찰관을 지냈어요. 이 사실이 유출되면, 그들이 이걸 알게 되면, 자기는 집으로 돌아갈 수 없을 거라고, 친구가 내게 모두 털어놓았었죠. 그 정치부 요원은 그의 이력, 경력을 조사해 모두 보고하라고 했어요. 명령이라면서 나를 위협했죠. 하지만 나는 양심에 따라 이 명령을 거부했어요. "명령이라도 그건 할 수 없습니다"라고 말했죠. 그는 몹시 화를 냈어요. "나가!"라고 했죠. "하지만 귀국은 못하게 될 거다!" 그리고…… 그때 잠시 우울해졌지만 과거에 배웠던 칸트의 묘비명이 떠올랐어요. 〔에바토 씨가 인용했다. **"생각하면 생각할수록 내 마음을 늘 새로운 놀라움과 경외심으로 채우는 두 가지가 있다. 내 위 별로 뒤덮인 하늘과 내 마음속 도덕률이 바로 그것이다."**〕

소련에서 그 명령을 거부했을 때 나는 귀국을 못할지라도 그 어떤 일도 협조할 생각이 없었어요. 절대로요. 하지만 그렇게 말하고 나니 희망이 전혀 없어 보였어요. 그렇지만 그때는 괜찮다고 생각했어요. 양심이 시키는 대로 따른 것이 올바른 일을 한 것이었다는 경험을 했죠. 그랬어요. 그건 내 인생에 찾아온 가장 좋은 경험이었을 거예요. 나 자신을 가장 칭찬해주고 싶을 때죠. 바로 그랬어요.

《시의 옹호 The Defense of Poesy》에서 필립 시드니 경 Sir Philip Sidney은 페라이의 폭군 알렉산드로스를 묘사한다. "훌륭하게 표현된 비극은 그의 눈에서 많은 눈물이 흐르게 했다. 어떤 연민도 없이 셀 수 없는 사람들과 자신의 일부 혈육을 죽였으므로 비극적 상황을 불러일으키는 것을 꺼려하지는 않았지만 비극이 주는 달콤한 폭력만은 거부하지 못했다."

한동안 서구에서는 매우 교양 있는 사람들이 홀로코스트에서 야만적인 일을 저지를 수 있었다는 것을 모순으로 여겼다. "어떻게 그런 끔찍한 일이 가능했는가?" 지그문트 바우만은 복화술을 하듯이 사람들의 생각을 말해준다. "어떻게 세계에서 가장 문명화된 곳의 한가운데에서 그런 일이 일어날 수 있었는가?"[354] 바이마르 도시는 괴테와 쉴러의 고향이었고 부헨발트 강제수용소에서 겨우 몇 마일 떨어져 있었다. 부헨발트 강제수용소의 생존자인 호르헤 셈프룬 Jorge Semprun은 수용소를 석방하는 동안 한 미군이 바이마르의 주민들을 크게 놀란 채 대면한 모습을 서술했다. "그렇게 깨끗하고 단정하고 문화유산이 넘쳐 흐르는, 고전적이고 계몽된 독일의 중심지인 당신네 예쁜 도시는 나치 화장터의 연기 속에서 살면서도 조금도 거리낌이 없었던 모양이군요!"[355]

우리는 제국주의적 오만함에 빠져 우리의 문화적 업적에는 무언가 우수하고 특별한 것이 있으며, 그 업적은 초월적인 가치를 지니므로 우리 자신의 초월적인 무언가를 드러낸다고 항상 믿어왔다. 사실 오늘날에도 스스로의 도덕적 기반이 홀로코스트 때문에 동요하긴 했어도, 가령 르완다 학살에는 영향을 받지 않았다고 보는 사람들이 있다. 프랑수아 미테랑은 "그런 국가들에서 대량학살은 그리 중요하지 않습니다"[356]라고 말했다. 미테랑의 인종주의는 너무나 명백히 드러났기에, 그에 합당한 비난을 받았다. 그러나 월레 소잉카에 따르면, 이런 인종주의의 더 미묘한 형태는 대개 눈에 띄지 않는다. 그는 특히 홀로코스트가 유럽의 휴머니즘에 "처음으로 의문을 제기했다"는 주장에 격분한다. 그가 볼 때 이 생각은

> 유럽의 정신이 아프리카 사회를 아직 보편적인 인간성의 동등한 영역으로 온전히 인식하지 못했다는 또 다른 증거를 제공할 뿐이다. 유럽의 정신이 그것을 인식했다면 역사적 기억은 유럽 휴머니즘의 실패를 수세기 전, 바로 대서양 노예무역이 시작된 시기에 두었을 것이다. 이는 우리에게 약 2000만 명의 사람들이 살던 하나의 대륙을 비워버린 사업을 상기시킨다. 그 사업은 인종 간의 어떤 다른 접촉에서도 불가능했을 잔학한 조건하에서 그들을 대서양 건너로 운송한 것으로 추정된다.[357]

필립 시드니 경이라면, 미적 감수성이 자민족 중심주의·인종주의와 긴밀한 연관이 없는 잔인함과 공존하는 것에 대해 어떤 식으로 놀라움을 표할까?

인권과 예술의 오랜 역사라고 부를 수 있는 것을 가지고 이 질문에 접근해보고자 한다. 린 헌트Lynn Hunt는 인권운동이 서사

적 실천의 발전을 통해 가능해졌다고 주장한다. 인권의 현대적 개념은 18세기 서구의 계몽주의 원리에서 유래한 것으로서 이야기하기라는 실천의 변화, 즉 서간체 소설의 출현으로 가능해졌다고 한다(또는 이야기하기 실천의 변화 때문에 그 방식을 발전시키게 되었다).

학부에서 새뮤얼 리처드슨Samuel Richardson의 《파멜라: 또는, 덕의 보답Pamela: Or, Virtue Rewarded》(1740)을 읽은 기억을 떠올릴 것이다. 어린 하녀의 편지를 통해 이야기되는 이 소설은 주인 B-씨의 성폭행에 잘 저항해냄으로써 그에게서 결혼이라는 "보답"을 얻게 되는 이야기이다. 오늘날 일부 독자들이 그 인기를 이해하기 어려운 것만큼이나 이 소설의 획기적인 인기를 과장하기란 어렵다. 헌트에 따르면, 한 마을에서는 "B-씨가 마침내 파멜라와 결혼하기로 했다는 소문을 듣고 교회의 종을 울렸다".[358] 그는 이것이 18세기 판 CNN 효과와 같다고 주장하면서 이처럼 새로 접할 수 있게 된 극적인 소설, 즉 평범한 개인들의 정서에 초점을 두는 소설을 읽는 문화의 확산이, 물리적으로나 사회적으로 동떨어진 사람들에게 새로운 공감 능력을 기를 수 있도록 중요한 역할을 했다고 보았다.

> 소설은 내면의 감정이라는 면에서 모든 사람이 근본적으로 유사함을 강조했으며, 많은 소설들이 특히 자율성에 대한 열망을 보여주었다. 이런 식으로 열광적으로 이야기에 몰입하는 것을 통해 소설 읽기는 평등과 공감에 대한 감각

을 만들어냈다. 18세기의 심리적 동일시를 보여주는 위대한 소설 세 편—리처드슨의 《파멜라》(1740), 《클라리사Clarissa》(1747~1748), 루소의 《줄리Julie》(1761)—이 모두 '인간의 권리' 개념이 출현하기 바로 직전에 출판된 것이 우연일 수 있을까?[359]

마거릿 코헨Margaret Cohen의 유사한 주장에 따르면, 감상적인 사회소설은 연민을 "정치적이거나 사회적인 생각"으로 전환시킨다. 게다가 그런 소설은 의식적으로 "전투까지는 아니라 하더라도 진보를 위한 행진에 참여하는 것으로서"[360] 스스로의 위치를 설정했다. 린 페스타Lynn Festa의 설명대로 감상적인 소설에서 나타나는, 권리를 박탈당한 이들을 향한 "감정의 반복과 재연"은 좀 더 포괄적인 인간 공동체를 폭넓게 재구상하도록 이바지했다. 《파멜라》 같은 소설은 "프랑스혁명의 교리에 이상적·이론적 토대가 되는 보편성의 이상을 예견한, 추상적 인간성"[361]의 공간을 구축하도록 도왔다.

새로운 재현 기술(소설, 카메라, 텔레비전, 24시간 뉴스 네트워크, 인터넷)이 새로운 종류의 사회관계와 심지어는 새로운 종류의 공감까지 만들어낼 수 있다는 것은 직관적으로 설득력 있는 생각이다. 그러나 많은 이들이 이런 주장을 비판했는데, 재현이 어떻게 폭넓은 인식의 변화를 야기하는 문화적 작업을 수행할 수 있는지에 관한 이론을 충분히 발전시키지도 않은 채 거기 의존했다는 것이었다. 그러나 소설의 출현이 가령 근대 인권을 가능하게 만든 변화를 **야기하는** 데 한몫했다는 것이 사실이든 아니든 간에, 하나의 형식으로서 소설은 분명 그런 변화를 **반영한다**. 달리 말해 소설은 인간의 어떤 개념(개인주의적이고 자율적이며 지위보다는 암묵적으로 모두가 공유할 수 있는, 가치 있는 내면의 감정에 의해 정의되는 것)에 의존하는 예술적 발전이다. 그 개념은 근대적이고 진보적인 인권 개념(자연적이고 평등하며 보편적인)의 전제조건일 가능성이 높다.

서사와 인권의 관련성에 대한 현재의 관심은 사상사, 즉 예술이 인간의 존엄성에 토대를 제공하는 방식에 대한 광대한 연구 안에서 미학과 윤리학이 점하는 더 넓은 맥락을 고려할 때 가장 잘 이해될 수 있을 것이다. 윤리적 결과에 해당하는 시의 옹호는 오랜 역사를 가지고 있다. "취향만으로도 사회에 조화를 가져온다"고 쉴러는 썼다. "취향이 개인에게서 조화를 발전시키기 때문이다."[362] 비트겐슈타인은 다음과 같이 단언했다. "윤리학과 미학은 동일한 것이다."[363] 프랑스혁명 이후에 쓴 글에서 윌리엄 워즈워스William Wordsworth는 시의 쾌락에서 "우주의 아름다움에 대한 인정 …… 인간이 본래 갖고 있는 존엄성에 대한, 즉 인간이 알고, 느끼고, 살고, 움직이게 하는 위대하고 기본적인 쾌락의 원리에 대한 경의"를 발견한다. 이 쾌락은 그 자체로 보편적인 인간의 연민의 토대라고 그는 적는다. "시인은 토양과 기후, 언어와 풍습, 법과 관습의 차이에도 불구하고 온 세상에 내내 퍼져 있던 광대한 인간 사회 제국을 열정과 지식으로 결합한다."[364]

예술에 대한 이와 같은 낭만적 관점은 오랫동안 휴지 상태에 있다가 최근 미학이 하나의 범주로서 더 풍요로운 삶과 더 나은 사회적 합의를 발전시키도록 돕는다고 주장하는 일련의 학술 연구에서 다시 출현했다. 헬렌 벤들러Helen Vendler는 시인 월러스 스티븐스Wallace Stevens에 의지해 예술은 우리를 "스며드는 존재"로 이끈다고 설명한다. "스며드는 존재가 없다는 것은 온전히 사는 것이 아니다. 스며드는 존재는 머리, 몸, 감각, 의지를 통해 확장되고, 모든 순간에 퍼져 키츠가 '대지의 시'라고 부른 것을 느낄 뿐만 아니라 창조적인 몸짓으로 그것에 반응한다."365

스캐리는 아름다움에 대한 초월적 경험은 우리의 개인적 존재를 심화시킬 뿐 아니라 우리에게 사회적 정의 또한 마련해준다고 말한다. 아름다운 대상에 도취해 따를 때 우리는 그것을 우리 관심의 중심으로 만드는 것을 넘어 잠정적으로 우리 우주의 중심으로 만든다. 아름다움은 이런 식으로 우리의 기본적인 자기중심성을 방해한다. 아름다운 대상은 우리 자신을 잊게 만들고 이타적이 되도록 길들일 뿐 아니라 그런 상태에서 즐거움을 얻도록 길들인다. 게다가 아름다움은 우리가 무언가를 공유하도록 부추김으로써(우리는 그것을 사진으로 찍고 그리고 묘사하고 다른 이들에게 그것을 보게 한다) 우리에게 공정한 분배와 균형을 가르친다. 스캐리에게 "아름다움/공정함fair"의 이중적 의미는 근본적으로 우연적이기보다는 본질적인 것이다. 그리고 그는 정의로서의 공정함fairness이 해를 입히는 것의 반대라고 말한다. "아름다움은 평화적이다"라고 그는 쓴다. "지속적인 실존에 대한 아름다움의 상호 경례, 아름다움의 협정은 평화를 위한 약속과 구별할 수 없다."366

아름다움은 최근 문학·문화비평가들 사이에서뿐만 아니라 철학자들 사이에서도 다시 유행하고 있다. 마르시아 뮐더 이튼 Marcia Muelder Eaton은 "미적 반응은 감정과 마찬가지로 한 문화의 도덕적 질서에 결부되어 있고, 감정과 마찬가지로 삶을 규정하고 금지하는 데 사용될 것"이라고 주장한다.[367] 그리고 마사 누스바움 Martha Nussbaum은 철학적 윤리학과 문예미학 사이의 연관성을 강조한다. 그가 보기에 기원전 5세기와 4세기 초반 그리스인들의 관습은, "극시dramatic poetry와 지금 우리가 윤리학 내의 철학적 탐구라고 부르는 것은 모두 추구의 방식으로 간주되며, 단일하고도 일반적인 질문, 즉 인간은 어떻게 살아야 하는가에 의해 전형적으로 형성되었다"[368]는 점을 우리에게 보여준다고 주장한다. 그가 다른 책에서 썼듯, 서사 예술은 "품위 있는 시민의 자질을 구축하는 데"[369] 귀중한 자원이다. 게다가 아마르티아 센과 함께 매우 영향력 있는 "역량 접근법"(사회 조직의 원칙을, 그 조직들이 인간의 번영을 얼마나 증진시키는지에 기초해 평가해야 한다는 생각으로, 그런 평가는 보편적이고 기본적인 역량의 작용을 고려할 때 가능해진다)을 발전시키면서 보편적 윤리를 끌어내는 중요한 한 요소로서 미적 표현 능력을 강조했다.[370]

우리가 예술에 가치를 부여하는 것은 예술이 인격의 자유롭고 완전한 발달에 필수적이며, 인간의 번영을 촉진하기 때문이다. 실제로 예술은 세계인권선언문 제27조가 보호하는 기본적인 인권이다. 기본적인 인권 조문조차 미적 원칙에 따라 고안되었다고 주장할 수도 있을 것이다. 세계인권선언문의 최초 입안자인 르네 카생René Cassin은 그 문서를 사원의 주랑 현관portico에 비교함으로써 그 문서의 형식이 그 문서의 가치를 어떻게 강화하는지 생각해보도록 촉구한다. 텍스트의 구조는 그 장중한 견고함과 신성함에 대한 암시로 우리를 설득한다. 그리고 그 내적인 균형 원칙은 그 자체로 정의의 원칙이다.[371]

홍미롭게도 최근까지 문예비평가들—가장 아름다운 문화유산 일부의 수호자로서—은 다분히 최고치의 의심을 가지고 아름다움의 범주를 다룰 만한 사람들이었다. 영문학 교수인 스캐리는 1980년대와 1990년대에 걸쳐 아름다움이, "정치적인 비판"의 주제인 경우를 제외하고는 대화에서 "추방되었다"고 주장한다.[372] 실제로 아름다움에 대한 의심은 오늘날까지 많은 문예비평가들에게 적어도 두 가지 이유에서 기본적인 태도로 남아 있다. 첫째, 아름다움의 개념은 가장 많은 관심과 주의를 받을 만한 것이 무엇인지를 결정하기 때문에 가장 적은 관심과 주의를 받을 만한 것이 무엇인지도 결정한다. 이와 같은 판단은 항상 정치의 문제이지만 아름다움과 관련해서는 그런 판단을 자연적인 것의 문제로서 경험하도록 요청된다. 둘째, 소설과 "훌륭한 비극" 같은 문화적 유산—심지어는 조약과 국제 규약조차—은 인간이 되는 것이 어떤 것인지와 관련해 특정한 견해를 자연스러운 것으로 받아들일 수 있는데, 바로 그 아름다움, 초월적인 분위기가 그런 유산을 무비판적으로 받아들이도록 하기 때문이다. 어찌 되었든 소설과 훌륭한 비극은 개인과 공동체가 인종, 성, 젠더, 계급, 국가 정체성을 인식하고 판단하도록 길들인다. 그게 다른 사람의 것이든, 자기 자신의 것이든 간에.

조지프 슬로터Joseph Slaughter는 인상적인 예를 지적한다. 세계
인권선언문에 대한 유엔의 토론을 분석하면서 슬로터는 "모든
사람은 자신의 인격을 자유롭고 완전하게 발전시킬 수 있는 공동
체에 대해 의무를 갖는다"는 제29조와 관련해 발생한 논쟁에 특
히 초점을 맞춘다. 벨기에 대표였던 페르낭 드우스Fernand Dehousse
는 다니엘 드포Daniel Defoe의 고전소설 《로빈슨 크루소Robinson
Crusoe》에서 로빈슨 크루소가 자신의 위치를 정당화하고자 노력
했던 것을 인용하면서 공동체를 지향하는 언어의 형태에 반대했
다. 소설에서 남자는 그의 인격을 자유롭게 발전시키는 데 공동
체가 필요하지 않다는 점을 보여준다. 고립된 채 스스로 물건을
만들어내고 다른 사람들에 대한 의무보다는 자신의 자유와 소유
물에 관심을 가지면서 드우스의 크루소는 공동체주의자 학자들
이 자주 비판하는 자유주의적 인간성의 부정적인 모델을 구현한
다. 이처럼 이목을 끄는 크루소의 호출에서, 우리는 다음 수십 년
간 미국에서 경제적, 사회적, 문화적 권리의 격하에 책임이 있는
문화적 훈련과 편견을 본다. 실제로 슬로터 같은 학자는 서구의
문화적 제국주의가 인권 체제에 영향을 미친 흔적을 본다. 에드
워드 사이드Edward Said가 말했듯이 "《로빈슨 크루소》는 원형적인
근대 사실주의 소설의 원형이며, 그것이 머나먼 비유럽 섬에서
자신을 위한 영토를 만들어낸 유럽인을 다룬 것은 분명 우연이
아니다".[373]

수사적 형식으로서 인권은 현대의 훌륭한 도덕적 아름다움

중 하나다. 최근《PMLA》(현대언어협회 간행물Publications of the Modern Language Association, 대표적인 문예비평지)에서 발행한 인권과 인문학에 관한 특별호에서 사메라 에스메이어Samera Esmeir는 많은 학자들이 인권의 유혹에 그토록 기민하게 저항하는 이유를 설명한다. 그의 주장에 따르면 국제 인권법은 "인간성을, 모든 인간을 좇고 기술하기보다는 모든 인간에 앞서 존재하는 법적 지위로" 바꾸어놓는다. 다시 말해 법은 "다른 상황에서라면 비인간으로 남아 있을 인간"을 존재하게 하고 구성하고자 열망한다. 그렇게 함으로써 법은 "인간성에 대한 특정한 시각을 강제할 뿐 아니라 더 결정적으로는 법이 개입하기 이전에 존재했던 과거의 인간성을 지워버림으로써 다른 모든 인간성을 지워버릴"[374] 위험을 무릅쓴다. 비슷한 맥락에서 슬로터는 국제 인권은 "단자적, 자족적 계몽에 기초한 개인주의", "역사적으로 편협하고, 일반화하는 보편주의", "잔류 민족주의"를 통해 "새로운 보편적, 국제적 시민-주체성을 투사하는" "필요하지만 의심스러운 수단"이라고 썼다.[375]

펭 치아Pheng Cheah는 그런 비판이 인권 담론의 가치 있는 기여를 묵살하려는 게 아니라 그것의 전체적 복잡성을 이해하려는 시도라고 강조한다. 그의 주장에 따르면, 인권은 "글로벌 자본주의" 내의 행위자로서 우리를 정의함으로써 그 불평등으로 봉합해버린다. 그러나 인권은 이 불평등에 맞설 수 있는 유일한 방법을 제공하기도 한다. 펭 치아가 경고하듯, 인권은 "폭력적인 선물"[376]인 셈이다.

내가 이 다정한 노인들을 좋아하게 되었다는 것을 고백해야겠다. 이 사실이 부끄럽게 느껴질 때면 그들 옆에 앉아 그들을 만지고 목소리를 듣고 이야기를 듣다보면 누구든 그들을 좋아할 수밖에 없을 거라고 되뇌곤 한다. 예를 들어 나는 가네코 씨와 긴 오후를 두 차례 함께 보낸 후에 사람들이 그런 상황에서 취하게 되는 진부한 반응을 보였다. 나는 그가 그렇게 정상적이고 무해한 데 놀랐다. 두 번째 날에는 그의 집 앞에서 기다리다가 그가 오는 것을 보고 활짝 웃을 수밖에 없었다. 오래된 직립 자전거를 타고 서둘러 오던 그의 백발은 바람에 엉망이 되었고 일부러 원을 그리며 천천히 움직이던 다리는 결국에는 휘청거렸다. 어린 시절 보았던 〈개구리 커밋Kermit the Frog〉 비디오의 한 장면을 떠올리게 하는 듯했다.

인터뷰를 시작했을 때 그의 아내는 그를 지켜볼 수 있을 정도로 가까이에 있었지만(당시 그는 퇴원한 지 얼마 되지 않은 상태였다) 대체로 눈에 띄지 않는 곳에 있었다. 그는 아흔 살이 다 되었지만 거의 소년에 가까운, 젊게 느껴지는 기운을 갖고 있었다. 그는 살아 있는 매 순간 경탄을 금치 못하는 것 같았다. 자신이 살아남았다는 것을 믿을 수 없다는 듯이. 그는 중국 포로수용소에서 지내던 시기, 죽음을 예상하고 있었던 강렬한 순간을 상기했다. 모든 군인이 법정에 소환되었고 그들 모두 집단 처형이 있을 거라고 생각했다.

"마침내 때가 된 건가?" 하고 생각했어요. 그리고 그들이 모든 사람의 이름을 불렀어요. 판사였겠죠? 그들이 이름을 불렀어요. 그리고 결국 판결이 내려졌어요. "즉각 석방"이었죠. 한동안 모두들 아무 말 없이 있었어요. 모두가 얼마간 믿지 못한 채로요. 그러다가 모두 서서히 울음을 터뜨리기 시작했어요. 울부짖고 소리쳤어요. 30대 남자들, 50대 남자들 모두가 소리 지르고 울부짖고 서로 껴안고 소리쳤어요. 그러고 나서 포로수용소에 돌아가지 않고 유명한 식당에 갔어요. 식당에서 환송회가 열렸죠. 우리는 여기서 온갖 좋은 것들을 받는구나 하고 생각했어요. 그리고 통역사가 와서 모든 탁자를 돌았는데 그때 내가 물었어요. "중국은 왜 우리를 풀어준 거죠?" 그러자 그가 말했어요. "우리가 여러분을 처형하면 여러분의 아버지, 어머니가 눈물을 흘리지 않겠어요? 일본인들이 화를 내지 않겠어요? 중국은 일본과의 전쟁을 원하지 않아요. 우리는 결코 그런 걸 원하지 않아요. 그래서 여러분을 풀어준 거예요."

가네코 씨는 내가 만난 다른 이들과 마찬가지로 중국에 감사한 마음을 가졌다. 처음에 그는 자신들이 배상금 협상의 일환으로 풀려났다고 생각했다. 그러나 자신들이 (조건 없이) 그저 풀려났다는 것을 깨달았을 때, 그는 믿을 수 없었다. 그의 마음에 변화가 일기 시작했고 공산주의 중국을 지지하고 이전의 자신을 일종의 악마로 인식하게 되었다. 그가 시베리아 포로수용소에 있었던

5년은 아주 달랐다. 잔혹하고 굴욕적인 시간이었다. 그는 밖에 나가기에는 너무 추워서 물통에 소변을 보았던 것을 기억한다. 변소에 생긴 빙판에서 미끄러지는 바람에 오물 구덩이에 빠져서 얼음 부스러기 인분에 뒤덮인 채 몸을 녹이려고 안으로 뛰어들었다가 얼음 부스러기가 녹으면서 방에 냄새가 진동했던 것이 기억난다. 약이 없었다고, 그는 말했다. 그의 친구들은 폐렴이나 설사로 죽었다. 그는 땅이 얼어서 파기 힘들어 겨울에 시체를 쌓아놓았던 창고를 청소해야 했던 것을 떠올렸다. 시체는 냉동 생선처럼 쌓였다. 그가 말했다. "그 5년간의 고통은 전쟁 중에 겪은 그 어떤 것보다도 더 심했어요."

아마 시베리아 포로수용소에서의 시간만큼 힘들었던 건 가네코 씨가 중국에서 풀려나 일본으로 돌아왔을 때 공개적으로 치욕을 겪은 일이었을 것이다. 그것은 그가 저지른 전쟁범죄 때문이 아니라 전쟁범죄를 자백했기 때문에 벌어진 일이었다. 그것은 그가 잃어버린 수년간의 시간에 대한 고통스러운 보상이었다.

〔화가 나서〕 우리가 애국심으로 중국에 가 싸우고 조국에 돌아왔는데, 우리가 어떻게든지 세뇌당했을 거라면서 사찰이 붙었어요. 그런 터무니없는 걸 들어봤어요?…… 그래요! 우리가 어딘가 갈 때면 경찰이 뒤에서 따라오는 걸 알 수 있었어요. 몇 월, 며칠, 몇 시, 모든 것이 기록되었어요! 그때는 그런 식이었어요. 그런 터무니없는 걸 들어봤어요? 아무리 생각해봐도…… 알겠어요?! 우리는 천황 폐하를 위해 목숨을

바쳤어요. 일본이 패배하자 우리는 육체노동을 하도록 보내졌어요…… 우리가 돌아왔을 때는 "세뇌당했다고", 이런 터무니없는 소리를 하면서…… 어떤 회사도 우리를 채용하려 하지 않았어요. 나는 어떤 회사에 들어갔는데 이틀 만에 끝났어요. 해고됐죠. 이틀 만에 해고됐어요.

실제로 일어난 일에 대해 이야기하고자 한 이들, 특히 공산주의 중국에 대한 지지를 공개적으로 표명한 이들은 증오받고 외면당하고 협박받았다. 사카쿠라 씨는 퇴역군인들의 모임에서 발표자 중 한 사람이 오랜 시간 동안 전쟁범죄를 부인했던 일을 기억했다. "그는 그런 일을 한 사람이 없었다고 말했어요! 반대해야겠다고 생각했지만 나 혼자였기 때문에…… 거기에 참여했지만 조용히 있었어요……"

나중에 사카쿠라 씨는 동료 군인들과 여행을 갔다. 그는 더 작은 무리에서는 자신들이 저지른 일에 대해 개인적으로 동의하거나 그 일을 부인하는 것에 대해 질책하고 부끄러워하게 만들 수 있을 거라고 생각하면서 말을 꺼냈다. "그 나쁜 일들에 대해 말하면서 '너희들 모두 그런 일을 했잖아?'라고 말했어요. 그가 [다른 동료 군인들 중 한 사람을 가리키면서] 내 소매를 잡더니 말했어요. '잘 들어. 그런 말을 하면 너는 끝장나는 거야.'"

아무도 그런 말을 듣고 싶어 하지 않았다. 가네코 씨와 사카쿠라 씨는 침묵하고 부인하기로 한 공동의 결정을 위반하고 있었다. 그리고 역시나 그 때문에 그들은 용서를 얻을 수 없었다.

다시 한 번, 이것은 이야기하기와 인권에 대해 생각해보기 위해 필요한 공통의 가정이다. 이야기는 청중이나 방관자에게 유대와 공감을 장려하고, 공감은 조력 행동을 촉발한다. 생존자에게 이야기는 이해 가능성과 종결을 제공하고, 종결은 치유를 제공한다.

우선은 전자에 집중하고자 한다. 리처드 로티Richard Rorty가 말했듯이 우리는 2세기에 걸쳐 도덕적 진보를 겪었다. 슬프고 감상적인 이야기가 "수세기에 걸쳐 반복되고 변화하면서 부유하고 안전하고 강한 우리가 힘 없는 사람들—언뜻 보기에 그들의 겉모습, 습관, 믿음은 우리의 도덕적 정체성, 인류의 다양성에 대한 허용 한도 감각에 대한 모욕처럼 보였다—을 용인하고 심지어는 소중히 여기도록 했기 때문이다".[377] 우리가 새로운 이야기를 들을 때 이전에 숨겨졌거나 보이지 않았던 고통의 형태가 드러난다. 포스터E. M. Forster의 《인도로 가는 길A Passage to India》은 식민주의에 대한 영국인들의 관점을 완전히 바꾸어놓았다. 해리엇 비처 스토 Harriet Beecher Stowe의 《톰 아저씨의 오두막Uncle Tom's Cabin》은 이전에는 잘 알려지지 않았던 노예 폐지 운동을 주류가 되게 했다. 이와 같은 새로운 이야기는 우리에게 새로운 돌봄의 장소, 새로운 고통의 장소를 가르쳐주며 우리는 본능적으로 그것에 반응한다. 린 헌트의 말대로 리처드슨의 《파멜라》를 읽으면서 우리는 가공의 파멜라와 현실의 파멜라 모두에 대한 연민을 배운다. 더 정확히 말하자면, 우리는 버지니아 울프Virginia Woolf가 《3기니Three Guineas》에서 규정한, 생물학적 명령으로서의 연민으로 반응한다. 우리는 전사자의 사진을 보며 자연스러운 혐오감을 느끼고 전쟁에 반대하게 된다. "그 사진들은 주장하는 것이 아닙니다. 그저 눈에 전달되는 투박한 사실의 진술일 뿐입니다. 그렇지만 눈은 뇌와 연결되어 있습니다. 그리고 뇌는 신경 체계와 연결되어 있습니다. …… 그 사진을 볼 때면 우리 안에서 어떤 융합이 일어나지요. 교육, 관습이 아무리 달라도 우리의 감각은 같습니다. 그리고 감각은 난폭합니다."[378]

그런 자연적인 자비심에 관한 도덕 이론은 18세기로 거슬러 올라간다. 줄리 스톤 피터스Julie Stone Peters에 따르면, 당시 프랜시스 허치슨Francis Hutcheson*과 샤프츠버리 백작Earl of Shaftesbury** 같은 인물은 아리스토텔레스의 카타르시스를 "서사적 동일시를 통한 감정의 사회적 통합"으로 재정립했다. "서사가 일으키는 동정은 인간들을 통합하는 기제 역할을 하고 정서적인 유대를 통해 자선행위를 촉진한다"[379]고 피터스는 말한다. 그리고 이 기제는 생리학의 일부로 인식되었다. 토머스 제퍼슨Thomas Jefferson은 이렇게 말했다. "자연은 우리의 마음에 타인에 대한 사랑, 타인에 대한

---

* 1694~1746. 스코틀랜드의 철학자로 스코틀랜드 계몽주의 창시자이다. 그의 도덕철학은 애덤 스미스에게 영향을 주었다.

** 1671~1713. 본명은 앤서니 애슐리 쿠퍼. 영국 철학자로 옳고 그름, 선과 악을 구분하는 능력인 도덕감의 개념을 제시했다.

의무감, 도덕적 본능을 불어넣었다. 간단히 말해 이런 것들이 어쩔 수 없이 타인의 고통을 느끼고 도움을 줄 수밖에 없도록 유도한다."[380] "'동정적sympathetick'이라고 부를 수 있는 영혼의 감각"을 이론화하면서 허치슨은 주장한다. "우리가 다른 사람이 겪는 어떤 종류의 아픔, 고통, 불행을 보거나 알게 되어 그것에 대해 생각하게 되면 우리는 강한 연민과 고통을 완화시키려는 강한 성향을 느끼며 그때 그 어떤 상반되는 감정도 우리를 억누르지 않는다."[381]

그러나 그렇게까지 할 필요는 없다. 꼭 타고나거나, 신경계에 설정되어 있거나, 천부적이어야 동정이 효력을 발휘할 수 있는 것은 아니다. 인간이 본래 선을 지향한다고 여길 필요는 없다. 타고난 자비심에 관한 도덕론에 대한 풍자와 의심은 사드Sade의 시대만큼이나 인도주의의 시대이기도 한 18세기에서도 두드러진다. 프랑스 소설가 마담 리코보니Madame Riccoboni는 1769년에 단언했다. "불행한 사람들을 애처롭게 생각하는 달콤함을 맛보기 위해서라면 기꺼이 그런 사람들을 만들 것이다." 그리고 프랑수아즈 베른느Françoise Vernes의 《감상적인 여행자Voyageur sentimental》(1786) 속 주인공은 "감상적인 눈물, 그보다 달콤한 보상이 있을까"[382]라고 말한다. 공감과 이타주의 효과는 저 깊숙한 곳의 정서의 근원에 변화를 줄 수 있었다. 그것은 우연적인 사회적 산물일 수도 있고, 특정 사회가 그 주체들을 공동의 친사회적 행위로 사회화하는 방식에서 비롯되는 인공의 산물일 수도 있지만, 그럼에도 그 주체들의 삶을 형성하는 데 있어 생물학만큼이나 확고하다고 여길 수 있다. 이야기는 우리가 행동하고 느끼는 방식을 훈련시킨다. 그리고 우리가 되고 싶어 하는 대안적인 가상 자아(더 아름답고, 더 용감하고, 공감력이 더 뛰어나고, 더 다정한 자아)를 창조하도록 도와준다. 그런 방식으로 인권 문화는 브랜드 충성도나 브랜드 로고에 대한 애착에 영향을 주는 바로 그 심오하고 강력한 사회적 행동 원칙(넘어서는 것보다는 무시하는 것이 더 쉬운 원칙)에 따라 작동할 것이다. **나는 그런 사람이 되고 싶다. 나는 사람들이 나를 그런 식으로 보길 바란다**. 우리는 선해지기를 바랄 정도로 선해질 필요는 없다.

결국 우리는 철저히 자기중심적인 동물이다. 다른 사람의 운명에 대해 깊이 고뇌하는 순간조차 부단한 자존감의 정서적 확장일 수 있다. 가령 사랑하는 사람의 죽음에 대한 깊은 슬픔이 우리 자신이 죽음을 피할 수 없는 운명을 향해 돌진해가고 있는 것에 대한 상당한 슬픔을 포함한다는 것은, 잔인하지만 기초적인 심리적 사실이다. 마찬가지로 가깝지 않은 이방인에 대한 공감은 우선 이방인을 우리와 관련이 있거나 우리와 같은 사람으로 바꾸는 인지 작업을 요구한다. 그런 인간적인 자기돌봄을 한탄하려면 있음직하지 않은 도덕적 순수주의자가 되어야 할 것이다.[383] 타인을 돌보기 위해 오직 타인**만**을 돌볼 필요는 없다. 타인을 돌보는 것은 복잡하고 다층적일 수 있지만—무엇보다도 자기돌봄에 대한 표현 또는 자아 개념을 고취하기 위해 취하는 전략으로서—그래도 타인을 돌보는 것으로 간주된다. 부분적으로 이기적인 동기가 나를 괴롭힌다 해도 그것이 행동의 선함을 무효로 만든다거나 행동의 선함을 낳는 내적인 도덕적 숙고의 선함을 돌이킬 수 없을 정도로 더럽힌다는 주장에는 전혀 동의하지 않는다.

그러나 동시에 불순한 동기부여라는 사회적 사실은 항상 감정의 통속화에 대해 쉽사리 냉소적인 태도를 취하도록 만들었다. 그리고 스펙터클의 사회에 살고 있는 오늘날보다 더 그랬던 적은 없었다. 앞서 이야기했던 이스마엘 베아가 쓴 소년병 경험에 대한 회고록을 《타임》에서는 이렇게 논평했다. 베아는 "록스타"이고, 소년병은 "가장 섹시한 범주의" 전쟁 희생자이며, "하나의 무기가 된 아이"는 "아프리카에 핵무기급으로 빠져 있는" 할리우드의 "훌륭한 영화 소재"이다.[384] 이런 유의 것이 우리에게 유발하는 반응은 순수주의에 대한 것만은 아니다. 그런 자기애적 이타주의, 도움을 받는 사람의 필요만큼이나 도움을 주는 사람의 욕구이기도 한 그런 돌봄을 볼 때 우리가 느끼는 본능적인 불쾌감에는 무언가 도덕적으로 중요한 것이 있다. 그것은 개별화되지 않은 돌봄으로, 호기심이 아니라 피상적인 호기심에 의해 규정되는 돌봄, 타인의 특수성을 보지 않고도 타인을 볼 수 있는 돌봄이다. 스탠리 카벨Stanley Cavell은 그 결과를 다음과 같이 평가한다. 인도주의자의 의도는 "쫓겨난 이들을 인간으로 인정하는 것이다. 그러나 그의 영향은 인간을 쫓겨난 사람으로 대하게 하는 데 있다. 마치 추방이라는 상태가 사회적 역할이거나 특정한 부류의 인간에게 적합한 일종의 하위 직종이라는 듯이".[385] 타인을 격하시키기 뒤에 숨겨진 나르시시즘은 대개 두 가지 방법 중 하나로 나타난다. 깊이의 갈취larceny와 도덕적 허영심이다. 각각의 경우를 살펴보자.

먼저, 깊이의 갈취. 에바 호프먼은 홀로코스트 생존자들에게 표면적으로 공감하고 경의를 표하는 사회적 고상함은, "존재론적 위대함"에 편안함을 느끼고 싶어 하는 사소한 욕망을 포함한다고 말한다. 생존자들은 "교외 고등학교에 가서 인터뷰를 하고 지옥에서 겪은 이야기를 해달라고 요청"받는다. 생존자에 대한 이러한 욕망은 부분적으로는 끔찍한 관심이다(**우리는 홀로코스트 이야기를 좋아한다—호프먼의 학생 한 명이 말했듯이. 아주 극적이기 때문이다**). 그러나 호프먼의 말대로 그것은 "의미에 대한 선망"의 문제이기도 하다. 우리는 수동성, 여가, 스펙터클의 삶을 살아간다. 그가 말하듯, 우리의 예술, 문화, 정치 그리고 정신조차 "해체되어 거의 소멸되어버릴 수 있다".[386] 그러나 홀로코스트는 그렇게 될 수 없으며 진정성의 약속 그 자체로서 남아 있다. 따라서 생존자와의 만남은 청자(그의 삶은 진부하고 간접적이며 위태로움이 적다)를 역사의 손길 가까이에, 중요한 선택 가까이에, 마침내 "진짜" 가까이에 놓는다. "'내 친구는 부헨발트에 있었어요'라고 최근에 한 파티에서 누군가 다른 사람에게 하는 말을 들었다. 다른 사람은 우쭐대듯 '아, 우리 친구는 아우슈비츠에 있었어요'라고 대꾸했다." 호프먼은 피해자에 대한 공감이 "결코 그렇게 되어서는 안 되는 한 가지, 즉 타인의 고통과 죽음의 이용과 모독"[387]으로 얼마나 쉽게 변하는지 말하면서 결론짓는다.

그러나 그런 과소동일시 못지않게 나쁜 다른 극단이 있는데, 이 역시 나을 게 없다. 정말 진심으로 공감할 욕구와 심지어 필요까지 지닌 사람의 과대동일시는 타인의 경험, 대리 피해의식 혹은 증인으로서 자신의 생존에 일종의 타당성이 있다는 생각을 완전히 이해한다는 착각을 유발할 수 있다.[388] 그리고 생존자에게 신성함이 있다고 믿고, 경외심을 가지고 접근하는 사람의 반동일시anti-identification는 자기방어로 작용한다. 도리 라웁은 이것이 "생존자로부터 거리를 두고 그를 알아가는 데 수반되는 친밀함을 회피하려는"[389] 방식이라고 경고한다. 그러나 이런 다양한 유형의 개인적인 "기념하기memorialization"가 꼭 도덕적으로 고통스럽거나 자기애적이거나 개인적 수준에서 무감각한 것만은 아니다. 그런 기념하기는 집합적으로 "부차적인 망각"을 일으키는데, 그런 망각 속에서 홀로코스트는 "점점 텅 빈 지시체, 역사적 공포의 **상징**, 실재에 대한 알레고리, 친숙한 재앙, 진정성과 역사의 대용물"[390]로 발전하게 된다.

이제 도덕적 허영심에 대해 생각해보자. 에든버러에서 열린 '빈곤을 역사 속으로' 캠페인(전 세계 빈곤 퇴치 행동에 미국의 지원을 동원하기 위한 활동)이라는 인상적인 집회에서 나이로비 기자 존 카마우는 한 스코틀랜드 대학생에게 물었다. "제가 희망을 가져도 될까요?"라고 그는 질문했다. 학생은 "이건 당신에 관한 것만이 아니에요. 우리 인간에 관한 거죠"라고 답했다. 다시 말해 그 캠페인의 의미는 고통받고 있는 이들을 실제로 구호하는 것만큼이나 공적으로 특정한 종류의 사람이 되는 것에 관한 것이었다. 한 교사는 "처음으로 제 자신이 자랑스럽게 느껴져요"라고 말했고, 또 다른 학생은 "정말 신나요. 세계 빈곤에 맞서 일어난 사람들 사이에 있고 싶어요"[391]라고 이야기했다. 케이트 내시 Kate Nash는 그런 반응에 대해 이렇게 지적했다. "가깝지 않은 사람들의 고통에 대해 감정을 자아내는 것은 그런 고통을 경감시키기 위한 행동의 도덕적 의무에 대해 공동의 이해를 가져올 수 있지만 항상 자신의 세심함, 진실함, 강인한 의지에 대해 정서적으로 관대한 경탄으로 변질될 위험이 있다"[392]

철학자 버나드 윌리엄스Bernard Williams는 "이졸데에 대한 위대한 사랑에서 비롯된 행동과 위대한 트리스탄으로서 자신의 이미지에 대한 자각에서 비롯된 행동은 별개이다"[393]라고 썼다. 그러나 도덕적 허영심과 도덕적 자부심 사이에는 중요한 차이가 있다. 도덕적 자부심을 한탄하는 것은 윤리적으로는 매우 혼란스럽고, 심리적 차원에서도 무의미해 보인다. 도덕적인 행동으로 다른 사람들로부터 인정받는 데서 오는 만족감, 정체성이 부여하는 도덕적 책무에 따라 행동할 때 얻게 되는 내적 조화의 감정 그리고 심지어는 올바른 공동체에 전념하는 데서 비롯되는 흥분과 전율의 감정도 있다(홀로코스트의 구조자 헤티 부트는 젊었을 때 나치 레지스탕스로 일했던 것을 거의 기쁨에 찬 향수를 가지고 회상한다[394]).

도덕적 허영심, 즉 윌리엄스가 "도덕적 방종"이라고 부른 것은 다른 문제다. 도덕적 자부심이 더 이상 우리 행동의 결과가 아니라 행동의 목표일 때 우리는 도덕적 허영심을 갖게 된다. 도덕적 허영심은 일시적으로 우선한다. 윌리엄스에 따르면, 그것은 "방종하지 않은 행위자로서 (그가 그렇게 생각할 필요는 없지만) 특정한 방식으로 행동하면 어떻게 될지 생각하면서, 그것이 자신의 성향을 표현하도록 하는 데서 즐거움을 얻기보다는, 필요한 것에 대한 생각을 자신의 성향 표현에 과도하게 초점을 맞추는 생각으로 대체하는 것을"[395] 함축한다. 윌리엄스는 이런 종류의 도덕적 허영심은 "어떤 도덕성이나 분별 있는 삶에서든, 자기에 대한 관심과 타인에 대한 관심 사이에서 자신이 근본적이라고 여기는 것을 역전시키는 것"[396]이라고 말한다.

　　그에게 중요한 문제는 도덕적 숙고에서 성찰이 차지하는 상대적인 우위이다. "'나는 관대한 사람이다'라는 전제의 사용이 관대한 사람이 행하는 숙고의 기본 특성은 아니다"[397]라고 윌리엄스는 말한다. 그리고 그런 자존감(즉 자신의 성향 표현을 행동의 동기로 취하는 것)을 "온전성integrity"의 문제로 다시 기술한다고 해서 변호가 되지는 않는다. 온전성은 엄밀히 말해 동기가 아니다. 그것은 덕목이 아니며 우리가 옹호하고 추구하거나 보여줄 것이 아니다. 오히려 그의 말대로 한 사람이 "온전성을 드러낸다"는 것의 의미는, "가장 그 자신의 것인 성향과 동기에서 〔행동하는 것이며〕 그로 하여금 그렇게 할 수 있게 하는 덕목도 있다는 것이다. 온전성이 그렇게 할 수 있게 하는 것도 아니고 그가 그렇게 하면서 행동하는 것이 온전성인 것도 아니다."[398] 온전성을 지닌 사람은 "진실로 어떤 것을 돌보며 그런 정신으로 살아가는 데 필요한 특성을 갖고 있다".[399] 그에 반해서 온전성을 추구하는 사람은 우선 그 자신을 돌본다.

　　외관상 관대해 보이는 사람이 친절함을 보이면서 실은 그 자신에게 미소 짓고 있다고 상상하는 것, 트리스탄이 은밀하게 자기 이미지를 즐기는 것을 상상하는 일은 곤혹스럽다. 그런데 그들의 내적인 즐거움만이 문제일까? 그런 의심스러운 만족이 없다면 윌리엄스의 사례를 다시 생각해보는 것이 도움이 될까? 그렇지는 않은 것 같다. 좀 더 진지한 칸트주의자인 도덕적 행위자를 상상하고 그를 스미스라고 해보자. 스미스는 자신에게 미소 짓지 않으며 자존감을 만족시키는 문제에 대해 명확히 선을 긋는다. 그는 의무 자체를 동기로 하는 행동만 도덕적으로 가치 있다고 생각한다. 그가 볼 때 사리 추구(장사에 유익하기 때문에 정직한 장사꾼)나 자기만족적인 동정에서("주변에 기쁨을 퍼뜨리는 데서 내적 즐거움을 찾는"[400] 사람들) 도덕적 행동을 하는 사람들은 도덕적으로 가치 있는 행동을 하는 것이 아니다.[401] 그는 자존감을 완전히 배제한다. 그에게는 도덕률을 존중하는 것만으로 충분하다. 스미스의 경우가 선의의 행동이 유발할 수 있는 불쾌한 즐거움에 대한 궁극적인 답이 될까?

어쩌면 그럴지도 모른다. 그러나 많은 이들은 이것에 대해 치를 대가가 너무 큰 해결책이라고 말할 것이다. 스미스가 칸트의 엄밀한 방식으로 의무 동기에 따라 행동하는 것을 볼 때, 우리는 쾌락에 오염되지 않은 도덕적 행동을 마침내 목격한다.[402] 그러나 동시에 우리는 쾌락만큼이나 소외감을 주고는 불쾌한 무엇을 목격한다. 마이클 스토커Michael Stocker는 이에 대해 설명한다.

당신이 병원에서 지내며 오랜 병환을 회복해가고 있다고 하자. 스미스가 다시 찾아왔을 때 당신은 지루하고 따분해하며 하는 일 없이 빈둥거리고 있었다. 당신은 어느 때보다 그가 좋은 동료이자 진정한 친구라고 확신한다. 그는 시내를 가로질러 먼 길을 와서 많은 시간을 들여 격려해주었다. 당신은 과하게 그를 칭찬하고 감사해하는데, 그는 자신의 의무라고 생각하는 것, 최선이라고 생각하는 것을 항상 하려고 애쓸 뿐이라면서 그 말에 반대한다. 당신은 처음에는 그가 도덕적 부담을 줄이면서 예의바른 형태로 자기비하를 하고 있다고 생각한다. 그러나 두 사람이 이야기하면 할수록 그가 거짓 없는 진실을 이야기하고 있다는 점이 명확해진다. 그가 당신을 찾아온 것은 근본적으로 당신 때문도 아니고 두 사람이 친구이기 때문도 아니었다. 그것은 그가 기독교인이나 공산주의자 등으로서 자신의 의무라고 생각했기 때문이었고, 또는 단순히 그가 격려가 필요한 사람이나 더 쉽게 격려할 사람을 모르기 때문이었다.[403]

그 누구도 분명 친구에게서 그런 식으로 대우받기를 바라지는 않을 것이다. 윌리엄스에게는 도덕적 숙고의 자기성찰이 문제였다면, 스토커에게는 도덕적 숙고에서 타자가 추상화되는 문제가 발생한다. 달리 말해 스미스가 그 자신을 도덕적인 사람으로 보는 데서 즐거움을 누리는 것이 잘못은 아니다. 그가 도덕적 의무 동기에서 행동하고 있다는 것, 당신을 **방문하는** 대신 **올바른 일을 하고 있다**는 게 잘못된 것이다.

윌리엄스와 스토커는 케이트 내시가 도덕적으로 미숙하다

고 평한, 집회 참가 학생들의 행동에 적절치 않은 것이 있다는 우리의 직관에서 무엇이 문제가 되는지를 보여준다. 그 학생들에게는 진정성이 없다. 그들은 자신들이 돕는 이들과의 관계에서 진정성이 없고(세계의 빈곤은 사람의 문제라기보다는 의무이다) 그들 자신과의 관계에서도 진정성이 없다(그들은 온전성을 지니기보다는 추구한다).

그런데 스스로를 이타주의자로 자부하고 싶어 하는 것이 그렇게 나쁜 것일까? 또는 스스로를 이타주의자로 자부하고 싶어 하는 욕망을 다른 사람들에게서 끌어내는 것이 그렇게 나쁜 것일까? 또는 다른 사람들을 개별적인 사람으로서가 아니라 누군가를 돕고 싶다는 마음에서 돕는 것이 그렇게 나쁜 것일까? 이 모든 경우에서 우리가 목격하고 있는 것이 제임스 월러James Waller가 말한 "몰입 상승escalating commitments"의 형태이기는 하지만, 그래도 이것이 해를 끼치기보다는 돌봄을 주는 방향으로 가는 것이라고 할 수 있지 않을까? 우선 그들에게 입장권 팔찌를 차고 콘서트에 가게 한다. 그리고 기부하게 한다. 청원서에 서명을 하게 한다. 윤리적인 직업 선택을 하게 한다. 결국 불법적인 명령에 불복종하거나 다른 사람을 구조할 위험을 감수하는 사람이 되게 한다. 수단으로서의 도덕성에 대한 불편함이 온전성 숭배integrity fetishism가 되었다면, 그것이 대량학살에 대한 심리적 대항기술psychological countertechniques을 지지하고 확대할 능력을 방해하기 시작했다면, 그건 비극일 것이다. 결국 이타주의자처럼 보이는 사람과 이타주의자 사이의 차이, 특히 '~처럼 보이는appearing'이 어원상의 변이

형인 '~처럼 보이다to seem'보다는 '~로 드러나다to come forth' 같은 것을 의미하는 경우 그 둘의 차이는 얼마나 중요한가?

허치슨, 샤프츠버리, 제퍼슨의 주장으로 돌아가보자. 우리가 타고난 자비심 때문에 고통에 관한 이야기에 끌린다는 것이 사실일까? 수세기에 걸쳐 많은 이론들이 다른 사람에게 가해진 폭력, 질병, 부상에 대한 재현에 자신을 노출시키는, 겉으로 보기에 역설적인 인간의 충동을 설명하고자 했다. 아리스토텔레스는《시학》에서 배운다는 것은 즐거움을 주므로 "우리는 실물 자체는 괴로움을 갖고 보는 것일지라도 매우 정확하게 만들어진 이미지로 볼 때면 즐거움을 느낀다"고 했다.[404] 흄은 예술의 "미적 감각"은 공포와 동정의 감정을 즐거움을 주는 영혼의 움직임으로 변형시킨다고 말한다.[405] 프로이트는《쾌락 원칙을 넘어서》에서 우리는 통제된 틀 안에서 충격적인 사건을 다시 떠올릴 때 그 사건에 대해 통제감을 얻는다고 주장하면서 고통의 순간으로 반복적으로 되돌아가려는 인간의 충동을 설명한다. 그리고 문예비평가 노먼 홀랜드Norman Holland는 독자들은 이야기를 통해 억압된 환상을 관리하는 희열을 얻는다고 주장한다. 그는 성욕, 공격, 공포에 관한 정신분석학 모델을 사용한다.[406]

우리가 혐오감을 불러일으키는 이야기에 끌리는 이유에 대해 이렇게도 주장할 수 있다. 우리 자신이 폭력을 목격할 때 혐오감을 느끼는 종류의 사람이라고 생각하는 것이 우리에게 즐거움을 주기 때문이라고 말이다.[407] 또는 다른 사람의 고통을 감정적인 대조물로 사용하는 복잡한 즐거움을 느낀다고 할 수도 있다.

다른 사람의 고통을 내면화한 후 놓아버리고 우리 자신에게로 돌아갈 때(즉 발산의 즐거움) 다른 이들이 우리처럼 고통을 겪을 뿐만 아니라 **더 많은** 고통을 겪는다는 것을 아는 데서 오는 만족감이 결합되어 더없이 행복한 안도감을 느낀다(하향적 사회 비교를 통해 현재 상황의 행복감을 달성한다)고 주장할 수도 있다.

에드먼드 버크Edmund Burke는 어떻게 "고통이 기쁨의 원인이 될 수 있는지"를 유추를 통해 설명한다. 노동을 통한 규칙적인 신체적 자극이 우리 몸이 즐겁고 건강하게 기능하는 데 필요하듯이 두려움을 통한 정신적 자극은 우리 정신 능력의 건강한 작동을 촉진하는 기제가 될 수 있다.[408] 심리학자 마빈 주커먼Marvin Zuckerman은 감각 추구 성향을 띠는 현대 생물사회론을 요약한다. 그 이론은 적정 수준의 인지 자극은 쾌락을 만들어내고, 억압된 행동이나 보호 틀 안에서 직면한 위험은 색다른 경험으로서 특히 자극적이라고 주장한다.[409] 다른 이들은 "각성점arousal jag"(즉 곧 완화되는 부정적 자극)의 본질적으로 긍정적인 유의성을 말한다.[410] 사회적 행동에 대한 진화론적 설명은 "만족감을 주는 자극적인 문학물"에 끌리는 사람들이 누리는 생존적 이점을 지적한다. 강렬한 감정을 끌어내는 작품은 "사람들로 하여금 감정에 대한 정보를 획득하고 전파할 기술을 개선해서 자신의 삶에서 마음을 읽고 드러내고 숨기는 데 필요한 요건에 더 잘 적응하도록" 돕는다.[411]

존재의 평범함을 논하면서 랠프 월도 에머슨Ralph Waldo Emerson은 이렇게 쓴다. "우리는 적어도 실재, 진실의 날카로운 끝을 발견하리라는 희망에서 고통을 자초하는 경향이 있다." 에머슨은 광범위하게 발전된 낭만주의 시각에 지적으로 인접해 있었으며, 막스 베버Max Weber와 조르주 바타유Georges Bataille에서 레슬리 피들러Leslie Fiedler에 이르는 비평가와 철학자로부터 각기 다른 방식으로 지지를 받았다. 그는 환멸로 특징지어진 사회를 세속화하면서—그리고 점차적으로 임금 노동, 그리고 그에 따라 육체, 행동, 공간의 미세규제에 의해 지배되는 사회를 근대화하면서—악 그리고 신체적 침해가 잃어버린 정신적 명료함과 초월성을 대체하고, 범죄의 위반과 공포는 해방의 한 형태이자 매력적인 파우스트적 영웅주의를 나타낸다고 주장한다.[412] 반면에 공포에 대한 묘사가 사람들을 사로잡는 것은 그것이 윤리적, 사회적 질서에 대한 불안을 유발하는 도전을 나타냄으로써 의례적으로 그리고 만족스럽게 공포를 제거하기 때문이라고 할 수 있다.[413]

캐런 핼투넌Karen Halttunen은 역사가의 비장의 카드를 사용해 역으로 이 기묘한 매력을 지닌 질문에 답한다. 왜 우리는 고통의 재현을 즐기지 **않을까**? 그는 고통에 대한 본능적이거나 선천적인 혐오감 개념이 "근대의 독특한" 발명으로서 18세기 감성 숭배의 산물이라고 주장한다.[414] (따라서 대중적인 문화 형태로서 사디스트적인 포르노도 근대적 발명이라고 말한다. 고통을 금기로 만든 결과, 포르노에서 고통의 역할이 급격하게 증가했다는 것이다.)[415] 인간은 매우 자연스럽게 고통에 매료되며, 항상 그래왔다. 현대 세계에서만 우리는 끌리는 것에 끌리지 않는다고 믿도록 훈련된다.

그 과정을 낯설게 해서 관점을 약간 바꿔보면, 다른 사람의 고통을 다룬 책을 읽는 여가 행위는 공감보다는 의도적인 샤덴프로이데schadenfreude(타인의 불행이나 고통을 보고 기쁨을 느끼는 것)처럼 보인다. 독자는 소설 속의 인물들이 고통과 비통함, 추방을 겪으리라는 것을 알면서도 소설을 집어든다. 그리고 그것을 음미한다. 소설가의 경우도 마찬가지다. 그는 사실적으로 느껴지는 복합적인 상상의 층으로 이루어진 인물들을 창조해낸다. 그는 오랜 시간 동안 소설 속 인물들과 함께 살면서 그들에게 심오한 인간성을 부여하고 교묘한 고문을 고안해내고 종종 죽이기도 한다. 불필요한 서사적 고통이 없더라도 글쓰기는 냉정함을 필요로 한다. 초점을 맞추는 행동, 가령 부차적인 인물을 중요한 주요 인물의 장식물로 만드는 것은 일종의 무자비함이다. 일부 사람은 중요하고 다른 이들은 중요하지 않다.

고통을 다룬 소설을 읽을 때 우리는 가벼운 형태의 하향적인 사회적 비교든 극단적인 형태의 파괴에 대한 난폭한 즐거움이든 다른 사람들이 고통받는 것을 볼 필요를 부분적으로 충족시킨다. 이 추론은 희극적인 요소로 이루어진 논증과 다르지 않다. 우리는 우월함의 표현으로 웃음을 터뜨리며, 한순간 해방된 잔인함에 대한 희열을 경험하고 동시에 부인하는 방법으로 웃음을 터뜨린다.[416] **걱정하지 마세요. 여기에는 심각한 게 없어요. 우리는 즐기면 돼요**. 그 웃음이 냉혹할 수 있다는 것을 이해하는 게 아주 어렵지 않다면 눈물은 어떨까? 눈물도 주체의 특권과 고립을 강화하는 거리두기나 방어 기제의 역할을 할 수는 없을까?

그러나 그런 냉소는 받아들이기 어렵다. 고통을 겪는 데서 나오는 결속의 경험, 슬픔을 공유하고 다른 사람의 무게를 느끼는 데서 나오는 깊은 만족, 슬픈 기쁨sorrowful joy이 있다. 때로 나는 그것이 유대감에 대한, 존재론적으로 빈곤한 대다수 인간의 상호작용을 넘어선 무언가에 대한, 기본적인 인간의 욕구라고 생각한다. 그런 감정에 **의혹을 품게 하는 것은** 어려운 일이다. 그리고 바로 그런 이유로 동정과 공감은 오랫동안 문학 연구에서 치열한 질문이 제기되는 현장이 되었다. 동정과 공감은 우리가 공동체에서 존엄성을 가지고 살 수 있는 능력에, 우리가 세상에서 추구하는 변화에, 그런 노력이 우리 삶에 주는 의미에 근본적이기 때문이다. 동정과 공감은 학자들에게 매력적인 대상인데, 그것들이 존재에게서 점하는 중심성이 곧 우리가 그것들의 해체에서 매번 새롭게 충격을 받는다는 것을 의미하기 때문이다.

그러나 어떤 면에서 조금 전에 제안한 공감적 읽기에 대한 의심스러운 설명이 타당한지 여부는 중요하지 않다. 심오한 의미에서 인간의 동기는 알 수 없는 것일 뿐만 아니라 아마도 중요하지 않을 것이다. 중요한 것은 이 이야기들이 어떤 작용을 하는가이다. 이야기가 변화를 가져오는가? 이야기가 행동을 돕도록 하는가? 인권 분야에서 일하는 대부분의 사람은 그렇다고 생각한다. 그래서 우리는 계속해서 이야기를 한다.

하지만 이야기가 변화를 가져오지 않을지도 모른다. 스캐리는 사회적 변화를 촉진하기 위해 "관대한 상상"에 의존하는 것은 위험하다고 경고한다. 《톰 아저씨의 오두막》과 《인도로 가는 길》은 세계적인 상상의 힘에 대해 지극히 오해의 소지가 있는 예가 될 것이다. 그는 이렇게 말한다. "다른 사람을 해칠 수 있는 인간의 능력은 매우 큰데, 그것은 다른 사람을 상상할 수 있는 우리의 능력이 매우 작기 때문이다".[417] 게다가 공감은 단련될 수 있는 근육과는 달리 과용될 수 있는 자산이다. 우리는 전쟁 사진이나 허구적인 인물들에게 공감을 쏟으며 그들을 걱정스럽게 돌보지만 우리가 실제로 그 삶에 닿을 수 있는 사람들에게는 아무것도 남기지 않는다. 다른 책에서 스캐리는 주의를 준다. "우리의 연민은 허구적 인물에게는 도움이 되지 않지만 살아 있는 자매나 삼촌에게는 도움이 될 수 있는데도 이들보다 허구적 인물이 겪는 고통(육체적이든 심리적이든)에 주의를 돌리게 할 위험이 항상 있다. 예술가들은 고통을 잘 표현하므로 가장 진정으로 고통받는 사람들로 여겨지며 도움이 절실히 필요한 다른 사람들에게서 무심코 주의를 가져가버릴 수도 있다."[418]

우리는 한바탕 허구적인 눈물을 흘린 후 감정적으로 탈진해버린 나머지 실제 세계에서는 공감을 회피한다. 그렇게 울고 나면 우리는 이미 할 만큼 했다고 느낄 수도 있다. 허구적 고통을 통해 우리의 자아 개념, 우리 자신의 선량함에 대한 의식을 이미 충분히 확인하면 개인적인 평정을 이루기 위해 더 이상 무언가를 할 필요를 느끼지 못한다. 우리가 이미 돌봄을 했다면 의미 있는 행동을 할 필요가 있겠는가? 루소는 1758년에 이런 모든 우려를 나타냈다.

이 허구들에 눈물을 흘리면서 우리는 무엇이든 더 할 필요

없이 인간성의 권리를 충족시켰지만, 실제로 불행한 사람은 우리의 주의, 구제, 위안을 필요로 하고 우리를 그들의 고통에 끌어들이며 적어도 우리의 게으름을 희생할 것을 요구할 것이다. 우리는 그 모든 것으로부터 면제된 데 대해 매우 만족한다. 우리는 희생을 치르면서 영향을 받는 것이 두려워서 스스로 마음을 닫아버린다고 말할 수 있다. 마지막으로 한 사람이 이야기 속의 훌륭한 행동을 칭찬하고 상상적인 불행을 접하며 울 때 그에게 무엇을 더 요구할 수 있을까? 그는 자신에게 만족하지 않을까? 그는 자신의 훌륭한 영혼을 칭찬하지 않을까? 그는 방금 나타낸 대로 경의를 표함으로써 덕에 대한 책임을 다한 것은 아닐까? 그에게 무엇을 더 원할 수 있을까? 그가 스스로 실천하는 것인가? 그에게는 역할이 없다. 그는 배우가 아니다.[419]

로렌 벌랜트Lauren Berlant는 감상적인 정치가 "실질적인 사회 변화"를 "감정의 변화"로 대체한다고 말한다.[420] 이 주장은 미국의 인종주의에 대한 검토에서 특히 날카롭게 제기되었다. 가령 조디 멜라메드Jodi Melamed는 이렇게 주장한다. 미국 대학의 다문화적이고 공감에 기반을 둔 문학 연구가, 백인 학생들이 "가진 자와 못 가진 자 사이의 새로운 아파르트헤이트"[421]를 이용하고 그 혜택을 받으면서도 "반인종주의적 감정의 힘으로" 스스로를 반인종주의자로 인식하도록 사회화한다는 것이다. 필립 피셔Philip Fisher가 《톰 아저씨의 오두막》에 대한 논의에서 주장하듯이 감상

소설은 "저항보다는 눈물"[422]을 불러일으킨다. 그런 작품이 제공하는 공감적 독서 경험에서는 "고통의 감정이 고통에 대항하는 행동보다 더 중요해진다"[423]고 그는 말한다.

그리고 그런 이야기에 감정적으로 사로잡힐 때 우리가 갖는 것은 고통의 감정도 아니다. 우리가 심오하고 내적인 방식으로 생각하는 그런 '감정'이 아닐 것이다. 무언가 좀 더 표면의 것, 좀 더 외적인 것인 듯하다. 《이성의 요구Claim of Reason》에서 스탠리 카벨은 창의력imagination과 상상력imaginativeness을 구별한다. 창의력은 연관성을 만들고 관계를 보지만, 상상력은 그저 생생한 이미지를 만들어낼 뿐이다. 카벨에 따르면, 디킨스는 창의력과 상상력 모두 뛰어났지만, "세상의 펙스니프들과 머들들*에게 자신이 묘사한 가난과 아이들의 죽음에 대해 눈물을 흘리게" 할 수는 있어도 그들에게 고통과의 개인적인 관계를 보게 할 수는 없다는 점 또한 알았다.[424]

슬라보예 지젝Slavoj Žižek은 자아의 외재화 같은 것을 이론화하면서 자신의 주장을 극단으로 밀어붙인다.

이런 식으로 우리는 정신분석학이 심리학이 아니라는 라캉의 기본 명제를 완전히 이해해야 한다. 가장 은밀한 믿음, 연

---

* 디킨스의 소설 속 인물들이다. 펙스니프Pecksniff는 《마틴 처즐위트Martin Chuzzlewit》의 탐욕스러운 건축가로 흔히 위선자를 뜻하며, 머들Murdle은 《작은 도릿Little Dorrit》에 나오는 투기 자본가이다.

민, 울음, 슬픔, 웃음 같은 가장 은밀한 감정조차 그 진실성을 잃지 않은 채 다른 사람들에게 전이되거나 위임될 수 있다. 라캉은 《정신분석의 윤리The Ethic of Psychoanalysis》에 관한 세미나에서 고대 그리스 비극에서 코러스의 역할에 대해 말한다. 관객들은 일상의 문제에 골몰한 채 연극의 문제에, 즉 필요한 두려움과 연민을 느끼는 데 전적으로 맞추지 못할까봐 걱정하면서 극장에 온다―그러나 괜찮다. 우리 대신 슬픔과 연민을 느끼는 코러스가 있다. 더 정확히 말하자면 우리는 코러스를 통해 필요한 감정을 느낀다. "당신은 아무것도 느끼지 못할지라도 모든 걱정에서 벗어난다. 코러스가 당신의 위치에서 당신 대신 느껴줄 것이다."[425]

지젝은 녹음된 웃음소리를 외면적으로 경험한 감정의 모델로 사용하면서 우리가 텔레비전 화면을 꾸벅꾸벅 졸아가며 우둔하게 바라보는 것 이상으로 무언가를 더 할 필요도 없이 "연민의 의무"를 다하고 "애도의 의무를 해낼 수 있다"고 결론짓는다.[426] 결국 이 끔찍한 이야기가 실제로 우리에게 하도록 하는 것은 무엇인가? 다시 루소의 말을 들어보자.

비극은 두려움을 통해 연민으로 이어진다고 한다. 그렇다면 이 연민이란 무엇인가? 그것을 만들어낸 환상보다도 오래 지속되지 않는, 순식간에 지나가는 헛된 감정이다. 열정에 의해 금방 억제되는 자연적인 감정의 흔적이다. 약간의 눈물을 먹고 살면서 사소한 인간적인 행동도 낳지 않는 무익한 연민이다. 따라서 포악한 술라는 자신이 저지르지 않은, 악의 이야기에 오열했다. 페라이의 폭군은 극장에서 안드로마케와 프리아모스와 더불어 괴로워하는 모습을 보일까봐 자신의 몸을 숨겼으면서도, 자신의 명령으로 매일 살해된 수많은 불행한 희생자들의 비명은 아무 감정 없이 들었다.[427]

비극이 만들어낸 연민이 우리에게 진정으로 영향을 미칠 수 있고, 실제 세계에서 우리가 행동을 취하도록 결정할 수 있게 만든다 하더라도, 우리에게 가능한 행동은 대개 몸짓 정도에 불과할 뿐이다. 울프는 다음과 같이 말했다. "종이 위에 이름을 쓰는 것은 쉽습니다. 평화적인 의견을 이미 그것을 믿는 사람들에게 거의 수사적으로 반복해서 말하는 회의에 참석하는 것도 쉽습니다. 막연하게 수용할 수 있는 의견을 지지하면서 수표를 쓰는 것은 그렇게 쉽지는 않지만 편의대로 양심이라고 불릴 수 있는 것을 진정시키는 값싼 방법입니다."[428]

일부 사람들은 루소와 울프가 잘못 생각하고 있다고 주장할 것이다. 더 정확히 말하면 그들의 판단은 옳았지만, 잘못된 종류의 것을 판단하고 있다는 것이다. 시간이 지나도 변함없는 고립된 행동으로서 위의 것 중 무엇도(극장에서 흘리는 눈물, 청원서, 집회, 수표) 큰 변화를 가져오지는 않는다. 그러나 그런 행동들은 고립되어 있지도 않으며, 시간이 지났을 때 변함이 없지도 않다. 그 행동 각각은 함께 변화를 만드는 유사한 행동 집단의 한 부분이며, 또한 도덕적 진화와 몰입 상승의 경로를 추적할 수 있는 시간상의 한 지점이기도 하다.

루소와 울프는 어쩌면 그럴지도 모른다고 답할지 모른다. 그러나 문제는 연민을 불러일으키는 행동이 개인적으로 사소한 것이 되는 경향이 있다는 것만은 아니다. 그 행동들은 유사한 행동 집단의 한 부분으로서 시간이 흐르면서 잠재적으로 해로운 것이 되기도 한다. 그것은 서사의 산물인데, 연민을 불러일으키는 피해 서사에 대한 우려—특히 선정적인 서사 그리고 특히 인종적 타자들에 대한 선정적인 서사—는 적지 않다. 시간이 흐르면서 그것이 피해자 개념을 별도의 사람들의 범주로 굳어지게 만들 수 있다. 그리고 피해자들은 전반적인 서사적 기대에 부응하기 위해 자신들의 이야기 그리고 자아 개념까지도 바꿔야 한다는 압박을 느낄 수 있다. 정체성으로서 피해자 의식은 어려움에 처한 이들이 행위주체성과 심지어는 권리마저 주장하려는 노력을 약화시킨다. 이미지의 포화 상태는 피해자를 정형화된 양식pattern이 아닌 사람으로 보기 어렵게 만들 수 있다. 그리고 신체에 대한 극단적인 폭력에 초점을 두는 것(기본적 욕구를 제도적으로 거부함으로써 해를 끼치는 것)은 비교적 덜 극적인 구조적 폭력 형태에서 관심을 떠나게 함으로써, 더 넓은 사회적, 경제적 정의 프로그램을 상상하려는 노력을 솎아낸다.

이는 현대 인권운동에 대한 중대한 도전이다. 고통을 느끼는 공통 능력을 기반으로 한 철학 체계는, 오로지 생존자들이 겪는 고통의 경험을 통해서만 그들을 이해하는 철학 체계와 가는 선

하나로 구분될 뿐이다.

한 친구는 초기에 작성된 앞부분의 초안에 대해 의견을 말하면서 여백에 이렇게 메모를 적어놓았다. "이걸 쓰는 동안 우울했구나, 짐!" 설득력 없는 감상적인 인권 서사에 대해 그런 비관주의를 보이는 게 잘못된 사고방식에 따른 결과일까?

인권과 증언 연구에서 방금 살펴본 비관적인 비판만큼이나 지적으로 설득력 있고 정서적으로 강렬한 모델을 추구하는 학자들에게 에마뉘엘 레비나스Emmanuel Levinas의 연구는 실존적 답과 같은 것이었다. 레비나스의 글 〈타자성의 윤리ethics of alterity〉는 오늘날 문학·문화 연구에 점점 더 지대한 영향을 주고 있다. 그의 철학의 중심에는 타자와의 직접적인 대면에 대한 은유가 있다. 그에 따르면 타자의 얼굴은 우리에게 윤리적 요청을 하며, 이 요청은 우리에게서 단순히 응답을 끌어내는 것이 아니라 우리를 **구성한다**. 우리는 직접적인 대면에서 대단히 이질적이면서도 불가항력적으로 친밀하게 느껴지는 타자와의 관계에서 개별적 인간으로 태어난다. 이질적인 것은 타자가 동화되거나 같음으로 환원될 수 없기 때문이고 친밀한 것은 동일성은 결국 상호주체적이기 때문이다. 어떤 면에서 타자에 대한 응답 이전에 그리고 그것과 별개로 존재하는 자아란 없다. 주디스 버틀러Judith Butler는 다음과 같이 설명한다. "얼굴에 응답하는 것, 그것의 의미를 이해하는 것은 다른 사람의 삶에서 위태로운 것이 무엇인지, 더 정확히는 삶 자체의 위태로움을 알아채는 것을 의미한다." 타자의 얼굴은 "나를 자기애에서 불러내 더 중요한 것으로 향하게 한다"[429]고 그는 썼다.

켈리 올리버는 레비나스의 주체성과 동일성의 표현은 관계를 인정투쟁으로 개념화하는, 여전히 우세한 신헤겔주의적 경향에 대한 수정이라고 설명한다. "우리는 타자를 조사하거나 종속시키거나 타자와 분투하는, 자립적인 주체의 객관화된 시선으로 보기보다는 애정 어린 응답을 요청하는 애정 어린 눈길로 타자를 볼 수 있다." 그러나 그는 묻는다. "지배를 넘어서는 사랑은 무엇인가? 인정을 넘어서는 사랑은 무엇인가?"[430] 레비나스는 말한다. "모든 타자를 전쟁, 지배, 주의, 정보를 유발하는 제한이라고만 보는 자유로운 주체로서의 자아 안에서 소통이 시작되어야 한다면, 소통은 불가능할 것이다. 서로 소통하는 것은 당연히 서로 열려 있는 것이다. 그러나 열려 있음이 인정을 기다리는 것이라면 그것은 전적인 것이 아니다. 그것은 타자의 광경이나 타자의 인정에 열려 있으면서가 아니라 타자에 대해 책임을 지면서 전적인 것이 된다."[431]

레비나스는 청자로서든 독자로서든 우리가 연민과 서로에게 현존하는 능력에 대해 이론적으로 생각할 수 있도록 도움을 준다는 점에서 독보적이다.[432] '윤리적 비판'에 관심이 있는 이들을 위한 다른 접근법은 1990년대 문학·문화 연구의 아카이브에서 발견된다. 1990년대라는 시기는 때로 '윤리적 전환'으로 지칭

된다. 로버트 이글스톤Robert Eaglestone은 다소 광범위하지만 유용하고도 통찰력 있는 방식으로 그때나 지금의 윤리적 비판이 두 개의 진영으로 구성되어 있다고 요약한다. 누스바움 같은 이들은 문학 텍스트는 우리의 삶을 반영하고 삶에 영향을 미치고 우리의 윤리적 책임의식을 배양하면서 "도덕적 추론"을 명확히 하는 형식이라고 본다. 그리고 해체론에 영향을 받은 힐리스 밀러J. Hillis Miller를 비롯한 이들은 문학은 명확한 도덕적 추론 같은 것을 제공하기보다는 확신에 찬 윤리적 지식과의 관계를 중단시키는 한에 있어서만 윤리적인 "결정 불가능성undecidability"의 경험을 제공한다고 주장한다.[433]

도로시 헤일Dorothy Hale은 그런 이론적 작업을 인권의 언어 및 수사학과 통합하기 위해 연구하는 많은 학자 중 한 명이다. 그는 인물 중심의 문학이 보여주는 잔인함에 대한 앞의 주장을 완전히 뒤집어서 생각하게 한다. 그는 근본적인 면에서 소설의 경험이 위반의 경험이라는 점을 인정한다. 우리는 다른 사람을 만나는 것과 거의 동일한 방식으로 소설에서 인물들을 만나기 때문이다. 그들은 우리에게 너무 현실적으로 여겨져서 우리는 어느 정도 그들이 "자율성"을 갖고 있고, "인권을 갖고 있다"고 느낄 정도이다. 그러나 인물들은 저자에, 줄거리에, 독자로서의 우리의 지각에, 미적 형식 자체에 갇혀 있다. 그는 다음과 같이 말한다. "미적 형식에 의한 너무나 뚜렷한 주체성의 유폐는 재현적 힘의 남용이라고 비난한다. 표현적 목적을 위해 어느 정도 인물을 사용해야 하는 저자는 착취적이라고 느껴진다. 자신을 인물과 동일시하는 독자는 감정의 식민화에 대해 걱정한다. 그리고 인물의 운명에 대해 미적 회열만을 느끼는 독자와 저자는 엿보는 사람의 죄책감을 갖는다."

그러나 이 죄책감이 드는 즐거움이야말로 문학윤리학의 출발점이다. 소설에서 우리는 인물을 자유로운 사람인 동시에 제약받는 미적 인공물로서 마주한다는 주장이 있다. 인물은 우리의 앎의 방식을 넘어서는데, 이 점이 우리를 불안하게 하므로 우리는 그들을 이해할 수 있는 제한된 것으로 환원하려 한다. 이런 방식으로 문학은 세상 속 우리 존재에 거울을 들어 인간적 가능성이 "사회적 제약의 작동 내에서 그리고 그것을 통해 만들어지는"[434] 방식을 볼 수 있게 한다—더 정확히는 경험할 수 있게 한다. 문학적 타자와의 만남은 윤리적 앎이다. 우리 자신을 타자로서 보고, 우리 역시 상호적 취약성과 제약을 통해 성립되는 것을 보며, 우리가 서로에게 지고 있는 빚을 단순히 알기보다는 느낄 수 있도록 도와주기 때문이다. 그것이 윤리적 앎인 것은 그것이 시작하는 것, 그것이 우리를 놀라게 하고 때로는 당혹스럽게 하며 우리가 고수하고 제한하는 확실성을 동요시키며, 우리를 차이에, 그리고 궁극적으로 우리를 넘어서 있는 것의 요청에 열어놓기 때문이다.

때로 나는 이 책에서 기술한 재현의 모든 역설, 타인에게 올바로 이해시킬 수 없는 모든 방법들이 바로 이런 식으로 출발점이 된다고 생각한다.

이것으로 이야기하기와 윤리에 대해 이야기해야 할 것에 관한 앞서 말한 기나긴 여정을 끝내고자 한다. 이제 오늘날 학술적 글쓰기의 방향에 대해 한마디 보태려 한다.

대개 학자들은 중요하지 않은 것을 편안하게 여긴다. 사실상 많은 이들이 중요하지 않은 것을 귀중한 문화적 자산으로 옹호한다. 그들은 창조적 사고가 자유롭게 발휘될 수 있고, 역사적 순간에 대한 단기적인 관심에 제한되거나 도구적 사고에 저해되지 않는 세상의 의미에 대해 고찰할 수 있는 공간이 있어야 한다고 주장한다. **국립대학에서 시를 공부하는 것도 괜찮기는 하지만, 그게 국가 경제를 위해 일자리를 얼마나 만들어내겠어?** 이런 태도 앞에서 무관성irrelevance을 옹호하는 것은 정신적인 것의 요청을 되풀이하는 것뿐이다. 문학평론가 폴 프라이Paul Fry에 따르면, 시는 "의미로부터의 해방", "의미의 과소결정을 통한 자유 폭로"이다. 시 그리고 우리의 시 체험을 넓히는 비평은 **하기**보다는 **존재하기**를 체험하려는 우리의 깊은 욕구를 만족시킨다. 그래서 프라이가 동료 학자들에게 역사적 참여 비평에서 벗어나 "목적의식으로 가득한 세계 참여"를 중단하는 미학 개념으로 향하도록 촉구할 때, 그는 결국 윤리적 분리를 촉구하고 있다.[435]

이런 종류의 주장에는 많은 형태가 있다. 미적 현상에 대한 생리적 반응의 우월성이 갖는 정당성을 입증하면서 문학이론가 한스 울리히 굼브레히트Hans Ulrich Gumbrecht는 우리의 연구와 가르침에서 예술이 가져오는 "강렬한 순간", "〔그것에〕 유익한 것, 메시지, 실제로 배울 것이 없다는 점에서"[436] 가치 있는 순간을 재발견하도록 촉구한다. 아도르노가 말했듯이 "관련성"에 안달하는 이들은 "언어가 의미를 문제 삼고, 의미로부터 거리를 두고 있어서 실증주의적 의미의 종속에 미리 대항하는 텍스트에 끈기 있게 귀 기울일 수 〔없다〕".[437] 달리 말하자면, 관련성은 여러 가지 방식으로 나타난다. 많은 이들이 무관성이라고 부르는 것은 대개 이해의 지평이다.

그러나 관련성에 반대하는 데서 가치를 발견하는 학자들 중에서도 꽤 많은 이들이 2001년 이후로 참여에 대한 갈망을 느꼈다. 그들은 학술 연구와 도덕적 정체성을 조화시키고 내적 모순의 압박을 완화시켜줄 방법을 추구한다.

2001년은 흔히 세계 정치와 미국 문화에 전면적이고 급진적인 변화가 일어난 시기로 인정된다. 나는 그런 규정은 대체로 설득력이 없다고 보지만 2001년 이래로 미국의 윤리적 자아 개념에 일어난 변화에 대한 일부 주장은 명백하고 근본적인 것으로 보인다. 많은 이들이 주목했듯이 국가의 어휘조차 변했으며 낯선 단어와 관용구(비밀 수감자, 블랙 사이트〔미국 국외의 비밀 군사 시설〕, 스트레스 자세 강요, 물고문)를 빈번히 사용하고 오래된 단어에 낯선 의미를 부여했다. 물론 고문하기 이전의 미국의 과거 같은 것은 없다. 그럼에도 미국의 고문 정책에 대한 **공식적이고 공적인** 표현의 의미를 과장하는 것은 거의 불가능하다. 남북전쟁에서 미국의 영토 보전이 위태로워졌을 때조차 정부와 군은 공식적으로 고문을 부인했다. 1863년에는 '리버 코드lieber code'로 잘 알려진, 일반명령 제100호에서 다음과 같이 선언하면서 영미 법 체계에서는 300년 이상 고문 금지를 단언했다. "군사적 필요는 학대행위를 허용하지 않는다. 즉 고통이나 보복을 목적으로 고통을 가하거나, 전투를 제외하고 불구로 만들거나 부상을 입히는 것, 자백을 강요하기 위해 고문을 가하는 것을 허용하지 않는다."[438]

9·11 테러 이후 특별 송환 및 선제공격이 제기되면서 미국의 인문학 연구자들은 베트남전쟁 이래 볼 수 없었던 치열함을 가지고 질문하기 시작했다. "내가 하는 일의 의미는 무엇인가? 내가 만들어내거나 전달하는 지식은 실제 세계에서 일어나고 있는 것과 어떻게 관련되는가?" 많은 이들이 이 특정한 시기에 그들이 제기해야 하는 가장 긴급한 질문이 미국과 현대 인권운동의 관계를 포함한다고 믿게 되었다.

내가 연구하는 문학·문화 연구 분야에서는 새로운 하위 분야의 급격한 발전이 보였다. 최근 문학과 인권에 초점을 맞춘 학술 저작으로는 조지프 슬로터의 《인권 주식회사Human Rights, Inc》, 엘리자베스 앵커의 《존엄성의 픽션: 세계문학에서 인권 구현하기Fictions of Dignity: Embodying Human Rights in World Literature》, 웬디 헤스포드의 《스펙터클한 수사학: 인권 비전, 인식, 페미니즘Spectacular Rhetorics: Human Rights Visions, Recognitions, Feminisms》, 돔나 스탠턴Domna Stanton의 《PMLA》(현대언어협회 간행물) 인권 특별호, 케이 새퍼와 시도니 스미스의 《인권과 서사화된 삶》, 토머스 키넌의 미디어와 인권에 대한 연구, 소피아 맥클레넌Sophia McClennen의 '인문학과 인권 행동주의 사이의 분리를 연결하기'[439]에 대한 연구, 나의 책《세계가 알 수도 있는 것That the World May Know》, 엘리자베스 스웬슨 골드버그Elizabeth Swanson Goldberg의 《테러를 넘어서: 젠더, 서사, 인권Beyond Terror: Gender, Narrative, Human Rights》 그리고 골드버그와 알렉산드라 슐타이스 무어Alexandra Schultheis Moore의 하위 분야 규정 논문,《인권과 문학에 관한 이론적 관점Theoretical Perspectives on Human Rights and Literature》. 인권을 다루는 젊은 문학 연구자들의 많은 학위 논문과 미출간 원고나 관련 분야의 인권 지향적 문학 연구(린 헌트의 《인권의 발명Inventing Human Rights》, 일레인 스캐리의 《고통받는 몸 The Body in Pain》, 조르조 아감벤Giorgio Agamben의 《예외상태State of Exception》를 포함해)의 광범위한 사용, 지난 몇 년간 인문학에서의 인권에 관한 학회와 세미나(런던, 뉴욕, 베이루트, 밴쿠버, 시카고, 트윈시티, 뉴올리언스, 프로비던스, 국립인문학센터 혹은 그 외 지역) 또는 내가 재직하고 있는 매캘러스터대학을 포함해 미국 전역에서 교양과목 프로그램에 증설되고 있는 인권 부전공은 말할 것도 없다.

이러한 학문 동향은 미국 학자들이 마지막으로 역사의 압력을 그토록 강하게 느낀 베트남전쟁 시기와는 다른 종류의 변화를 나타낸다. 당시 젊은 학자들에게 신비평의 심미주의는 그 시기의 가치와 열망과 갈수록 단절되는 것처럼 보였다. 1970년대 중반의 인류학적 비평의 발견에 대한 캐서린 갤러거Catherine Gallagher와 스티븐 그린블랫Stephen Greenblatt의 규정은 그들과 관계없는 형식주의적 훈련이 그들에게 어떻게 느껴졌는지를 드러낸다. "[클리퍼드 기어츠Clifford Geertz의 연구는] 우리의 전문적 기술을 우리가 이해한 것보다 더 중요하게, 더 필수적으로, 더 명확하게 만들었다."[440] 새로운 문학사학자들은 "진짜 남자와 여자가 실제로 사는 삶", "매일, 상황이 실제로 일어나는 장소"로의 연결을 바라는 이들이었다. 또는 갤러거와 그린블랫이 특유의 우아함을 갖고 썼듯이 "우리는 이전에 사람들이 초월적인 것의 흔적을 바랐던 식으로 실재의 흔적을 원했다".[441]

오늘날 학자들은 실재에 대해 새로운 종류의 정서를 개발하고 있다. 그 프로젝트는 인류학적인 것이라기보다는 치유적인 것으로 이해될 수 있을 것이다. 그들은 실재를 접촉하려 하기보다는 실재에서 벗어나려 한다. 그러나 우리가 실제로 새로운 치유적 전환을 경험하고 있다면 그것은 기묘하게 비개인적인 것으로서, 자아의 위치에 큰 불편함을 느끼는 것이다. 세계 전쟁은 학자들에게 의무를 지운다. 첫째, 시간이라는 척도에서 이 자기이해라는 과제가 자기애적으로 부적절해 보일 때조차 공적인 도덕적 행위자로서 우리의 역할을 더 잘 이해하는 것, 그리고 둘째, 이 과제를 관음증적인 "비참함의 포르노그래피"로 겪을 때조차 타인들에게 끼친 해를 더 잘 이해하는 것이다. 우리는 그 해에 연루되어 있다. 아니면 더 나쁘게는 그것을 너그러운 관심의 "증여gift"로 겪을 때조차—분명 배려의 행동이지만 권력행위, 위계를 다시 새기는 특권 행사인 인도주의 자체의 "증여"와 마찬가지로. 메리 더글러스Mary Douglas는 이렇게 말한다. "우리는 자선을 기독교적 미덕으로 칭송하지만 그것이 얼마나 상처를 주는지 알고 있다."[442]

인권에 대한 비판적 연구는 그런 윤리적 난관의 표출, 더 정확히는 해결이다. 달리 말하자면 인권활동은 치유적 전이를 가능하게 한다. 그것은 제도적 구조를 보편화하는 것으로 알려진 양상으로 자기몰입을 경험하도록 한다. 그것은 또한 사적인 불안 그리고 필요를 타인에 대한 지향의 양상으로 수행하도록 한다. 더 일반적으로 인권활동은 구원의 경험에 세속적인 대체물을 제공한다. 즉 이는 비개인적으로 자아를 넘어섬으로써 개인적으로 충족되는 것이다. 덜 일반적으로는 내적 욕구와 공적 기능 사이의 분열은 신뢰하기 어려운 "국제 정치에서 인권의 모순"을 보여주는 징후 또는 그와 상응하는 것이라고 할 수 있다. 예를 들면 국가는 본질적으로 인권이라는 '공적' 이익의 수사적, 제도적 프레임을 통해 '사적' 이익을 추구한다. 그러므로 인권은 특히 소위 '해방 전쟁'에서 인권을 묵살하도록 사람들을 동원하는 데 효과적인 도구이다. 그런데 인권 체제는 그것이 대항하는 체제의 외재성을 흡수하고, 그래서 그 체제와 협력하도록 작용한다. 인권활동은 특정한 구금 제도의 부정을 완화하고, 완화함으로써 유지하는 것처럼 글로벌 신자유주의의 부정을 완화하고, 완화함으로써 유지한다는 주장이 있다. 인권의 다양한 탄생은 주어진 질서로부터의 해방이라기보다는 해방의 개선으로 이해된다.

아렌트에서 지젝에 이르기까지 학자들은 보편 인권 사상은 항상 잔인하고 파괴적인 일련의 배제에 의존하고, 그런 배제를 초래하기도 했다고 주장했다. '인간의 권리'에서 '인간'을, '인권'에서 (오늘날) '인간'을 생각할 때 우리는 항상 특정한 종류의 인간, 정상적인 사람을 상상하고 있다. 역사적 시대에 따라 우리의 정의는 노예, 여성, 무국적자를 배제했다. 그러므로 보편 인권 체제는 세계적으로 야심 찬 무장 국가주권과 다르지 않다—더 정확히 말하면 그것과 동일한 인식론적 토대를 공유한다. 즉 인권 개념은 바로 인간의 본질을 정의하는 국가의 위협적인 능력과 관련이 있다.[443]

그러나 동시에 인권은 우리가 **원할 수 없는 것**(가야트리 스피박Gayatri Chakravorty Spivak의 표현을 빌리자면)으로 남고, 인권에 대한 가장 냉소적인 호소는 재전유와 진정한 해방 가능성의 여지를 열어놓는다고 여겨진다. 한 학자는 설명한다. "규범적인 평등주의적 가상의 투사는 보편성의 집단을 구성하는 조건과 제한을 정할 뿐만 아니라 보편성 범위에 대한 비헤게모니적 재발화rearticulation를 가능하게 한다."[444] 다시 말해서 한 체계가 정상적인 것의 의미를 공적으로 규정할 때 그것은 강요하는 것만이 아니라 역설적이게도 더 포괄적인 가능성을 창의적으로 상상할 수 있게 하는 것이기도 하다. 그것은 노골적일 수 있는 위장된 명령이나 해체될 수 있는 일련의 추정을 앞서 제시했다는 점에서 해방을 촉발한다. 그리고 위선적이거나 단순히 제스처에 의한 평등주의적 수사 사용이 평등주의적 원칙을 공적으로 정당화하는 데 도움을 준다는 점도 해방을 촉발하는 요인이다.

인권에 대한 미국 학자들의 양가감정은 미국 정부가 지닌 양가감정의 거울 이미지이다. 전자의 경우 인권 담론은 미국 헤게모니의 연장으로 간주되므로, 후자의 경우에는 그것에 대한 침해로 간주되므로 의심스럽다. 미국은 엘리너 루스벨트의 후원을 통해 유엔과 세계인권선언문이 만들어질 수 있도록 도왔다. 그러나 경제, 사회, 문화권 협약, 여성 차별 철폐 협약, 아동권 협약을 포함해 여러 중대한 인권 조약 승인을 거부하기도 했다. 완전히 실현된 국제 인권운동에 대한 비전은 미국의 유토피아적 약속의 현현이자 디스토피아적 악몽이다.

마지막으로 나눌 이야기가 있다.

내가 일본에서 처음으로 만난 퇴역군인은 구보테라 씨였다. 여러 해가 지난 지금에도 그때의 방문에 대한 기억은 매우 선명하게 남아 있다. 시간이 흐르면서 인터뷰는 쌓여갔고 각자의 집, 그들이 입고 있었던 옷, 다른 누군가가 있었던 것 등 세부 사항은 지워지기 시작했고, 나는 기록을 돌아보면서 그것을 재구성할 수 있을 뿐이다. 그러나 꼼꼼하게 청소되어 있던, 우아하게 단순한 나무판자로 만들어진 방의 가운데에서 노쇠한 손을 허벅지 위에 깍지 긴 채 놓고 머리는 약간 숙이고 등은 수월하게 꼿꼿이 세운 채로 방석 위에 무릎을 꿇고 있던 구보테라 씨를 여전히 본다.

어떤 면에서 가장 생생하게 남아 있는 건 인터뷰의 내용이 아니다. 그는 자신이 아이들을 죽인 사람이라고 말했고 나는 그 점에 대해 질문해야 했는데 전에는 결코 그런 질문을 한 적이 없었다. 그러나 누군가가 아이를 어떻게 죽였는지 말하는 것을 듣는 것은 심란한 일인데 어느 정도는 그것이 충분히 심란하게 느껴지지 않기 때문이다. (내가 그 일에 대해 일관된 감정을 가질 수 있게 되기까지는 수개월이 걸렸고 그때도 그 감정은 독특한 방식으로 나타났다.)

우리가 자리에 앉았을 때 그는 우리가 먹을 땅콩을 조금 내주었다. 그는 땅콩을 수확해 껍질을 까서 말렸고 우리를 위해 볶아주었다. 이후 우리의 방문을 기다리면서 그가 벽지도 새로 발랐다는 것을 알게 되었다. 우리는 우선 무해한 주제를 찾으면서 어색하게 이야기를 나누었다. 그는 11남매 중 첫째로 농가에서 자랐으며 밭에서 일하지 않을 때는 동생들을 돌봐야 했으므로 공부를 하거나 놀던 기억이 없다는 걸 알게 되었다. 우리의 대화에는 그의 사과가 가미되어 있었다. "우리는 시골 사람이었어요. 도시 일에 대해서는 잘 모르죠. 게다가 이젠 나이가 들어서 할 수 있는 거라고는 시골식으로 접대하는 것이 전부네요." "내 머리도 늙어서 쇼와 연도와 서기 연도가 뒤섞이곤 해요." 그의 행동 방식은, 구보테라 씨는 **덜** 존재하기로 각오한 것처럼 보였다. 그리고 그는 그 근원까지 추적해가면 희망을 가려버릴 수도 있을 무언가, 그 무언가를 받아들일 준비가 되어 있는 것처럼 보였다. 그에게 이야기하고 있는 사람이 나, 미국 중서부에 있는 작은 대학의 문학교수라는 점이 아주 잘못되었다고 느껴졌다. 그러나 우리는 오랫동안, 이야기를 나누었다.

사실 이 만남은 가장 긴 단독 인터뷰였다. 첫 번째 인터뷰였기 때문에 우리는 그와 같은 사람에게 인터뷰가 어떤 것일지 이해하지 못했다. 우리는 묻고 싶은 질문이 아주 많았고, 계속 질문을 했다. 나는 무릎과 어깨가 쑤셔서 마룻바닥에 앉은 채 계속 자세를 바꾸었다. 그는 가만히 앉아 있다가 마지막에는 도움을 받아 일어나야 했는데 그때까지는 그가 아프다는 것도 깨닫지 못했다. 그날은 더워서 목이 말랐는지 그가 음료를 마셨다. 그 행동—그 자신의 욕구를 단순히 표출하는 것—에는 나를 놀라게 하는 무언가가 있었다. 나는 나중에야 그것이 무엇이었는지 깨달았다. 우리가 끊임없이 행하는 작은 자기돌봄의 행동들, 우리가 자기돌봄—편안함을 위해 균형 잡기, 긴장을 풀기 위해 꼼지락거리기, 안도감을 갖거나 자극을 주기 위해 자신의 몸을 긁거나 얼굴을 문지르기—이라고 생각조차 하지 않는 그 행동들을 그는 그때껏 전혀 하지 않았던 것이다.

그날은 비가 내릴 조짐이 있어서 우산을 가져갔었다. 긴 인사를 하고 나온 나는 우산을 놓고 온 것을 깨닫고 가지러 가기 위해 입구로 뛰어갔는데 신발을 벗는 것을 잊어버렸다. 통역사는 무릎을 꿇고 엎드려 사과하면서 내가 밟고 걸어간 곳을 손으로 훔쳐냈다.

감사의 말

이 원고의 일부 구절은 다음 글에 부분적으로 게재된 것이다.

〈걸프전과 미국의 평화운동〉,《아메리칸 리터러리 히스토리American Literary History》(2009년 여름): 418-428; 〈문학 연구에서의 인권〉,《계간 휴먼 라이츠Human Rights Quarterly》31(2009년 봄): 394-409; 〈허구적 감정: 철학, 인지과학 그리고 미국의 고딕〉,《아메리칸 리터러처American Literature》76(2004년 가을): 437-466.

이 논문들의 전재를 허가해주신 데 대해 감사의 말을 전한다.

자신들이 저지른 가해행위를 증언하고 속죄하는 데 헌신한 사람들이 있다. 중일전쟁에서 민간인 학살, 생체 실험, 강간 등 잔혹한 범죄를 저질렀던 당사자들의 이야기다. 이들은 패전 후 시베리아 수용소를 거쳐 중국 푸순 전범관리소에 수용되면서 참회의 시간을 보낸다. 귀국 후 1957년 중국귀환자연락회(중귀련)를 결성, 일제가 저지른 전쟁범죄의 실상을 알리는 활동을 펼쳤다. 중귀련은 회원들의 고령화와 사망으로 2002년 해산하게 된다. 이 책은 중귀련 활동가들의 증언을 통해 평범한 사람이 어떻게 잔악무도한 가해자가 되었는지, 그리고 다시 어떻게 전쟁범죄의 고발자와 증언자가 되었는지를 보여준다.

농부였고, 노동자였고, 혹은 의사나 교사였다. 타인을 해친다는 생각조차 낯설기만 했던 그들은 신병훈련소에서 체벌과 구타를 받아가며 사람을 총검으로 찌르는 연습을 하고 상관의 명령에 절대 복종하도록 길들여진다. 전쟁터로 보내진 그들은 명령에 따라, 혹은 실적을 올리기 위해 닥치는 대로 살상을 일삼는 살인 기계가 된다. 자신들의 상대는 열등하고 해로운 존재라는 이데올로기가 체계적으로 주입되었고 윤리적 고뇌와 죄의식이 싹틀 만한 여지는 없었다. 살인광이나 다름없었던 이들이 자신들의 행위를 끔찍스럽게 되돌아보고 참회하게 된 계기는 전범관리소에서 이루어진 진술과 자백, 교육이었다.

전쟁범죄를 공개적으로 증언하고 반성한 그들은 중국에서 세뇌되어 돌아온 '빨갱이' 취급을 받으며 일본 사회의 멸시와 차별을 견뎌야 했다. 그럼에도 그들이 증언을 멈추지 않은 이유는 자신들이 저지른 행위가 반복되어서는 안 된다는 확고한 믿음 때문이었다. 가해자의 증언은 개인적 참회 또는 진실의 확립이라는 차원만이 아니라, 참상의 재발을 방지한다는 차원에서 더욱 의미가 깊다.

이 책의 저자는 증언을 보다 적극적으로 끌어내기 위해 인터뷰이가 불편을 느낄 만한 질문을 던진다. 그리고 이런 질문은 오랫동안 반복돼 왔던 증언과는 다른 이야기들로 이어진다. 그중 특히 우리의 주의를 끄는 것은 전시 성노예 문제에 대한 답변인데, 중귀련 회원들이 내놓는 반응은 각기 다르다. 어떤 이는 '위안부'

를 여전히 매춘 여성으로 간주하며 자신은 성매매를 했을 뿐이라고 생각하는 반면, 다른 이는 '위안부'가 성노예로 착취를 당했다고 생각한다. 한편 인터뷰 과정에서 비로소 이 문제를 전시 성폭력 문제로 인식하게 되는 경우도 있었다. 이는 가해자의 증언을 충실히 듣는다는 것은 충실한 질문을 전제한다는 점을 보여준다. 듣는 이와 말하는 이의 관계에 따라 증언은 새로운 양상으로 표출되기도 한다.

가해자의 말하기는 가해 경험의 객관적 진술을 넘어서서 피해자의 고통에 대한 공감과 참회, 실천적인 행동으로 이어져야 한다. 회복될 수 없는 피해에 대한 최소한의 책임은 악행의 반복을 결단코 막아내는 데 있다. 그런 점에서 과거의 증언은 미래의 약속이기도 하다. 한때 중일전쟁의 살인기계였던 이들은 오늘 미국의 이라크 침공을 비판하며 반전평화의 가치를 말한다. 시민들은 '푸순의 기적을 이어가는 모임'을 만들어 중귀련의 정신을 계승해가고 있다. 가해자의 행위는 결코 지워질 수 없지만, 언제까지나 가해자로서만 규정되지는 않을 수도 있다. 떠올리기 싫은 치욕스런 과거가 미래를 모두 삼켜버리는 것도 아니다. 이러한 변화가 불가능한 것이 아니라면 그 좁은 길은 침묵을 깨는 사람들, 자백하는 사람들, 증언에 귀 기울이는 사람들, 결의하는 사람들이 열어줄 것이다.

변진경

주

인용구

9: Zbigniew Herbert, comment on "Why the Classics", in *The Poetry of Survival: Post-War Poets of Central and Eastern Europe*, ed. Daniel Weissbort (New York: St. Martin's Press, 1991), p. 334.

111: Hetty Voûte, *The Heart Has Reasons: Holocaust Rescuers and Their Stories of Courage*, ed. Mark Klempner (Cleveland: Pilgrim Press, 2006), p. 24.

111: Samuel Taylor Coleridge, "Fears in Solitidue", in *The Poems of Samuel Taylor Coleridge*, ed. Ernest Hartley Coleridge (Oxford: Oxford University Press, 1924), p. 259.

153: Nora Okja Keller, *Comfort Woman* (New York: Penguin, 1997), p. 62. (한국어판:《종군위안부》, 박은미 옮김, 밀알, 1997)

170: Adam Smith, *The Theory of Moral Sentiments* (Indianapolis: Liberty Classics, 1976), p. 47. (한국어판:《도덕감정론》, 김광수 옮김, 한길사, 2016)

1   Lincoln Li, *The Japanese Army in North China: 1937~1941* (Oxford: Oxford University Press, 1975), p. 21.

2   Michael Weiner, *Race and Migration in Imperial Japan* (London: Routledge, 1994), p. 30.

3   Brian Daizen Victoria, *Zen at War* (New York: Rowman & Littlefield, 2006), p. 91.

4   David Sanger, "Japanese Aide Apologizes for Calling Nanjing Massacre a Fabrication", *New York Times*, May 7, 1994.

5   "No Comfort" (editorial), *New York Times*, March 6, 2007.

6   Christopher Barnard, *Language, Ideology, and Japanese History Textbooks* (New York: RoutledgeCurzon, 2003), p. 17.

7   Higashinakano Shudo, *The Nanking Massacre: Fact versus Fiction, A Historian's Quest for the Truth*, trans. Sekai Shuppan (Tokyo: Sekai Shuppan, 2005), p. I.

8   캐롤린 딘은 고통의 재현에 적용되는 개념으로서 포르노그래피가 어떻게 연민의 한계에 대해 동시대의 이해를 형성하는지 포괄적으로 분석한다. 다음을 보라. "Empathy, Pornography, and Suffering", *differences: A Journal of Feminist Cultural Studies* 14, no. 1 (2003): 88-124. Stéphane Audoin-Rouzeau, "Extreme Violence in Combat and Wilful Blindness", *International Social Science Journal* 54 (December 2002): 491-497.

9   William Pfaff, "An Active French Role in the 1994 Genocide in Rwanda", *International Herald Tribune*, January 17, 1998, Opinion, p. 6.

10 Emmanuel Dongala, *Johnny Mad Dog* (New York: Picador, 2006), p. 147.

11 Susan Sontag, *Regarding the Pain of Others* (New York: Farrar, Straus and Giroux, 2003), p. 95. (한국어판:《타인의 고통》, 이재원 옮김, 이후, 2004)

12 Thomas Keenan, "Mobilizing Shame", *South Atlantic Quarterly* 103, no. 2/3 (Spring/Summer 2004): 435-449.

13 Cathy Caruth, "Trauma and Experience: Introduction", in *Trauma: Explorations in Memory*, ed. Cathy Caruth (Baltimore: Johns Hopkins University Press, 1995), p. 6.

14 다음을 보라. *The Critical Link 4: Professionalization of Interpreting in the Community*, ed. Cecelia Wadensjö, Birgitta Englund Dimitrova, and Anna-Lena Nilsson (Amsterdam: John Benjamins, 2007).

15 Hannah Arendt, *Eichmann in Jerusalem: A Report on the Banality of Evil* (New York: Penguin, 1994), pp. 288, 49, 287. (한국어판:《예루살렘의 아이히만》, 김선욱 옮김, 한길사, 2006)

16 Stanley Milgram, "Some Conditions of Obedience and Disobedience to Authority", *Human Relations* 18 (February 1965): 67.

17 Ibid., p. 75.

18 Elaine Scarry, *The Body in Pain: The Making and the Unmaking of the World* (New York: Oxford University Press, 1985), p. 4. (한국어판:《고통받는 몸》, 메이 옮김, 오월의봄, 2018)

19 Eva Hoffman, *After Such Knowledge: Memory, History, and the Legacy of the Holocaust* (New York: PublicAffairs, 2004), p. 7.

20 Ibid., p. 9.

21 Caruth, "Trauma and Experience", p. 5.

22 Cathy Caruth, "Recapturing the Past: Introduction", in Caruth, *Trauma: Explorations in Memory*, pp. 154-154.

23   Patricia Hample, *I Could Tell You Stories* (New York: Norton, 1999), p. 73.

24   Hoffman, *After Such Knowledge*, p. 15.

25   Claude Lanzmann, "The Obscenity of Understanding: An Evening with Claude Lanzmann", in Caruth, *Trauma: Explorations in Memory*, p. 204.

26   David Eng and David Kazanjian, *Loss: The Politics of Mourning* (Berkeley: University of California Press, 2003), p. 9.

27   Marc Nichanian, "Between Genocide and Catastrophe", in Eng and Kazanjain, *Loss*, p. 133.

28   Ibid., p. 134.

29   Shoshana Felman, *The Juridical Unconscious: Trials and Traumas in the 20th Century* (Cambridge, MA: Harvard University Press, 2002), pp. 144–146. 펠먼은 문학적 정의와 법적 정의를 이와 같이 대조한다. "문학은 구체적인 구현의 차원으로서, 법의 언어와 대조적으로 종결이 아니라 정확히 법률 사건에서 종결을 거부하는 것이거나 종결될 수 없는 것을 압축하는 무한의 언어이다. 문학이 공정을 기하는 것은 이 트라우마의 종결을 거부하는 것이다." (8)

30   Allen Feldman, "Memory Theaters, Virtual Witnessing, and the Trauma-Aesthetic", *Biography* 27, no. I (Winter 2004): 169, 170, 166.

31   Hoffman, *After Such Knowledge*, p. 175.

32   Ibid., p. 176.

33   Maurice Blanchot, *The Writing of the Disaster*, trans. Ann Smock (Lincoln: University of Nebraska Press, 1995), p. 84. (한국어판:《카오스의 글쓰기》, 박준상 옮김, 그린비, 2012)

34   다음에서 인용. Ruth Franklin, *A Thousand Darknesses: Lies and Truths in Holocaust Fiction* (Oxford: Oxford University Press, 2007), p. 4.

35   Dominique LaCapra, *Writing History, Writing Trauma* (Baltimore: Johns Hopkins University Press, 2001), p. 92.

36   Alvin Rosenfeld, 다음에서 인용. Franklin, *A Thousand Darknesses*, pp. 4, 5.

37   Philip Gourevitch, 다음에서 인용. James Dawes, *That the World May Know: Bearing Witness to Atrocity* (Cambridge MA: Harvard University Press, 2007), p. 60.

38   Amy Hungerford, *The Holocaust of Texts: Genocide, Literature, and Personification* (Chicago: University of Chicago Press, 2003), p. 117. 나는 트라우마에 대한 복잡한 일련의 주장들에 대해 간단히 설명했다. 다음을 보라. Cathy Caruth, *Unclaimed Experience: Trauma, Narrative, and History* (Baltimore: Johns Hopkins University Press, 1996); LaCapra, *Writing History, Writing*

Trauma; Ruth Leys, *Trauma: A Genealogy* (Chicago: University of Chicago Press, 2000); E. Ann Kaplan, *Trauma Culture: The Politics of Terror and Loss in Media and Literature* (New Brunswick, NJ: Rutgers University Press, 2005). 다음도 참고하라. Andrew Gross and Michael Hoffman, "Memory, Authority, and Identity: Holocaust Studies in Light of the Wikomirski Debate"; Allen Feldman, "Memory Theaters, Virtual Witnessing, and the Trauma-Aesthetic"; and Kay Schaffer and Sidonie Smith, "Conjunctions: Life Narratives in the Field of Human Rights"—all in *Biography* 27, no. I (Winter 2004): 25-47, 163-202, and I-24.

39   Charles T. Mathewes, *Evil and the Augustinian Tradition* (Cambridge: Cambridge University Press, 2001), p. 44.

40   Claudia Card, *The Atrocity Paradigm: A Theory of Evil* (Oxford: Oxford University Press, 2002), p. 49. 참고.

41   Jean-Jacques Rousseau, *Politics and the Arts: Letter to M. D'Alembert on the Theater* (Glencoe, IL: Free Press, 1960), p. 23.

42   Arendt, *Eichmann in Jerusalem*, p. 276.

43   Hannah Arendt, *The Life of the Mind* (New York: Harcourt, 1978), p. 180. (한국어판:《정신의 삶》, 홍원표 옮김, 푸른숲, 2019)

44   Norman Podhoretz, 다음에서 인용. Adam Kirsch, "Beware of Pity", *New Yorker*, January 12, 2009, p. 12. 아렌트의 주장에 대한 비판적 수용에 대해서는 다음을 보라. David Cesarani, *Becoming Eichmann: Rethinking the Life, Crimes, and Trial of a "Desk Murderer"* (Cambridge, MA: Da Capo Press, 2007), pp. 343-356. 평범성에 대한 반론은 최근 철학과 심리학 연구에서 다시 나타났다. 간략한 문헌 고찰은 다음을 보라. S. Alexander Haslam and Stephen Reicher, "Beyond the Banality of Evil: Three Dynamics of an Interactionist Social Psychology of Tyranny", *Personality and Social Psychology Bulletin* 33, no. 5(May 2007): 615-622.

45   Harold Rosenberg, "The Shadow of the Furies", *The New York Review of Books* 23, January 20, 1977, pp. 47-48.

46   Cesarani, *Becoming Eichmann*, p. 350.

47   Bernhard Schlink, *The Reader* (New York: Vintage, 1998), p. 157. (한국어판:《책 읽어주는 남자》, 김재혁 옮김, 시공사, 2013)

48   이 질문들은 폭력에 관련된 연구를 하는 나 같은 연구자에게 제기된 개인적인 질문을 가차 없이 검토한 도널드 돈햄에게서 빌린 것이다. "Staring at Suffering: Violence as a Subject", in *States of Violence: Politics, Youth, and Memory in Contemporary Africa*, ed. Edna G. Bay and Donald

Donham (Charlottesville: University of Virginia Press, 2006), pp. 16-34.

49   Sheldon Harris, *Factories of Death: Japanese Biological Warfare, 1932-45, and the American Cover-Up* (New York: Routledge, 1994), pp. 54, 59, 55.

50   Ivy Lee, "Probing the Issues of Reconciliation More Than Fifty Years after the Asia-Pacific War", in Peter Li, ed., *Japanese War Crimes: The Search for Justice* (New Brunswick, NJ: Transaction, 2003), pp. 24-25.

51   Harris, *Factories of Death*, pp. 61, 77-78.

52   Lee, "Probing the Issues of Reconciliation", p. 25.

53   Tsuneishi Keiichi, "Unit 731 and the Japanese Army's Biological Warfare Program", in *Japan's Wartime Medical Atrocities: Comparative Inquiries in Science, History and Ethics*, ed. Jing-Bao Nie, Nanyan Guo, Mark Selden, and Arthur Kleinman (New York: Routledge, 2010), p. 28.

54   Daniel Barenblatt, *A Plague upon Humanity: The Hidden History of Japan's Biological Warfare Program* (New York: HarperPerennial, 2004), p. xii.

55   Ibid., p. 173.

56   Harris, *Factories of Death*, p. 67.

57   Barenblatt, *A Plague upon Humanity*, p. 60.

58   Harris, *Factories of Death*, pp. 49, 51.

59   Ibid., pp. 62, 70, 71, 65; Barenblatt, *A Plague upon Humanity*, pp. 55-56, 81.

60   Jing-Bao Nie, Mark Selden, and Arthur Kleinman, introduction to Nie, Guo, Selden, and Kleinman, *Japan's Wartime Medical Atrocities*, p. 5.

61   Barenblatt, *A Plague upon Humanity*, p. xiii.

62   Harris, *Factories of Death*, p. 44.

63   Barenblatt, A Plague upon Humanity, pp. xxiii, 234; Nie, Selden, and Kleinman, introduction to Nie, Guo, Selden, and Kleinman, *Japan's Wartime Medical Atrocities*, p.5.

64   Harris, *Factories of Death*, p. 42; 다음도 보라. Yuki Tanaka, *Hidden Horrors: Japanese War Crimes in World War II* (Boulder, CO: Westview Press, 1996), p. 162.

65   Nie, Selden, and Kleinman, introduction to Nie, Guo, Selden, and Kleinman, *Japan's Wartime Medical Atrocities*, p. 7.

66   Harris, *Factories of Death*, p. 189.

67   Ibid., p. 207.

68   Ibid., p. 220.

69   Nanyan Guo, "Discovering Traces of Humanity: Taking Individual Responsibility for Medical Atrocities", in Nie, Guo, Selden, and Kleinman,

Japan's Wartime Medical Atrocities, pp. 108-109.

70　Sigmund Freud, *Civilization and Its Discontents*, trans. Joan Riviere (New York: Jonathan Cape & Harrison Smith, 1930), pp. 85-86. (한국어판: 《문명 속의 불만》, 김석희 옮김, 열린책들, 2004) 전쟁에 대한 프로이트의 시각에 대해 더 자세하고 정교한 설명은 다음을 보라. Jean Bethke Elshtain, "Freud's Discourse of War/Politics", in *International/Intertextual Relations: Postmodern Readings of World Politics*, ed. James Der Derian and Michael J. Shapiro (Toronto: Lexington, 1989), pp. 49-68.

71　Barbara Ehrenreich, *Blood Rites: Origins and History of the Passions of War* (New York: Henry Holt, 1997), pp. 94-95.

72　Zygmund Bauman, *Modernity and the Holocaust* (Ithaca, NY: Cornell University Press, 1990), p. 95. (한국어판:《현대성과 홀로코스트》, 정일준 옮김, 새물결, 2013)

73　Daniel Chirot and Clark McCauley, *Why Not Kill Them All: The Logic and Prevention of Mass Political Murder* (Princeton, NJ: Princeton University Press, 2006), p. 142. 참고

74　Ervin Staub, "The Roots of Evil: Social Conditions, Culture, Personality, and Basic Human Needs", *Personality and Social Psychology Review* 3, no. 3 (1999): 182-184.

75　Ben Kiernan, *Blood and Soil: A World History of Genocide and Extermination from Sparta to Darfur* (New Haven, CT: Yale University Press, 2007), p. 50.

76　용어의 역사에 관해서는 다음을 참고하라. Samantha Power, *"A Problem from Hell": America and the Age of Genocide* (New York: Basic, 2002), pp. 17-45.

77　이 표현은 다음 책에서 빌려온 것이다. Staub, "The Roots of Evil", p. 14.

78　James Waller, *Becoming Evil: How Ordinary People Commit Genocide and Mass Killing* (Oxford: Oxford University Press, 2002), pp. 86-87. "the Nazi personality"의 연구들은 pp. 55-87을 보라. 학교 총기 난사 사건의 가해자들에 대한 미국 첩보기관의 연구에 따르면 살인자와 일반 대중을 구별할 방법은 없었다. Elliot Aronson, "Reducing Hostility and Building Compassion: Lessons from the Jigsaw Classroom", in *The Social Psychology of Good and Evil*, ed. Arthur Miller (New York: Guilford Press, 2004), pp. 470-471. 이와 관련해서는 다음 참고. Roy F. Baumeister and W. Keith Campbell, "The intrinsic Appeal of Evil: Sadism, Sensational Thrills, and Threatened Egotism", *Personality and Social Psychology Review* 3, no. 3 (1990): 210-221.

79　Christopher Browning, *Ordinary Men: Reserve Police Battalion 101 and the Final*

Solution in Poland (New York: Harper Perennial, 1998) (한국어판:《아주 평범한 사람들》, 이진오 옮김, 책과함께, 2010)

80   Kiernan, *Blood and Soil*, pp. 37-38.

81   Staub, *The Roots of Evil: The Origins of Genocide and Other Group Violence* (Cambridge: Cambridge University Press, 1989), pp. 232-245.

82   Waller, *Becoming Evil*, pp. 153, 176.

83   Browning, *Ordinary Men*, p. 159.

84   Saburo Ienaga, 다음에서 인용. Ehrenreich, *Blood Rites*, p. 213.

85   참고 Eriko Aoki, "Korean Children, Textbooks, and Educational Practices in Japanese Primary School", in *Koreans in Japan: Critical Voices from the Margin*, ed. Sonia Riang (London: Routledge, 2000), p. 162. Emiko Ohnuki-Tierney, *Kamikaze, Cherry Blossoms, and Nationalisms: The Militarization of Aesthetics in Japanese History* (Chicago: University of Chicago Press, 2002), p. 128. (한국어판:《죽으라면 죽으리라》, 이향철 옮김, 우물이있는집, 2007)

86   Ohnuki-Tierney, *Kamikaze, Cherry Blossoms, and Nationalisms*, pp. 132, 137, 140.

87   Marcus Tullius Cicero, *The Speeches of Cicero: Pro T. Annio Milone*, trans. N. H. Watts (Cambridge, MA: Harvard University Press, 1953), p. 16.

88   International Committee of the Red Cross, *People on War Report: ICRC Worldwide Consultation on the Rules of War* (Geneva: ICRC, October 1999), pp. ix, xv, 13.

89   David Grossman, *On Killing: The Psychological Cost of Learning to Kill in War and Society* (Boston: Little, Brown, 1995), pp. 4, 1-16.

90   Arendt, *Eichmann in Jerusalem*, p. 106.

91   Reinhold Niebuhr, *Moral Man and Immoral Society: A Study in Ethics and Politics* (Louisville, KY: Westminister John Knox Press, 2001), pp. 272, 18. (한국어판:《도덕적 인간과 비도덕적 사회》, 이한우 옮김, 문예출판사, 2017)

92   Philip Zimbardo, *The Lucifer Effect: Understanding How Good People Turn Evil* (New York: Random House, 2007), pp. 299-307. (한국어판:《루시퍼 이펙트》, 이충호·임지원 옮김, 웅진지식하우스, 2007)

93   사람들이 행동, 성격, 가치에서 놀라운 모순을 보임에도 단일한 정체성 의식을 유지하는 방법을 생각하는 데는 다양한 용어와 개념이 있으며, 진부한 말에서 임상적인 용어에 이르기까지 범위가 다양하다. 가장 친숙한 것은 '구획화하다compartmentalize'라는 단어의 비임상적 사용으로서 다양한 상황에서 더 편안하게 체험하고 자신을 관리할 수 있도록 다양한

부정적 행동, 사건, 자기 측면을 한 곳에 제쳐둘 수 있는 능력을 설명하기 위해 사용한다. 이 용어는 평범한 것에서(세금과 관련해 속이면서도 자신이 정직하다고 생각하는 것) 극단적인 것까지(군인이 효율적으로 역할할 수 있도록 감정을 구획화하는 것) 다양한 행동을 설명하는 데 사용된다. 구획화는 우리가 자아의식을 조직하는 방식을 설명하는 데 사용되는 심리학 용어이기도 하다. 우리는 자신에 대한 긍정적, 부정적 믿음을 여러 맥락화된 정체성으로 분리하는 경향이 있는가(여기의 '나' 대 저기의 '나') 아니면 어떤 상황에서도 긍정적이거나 부정적인 믿음을 통합하는가? 다음을 참고하라. Carolyn Showers and Virgil Zeigler-Hill, "Compartmentalization and Integration: the Evaluative Organization of Contextualized Selves", *Journal of Personality* 75, no. 6 (December 2007): 1181-1204. 구획화는 분열dissociation과 관련 있는 임상 용어이기도 하다. 이 용어들은 모두 인격의 구조적 분할로 간주되는, 트라우마와 관련된 연속체적 심리 현상을 지칭한다. 즉 인격의 부분들은 서로 '분리'되거나 차단된다. 분열이 포함하는 질환과 증상의 범위는 특별히 광범위하다. 다음을 보라. Onno van der Hart, Ellert Nijenhuis, Kathy Steele, Daniel Brown, "Trauma-Related Dissociation: Conceptual Clarity Lost and Found", *Australia and New Zealand Journal of Psychiatry* 38, no. 11-12 (2004): 906-914; Richard Brown, "Different Types of 'Dissociation' Have Different Psychological Mechanisms", *Journal of Trauma and Dissociation* 7, no. 4 (2006): 7-28; Daphne Simeon, "Depersonalization Disorder: A Contemporary Overview", *CNS Drugs* 18, no. 6 (2004): 343-354. 에밀리 홈즈와 동료들은 외상 후 스트레스 장애를 다룬 논문에서 말한다. "우리는 '분열'이라는 용어가 비개인화, 현실감 상실, 기억 상실, 감정 마비, 플래시백 같은 증상을 포함하는 '포괄적인 것'으로 사용되었다는 것을 발견했다. 그런 증상을 가진 환자들은 트라우마가 지금 여기에서 다시 일어나고 있는 것처럼 느낀다." Emily A. Holmes, Richard J. Brown, Warren Mansell, R. Pasco Fearon, Elaine C. M. Hunter, Frank Frasquilho, and David A. Oakley, "Are There Two Qualitatively Distinct Forms of Dissociation? A Review and Some Clinical Implications", *Clinical Psychology Review* 25 (January 2005): 1-23. 아우슈비츠의 나치 의사들에 대한 연구에서 로버트 제이 리프턴은 '이중자아doubling'라는 개념을 전개시켜 양립 불가능한 두 개의 환경, 애정 넘치는 가정과 말로 표현할 수 없는 아우슈비츠에 대해 연결되어 있으면서도 자립적인 자아들을 만드는 적응 전략을 가정한다. Lifton, *The Nazi Doctors: Medical Killing and the Psychology of Genocide* (New York: Basic, 1986) 제임스 월러는 리프턴에 대해 명쾌한

설명과 비판을 전개하면서 어떻게 자아 일관성에 대한 우려가 자아를 단일화되고 일관적이기보다 자아에 대한 '포스트모던적' 시각에서 본질적으로 단편적이고 다양하다고 보도록 조정되어야 하는지에 대해 중요한 질문을 제기한다. Waller, *Becoming Evil*, pp. 111-123.

94 Arthur Applbam, *Ethics for Adversaries: The Morality of Roles in Public and Professional Life* (Princeton, NJ: Princeton University Press, 1999), pp. 39, 105, 34. 애플바움은 그들이 어떤 사람이든 변호사는 거짓말쟁이라고 주장하면서 이런 식으로 변호사 일을 옹호하는 것을 거부한다는 점을 강조해야겠다.

95 영국 군인의 말은 다음에서 인용했다. Jonathan Glover, *Humanity: A Moral History of the 20th century* (New Haven, CT: Yale University Press, 2001), p. 52. (한국어판:《휴머니티》, 김선욱·이양수 옮김, 문예출판사, 2008)

96 Lifton, *The Nazi Doctors*, pp. 435-436. 다음도 보라. Arendt, *Eichmann in Jerusalem*, p. 106.

97 가령 다음을 보라. Ben Lieberman, "Nationalist Narratives, Violence between Neighbours and Ethnic Cleansing in Bosnia-Hercegovina: A Case of Cognitive Dissonance?", *Journal of Genocide Research* 8, no. 3 (September 2006): 300-301.

98 Tim O'Brien, "How to Tell a True War Story", in *The Things They Carried* (Boston: Houghton Mifflin, 1990), p. 88.

99 Richard J. Bernstein, *Hannah Arendt and the Jewish Question* (Cambridge, MA: MIT Press, 1996), pp. 177-178.

100 Zimbardo, *The Lucifer Effect*, p. 80.

101 Ibid., p. 104.

102 Ibid., p. 156.

103 Simone de Beauvoir, *The Ethics of Ambiguity*, trans. Bernard Frechtman (New York: Citadel Press, 1994), p. 36. (한국어판:《그러나 혼자만은 아니다》, 한길석 옮김, 꾸리에, 2016)

104 Jesse Glenn Gray, *The Warriors: Reflections on Men in Battle* (New York: Harper, 1970), p. 181.

105 Glover, *Humanity*, p. 362.

106 트라우마와 비극에 대해서는 다음을 보라. Hoffman, *After Such Knowledge*, p. 41. 리프턴은 '전체주의 이데올로기'에 대해 다음과 같이 명쾌한 분석을 제시한다.
"그것은 내가 다른 곳에서 말했던 불멸에 대한 권리와 환경에 대한 특별한 심리 조작의 배타적 진실에 대한 권리를 내세운다. (모든

커뮤니케이션의) 환경 지배, 신비로운 조작(아래로부터는 자발성의
모습을 유지하면서, 위로부터는 끊임없이 행동 통제를 하려는 노력),
순수성에 대한 요구(실현할 수 없는 절대적인 헌신과 자기희생의
명목으로 죄의식과 수치에 대한 끊임없는 비난), 고백의 숭배(모든
자아라는 전체주의적 '주인'에게 의례적인 자기 노출), 신성과학(성서의
신격화와 그와 동등하게 절대적인 세속적 과학의 권위가 내세우는
주장의 결합), 언어를 (가장 복잡한 인간 문제에 대한 분명한 해결법으로)
신기, 개인에 대한 교리(개인적 경험의 증거가 사상 체계에 포함되거나
부인되도록 하기 위해), 생존의 분배(존재할 권리를 가진 이들과 그런
권리를 갖지 못한 이들 사이에 근본적이고 불가피한 선이 그어진다)."
(Lifton, *The Nazi Doctors*, p. 472)

리프턴의 주장에 따르면 현대적 자아는 대량학살의 이데올로기라는 유혹,
다른 사람을 살해함으로써 자기 자신의 죽음을 극복할 수 있다는 약속에
특히 취약할 수 있다. "나는 그런 특징들을 상징적 정박의 상실 때문에,
핵무기의 소멸이나 심지어 절멸 이미지와 관련해 격렬해진 죽음 불안과의
싸움과 더불어, 자신이 노출되는 무한한 가능성의 이미지에 대한 혼란
때문에, 의미에 대한 갈망이 악화된 것으로 생각한다." (Lifton, *The Nazi
Doctors*, p. 472)

107 Erik H. Erikson, "Ontogeny of Ritualization in Man", *Philosophical
Transactions of the Royal Society*, London B251 (1966): 340, 346, 337-349.

108 Lifton, *Thought Reform and the Psychology of Totalism* (New York: Norton,
1961), p. 425.

109 Weiner, *Race and Migration*, p. 13.

110 Ibid., p. 19.

111 Ibid., pp. 15-16.

112 Ibid., p. 12.

113 Ibid., pp. 24, 30.

114 Ibid., p. 27.

115 Ibid., pp. 30-31.

116 Aoki, "Korean Children, Textbooks, and Educational Practices", p. 158.

117 Norimitsu Onishi, "Ugly Images of Asian Rivals Become Bestsellers in
Japan", *New York Times*, November 19, 2005.

118 많은 연구들은 전시에 민간인에게 가해지는 폭력이 궁극적인 전쟁의
목표에 역효과를 낳는다고 시사하지만 내전에 관한 최근 연구에서는 그런
"비이성적인" 테러 폭력이 사실상 의도적으로 "이성적인" 전쟁 목표에
기여할 수 있다는 점을 보여준다. 예를 들어 다음을 보라. Alexander B.

Downes, "Desperate Times, Desperate Measures: The Causes of Civilian Victimization in War", *International Security* 30, no. 4 (Spring 2006): 152–195; Jean-Paul Azam and Anke Hoeffler, "Violence against Civilian Victimization in Wars: Looting or Terror?", *Journal of Peace Research* 39, no. 4 (2002): 461–485; Stathis N. Kalyvas, "Wanton and Senseless? The Logic of Massacres in Algeria", *Rationality and Society* 11, no. 3 (1999): 243–285.

119   De Beauvoir, *The Ethics of Ambiguity*, p. 101.

120   Jonathan Shay, *Achilles in Vietnam: Combat Trauma and the Undoing of Character* (New York: Simon & Schuster, 1994), p. 80.

121   Jean Améry, *At the Mind's Limits: Contemplations by s Survivor on Auschwitz and Its Realities*, trans. Sidney Rosenfeld and Stella P. Rosenfeld (New York: Schoken, 1986), pp. 26, 28. (한국어판:《죄와 속죄의 저편》, 안미현 옮김, 길, 2012)

122   일반적으로 방관자들에 대해서는 다음을 보라. Staub, *The Roots of Evil*, pp. 87–88.

123   Power, *"A Problem from Hell"*, p. xviii.

124   Thomas Hobbes, *Leviathan* (Oxford: Basil Blackwell, 1960), p. 81. (한국어판:《리바이어던》, 진석용 옮김, 나남, 2008)

125   Thucydides, *The Peloponnesian War* (New York: Random House, 1951), p. 334 (한국어판:《펠로폰네소스 전쟁사》, 천병희 옮김, 도서출판 숲, 2011)

126   Chirot and McCauley, *Why Not Kill Them All?*, p. 36.

127   Samuel Taylor Coleridge, "Fears in Solitude", in *The Poems of Samuel Taylor Coleridge*, ed. Ernest Hartley Coleridge (Oxford: Oxford University Press, 1924), p. 260.

128   Gregory Sieminski, "The Art of Naming Operations", *Parameters* (Autumn 1995): 81–98.

129   Christian Davenport, "In Choosing Its Battle Names, the Military Must Know Its Target Audience", *Washington Post*, March 20, 2010, p. A01.

130   Sieminski, "The Art of Naming Operations", pp. 81–98.

131   Weiner, *Race and Migration in Imperial Japan*, p. 189.

132   Marguerite Feitlowitz, *A Lexicon of Terror: Argentina and the Legacies of Torture* (Oxford: Oxford University Press, 1998), p. 61.

133   Jacobo Timerman, *Prisoner without a Name, Cell without a Number*, trans. Toby Talbot (Madison: University of Wisconsin Press, 1981), p. 51.

134   Lifton, *Thought Reform*, pp. 429, 425.

135   Arendt, *Eichmann in Jerusalem*, pp. 85, 105. 파시즘이 언어에 미치는 영향에

대해서는 다음을 참고하라. George Steiner, *Language and Silence* (New York: Atheneum, 1977), pp. 95-109; George Orwell, "Politics and the English Language", in *The Orwell Reader: Fiction, Essays, and Reportage* (New York: Harvest, 1956), pp. 355-366, 363.

136 Hannah Arendt, "Lying in Politics", in *Crisis of the Republic* (San Diego: Harcourt Brace Jovanovich, 1972), p. 20. (한국어판:《공화국의 위기》, 김선욱 옮김, 한길사, 2011)

137 Claude Lanzmann, *Shoah: The Complete Text of the Acclaimed Holocaust Film* (New York: Da Capo Press, 1995), p. 145.

138 Ibid., pp. 3, 4, 9, 39, 40, 45, 63, 127, 129, 136, 183. 홀로코스트 재현의 어려움에 대해서는 다음을 보라. Gertrud Koch, trans. Jamie Daniel and Miriam Hansen, "The Aesthetic Transformation of the Image of the Unimaginable: Notes on Claude Lanzmann's Shoah", *October*, no. 48 (Spring 1989): 15-24.

139 Albert Bandura, "Moral Disengagement in the Perpetration of Inhumanities", *Personality and Social Psychology Review* 3, no. 3 (1999): 196.

140 다음을 참고하라. Donald T. Campbell, "Systematic Error on the Part of Human Links in Communication Systems", *Information and Control* I (1958): 334-369.

141 광범위한 개관을 위해서는 다음을 참고하라. Roy F. Baumeister, Ellen Bratslavsky, Cartrin Finkenauer, and Kathleen D. Vohs, "Bad is Stronger Than Good", *Review of General Psychology* 5, no. 4 (2001): 323-370.

142 다음을 참고하라. Jennifer Crocker, Shawna Lee, and Lora Park, "The Pursuit of Self-Esteem: Implications for Good and Evil", in Miller, *The Social Psychology of Good and Evil*, p. 278.

143 Glover, *Humanity*, p. 60.

144 William Brolyes Jr., "Why Men Love Wars", *Esquire*, November 1984, p. 56.

145 Gray, *The Warriors*, pp. 51, 57.

146 Baumeister and Campbell, "The Intrinsic Appeal of Evil", p. 213.

147 Browning, *Ordinary Men*, p. 69.

148 Ibid., p. 161.

149 Baumeister and Campbell, "The Intrinsic Appeal of Evil", p. 214.

150 David Philipps, *Lethal Warriors: When the New Band of Brothers Came Home* (New York: Palgrave, 2010), p. 76.

151 Browning, *Ordinary Men*, p. 68.

152 Zimbardo, *The Lucifer Effect*, p. 300.

153　Timerman, *Prisoner without a Name*, pp. 37-38.

154　Ibid., p. 40.

155　William Schultz, *In Our Own Best Interests: How Defending Human Rights Benefits Us All* (Boston: Beacon, 2002), p. 25.

156　Baumeister and Campbell, "The Intrinsic Appeal of Evil", pp. 215-216.

157　James Jones, *The Thin Red Line* (New York: Scribner, 1962), p. 198. (한국어판:《신 레드 라인》, 이나경 옮김, 민음사, 2011)

158　소련군의 말은 다음에서 인용했다. Glover, *Humanity*, p. 55.

159　Rollo May, *Power and Innocence: A Search for the Sources of Violence* (New York: Norton, 1972), p. 167.

160　Christopher Hedges, *War Is a Force That Gives Us Meaning* (New York: PublicAffairs, 2002), p. 101.

161　Ibid., p. 99.

162　Ibid., p. 103.

163　Peggy Reeves Sanday, *Fraternity Gang Rape: Sex, Brotherhood, and Privilege on Campus* (New York: New York University Press, 1990), p. 171.

164　Paul Fussell, *The Great War and Modern Memory* (New York: Oxford Univeresity Press, 1975), p. 90.

165　프랑스 군인의 말은 다음에서 인용했다. Michael Walzer, *Just and Unjust Wars: A Moral Argument with Historical Illustrations* (New York: Basic, 1977), p. 316.

166　Jonathan Shay, *Odysseus in America: Combat Trauma and the Trials of Homecoming* (New York: Scribner, 2002), p. 211.

167　Gray, *The Warriors*, pp. 50-51.

168　Hedges, *War Is a Force*, p. 3.

169　Wendy Hesford, *Spectacular Rhetorics: Human Rights Visions, Recognitions, Feminisms* (Durham, NC: Duke University Press, 2011), pp. 94-96. 이 부분에서는 웬디 브라운의 책이 논의되며 제시한 마지막 인용문은 브라운의 말로 헤스포드의 책에서 인용했다.

170　Norimitsu Onishi, "In Japan, a Historian Stands by Proof of Wartime Sex Slavery", *New York Times*, March 31, 2007.

171　Honda Katsuichi, *The Nanjing Massacre: A Japanese Journalist Confronts Japan's National Shame* (New York: Eastgate, 1999), p. xx.

172　Tanaka, *Hidden Horrors*, pp. 95, 100, 99.

173　Ibid., p. 103.

174　Catherine MacKinnon, "Rape, Genocide, and Women's Human Rights", in

Mass Rape: The War against Women in Bosnia-Herzegovina, ed. Alexandra Stiglmayer (Lincoln: University of Nebraska Press, 1994), pp. 188, 189.

175 Ian Buruma, The Wages of Guilt (New York: Farrar, Straus, Giroux, 1994), p. 194.

176 Elisabeth Jean Wood, "Armes Groups and Sexual Violence: When Is Wartime Rape Rare?", Politics and Society 37, no. I (March 2009): 131-162.

177 Maria Eriksson Baaz and Maria Stern, "Why Do Soldiers Rape? Masculinity, Violence, and Sexuality in the Armed Forces in the Congo (DRC)", International Studies Quarterly 53 (2009): 498.

178 Wood, "Armed Groups and Sexual Violence", p. 135.

179 Baaz and Stern, "Why Do Soldiers Rape?", p. 497.

180 Martha Huggins, Mika Haritos-Fatouros and Philip Zimbardo, Violence Workers: Police Torturers and Murderers Reconstruct Brazilian Atrocities (Berkeley: University of California Press, 2002), p. 86.

181 베트남 군인의 말은 다음에서 인용했다. Tanaka, Hidden Horrors, p. 106.

182 Sandra Whitworth, "Militarized Masculinity and Post-Traumatic Stress Disorder", in Rethinking the Man Questions: Sex, Gender and Violence in International Relations, ed. Jane L. ParPart and Marysia Zalewski (London: Zed, 2008), p. 118.

183 Nancy Chodorow, The Reproduction of Mothering: Psychoanalysis and the Sociology of Gender (Berkeley: University of California Press, 1978), pp. 62, 181.

184 프로이트의 말은 다음에서 인용했다. Chodorow, The Reproduction of Mothering, p. 182.

185 Jessica Benjamin, The Bonds of Love: Psychoanalysis, Feminism, and the Problem of Domination (New York: Pantheon, 1988), p. 77.

186 Susan Griffin, Pornography and Silence: Culture's Revenge against Nature (New York: Harper & Row, 1981), p. 92.

187 Pierre Bourdieu, Masculine Domination, trans. Richard Nice (Stanford, CA: Stanford University Press, 2001), p. 52. (한국어판:《남성 지배》, 김용숙 옮김, 동문선, 2003)

188 관심 있는 이들에게는 아버지의 사랑에 대한 레비나스의 철학에 대해 설명한 켈리 올리버의 논의가 훌륭한 출발점이 된다. Oliver, Family Values: Subjects between Nature and Culture (New York: Routledge, 1997), pp. 195-214.

189 Ibid., pp. 2, 101, 2. 다음도 참고하라. Womanizing Nietzsche: Philosophy's Relation to the "Feminie" (New York: Routledge, 1995).

190   Ruth Seifert, "War and Rape: A Preliminary Analysis", in *Mass Rape: The War against Women in Bosnia-Herzegovina*, ed. Alexandra Stiglmayer (Lincoln: University of Nebraska Press, 1994), pp. 63–64.

191   Susan Brownmiller, "Making Female Bodies the Battlefield", in Stiglmayer, *Mass Rape*, p. 181.

192   Human Rights Watch, *The Human Rights Watch Global Report on Women's Human Rights* (New York: Human Rights Watch, 1995), p. 2.

193   Nora Okja Keller, *Comfort Woman* (New York: Penguin, 1997), p. 71.

194   Will Durant, *Lessons of History* (New York: Simon & Schuster, 1960), p. 81. (한국어판:《윌 듀런트의 역사의 교훈》, 안인희 옮김, 을유문화사, 2014)

195   Glover, *Humanity*, p. 47.

196   Peter Singer, *Children at War* (Berkeley: University of California Press, 2006), pp. 5–6, 29.

197   Fyodor Dostoyevsky, *The Brothers Karamazov*, trans. Constance Garnett (New York: Norton, 2011), p. 209. (한국어판:《까라마조프 씨네 형제들》, 이대우 옮김, 열린책들, 2009)

198   Thomas Hardy, "Nature's Questioning", in *Thomas Hardy: Selected Poems*, ed. Tim Armstrong (London: Pearson Longman, 2009), p. 58.

199   Thomas Hardy, "Hap", in *Thomas Hardy: Selected Poems*, pp. 42–43.

200   Ha Jin, *Nanjing Requiem* (New York: Pantheon, 2011), p. 68.

201   J. L. Mackie, "Evil and Omnipotence", *Mind* 64, no. 254 (April 1955): 200.

202   Susan Nieman, *Evil in Modern Thought: An Alternative History of Philosophy* (Princeton, NJ: Princeton University Press, 2002), p. 119.

203   David Hume, *Principal Writings on Religion, Including Dialogues Concerning Natural Religion and the Natural History of Religion* (Oxford: Oxford University Press, 2008), p. 100, pt. 10.

204   Ibid., pp. 107–108, pt. II.

205   다음을 보라. Alvin Plantinga, *The Nature of Necessity* (Oxford: Clarendon Press, 1974), pp. 165–196. 다음도 참고하라. Plantinga, *God, Freedom, and Evil* (Grand Rapids, MI: Eerdmans, 1974), pp. 49–20.

206   Alexander Pope, "An Essay on Man", in *The Poems of Alexander Pope*, ed. John Butt (New Haven, CT: Yale University Press, 1963), pp. 510, 514–545.

207   포프의 건강에 관해서는 다음을 보라. George Rousseau, "Medicine and the Body", in *The Cambridge Companion to Alexander Pope*, ed. Pat Rogers (Cambridge: Cambridge University Press, 2008), pp. 210–212.

208   C. S. Lewis, *The Problem of Pain* (New York: Macmillan, 1962), p. 83.

(한국어판:《고통의 문제》, 이종태 옮김, 홍성사, 2018)

209   Ibid., p. 67.

210   Augustine, 다음에 인용. Plantinga, *God, Freedom, and Evil*, p. 27.

211   다음을 보라. Adams, *Horrendous Evils*.

212   다음을 보라. John Hick, *Evil and the God of Love* (San Francisco: Harper & Row, 1978)

213   John Keats, *Letters of John Keats*, ed. Robert Gittings (Oxford: Oxford University Press, 1970), p. 249.

214   Adams, *Horrendous Evils*, p. 39.

215   Albert Camus, *The Plague*, trans. Stuart Gilbert (New York: Vintage, 1991), p. 98. (한국어판:《페스트》, 김화영 옮김, 민음사, 2011)

216   Nieman, *Evil in Modern Thought*, p. 70.

217   Mackie, "Evil and Omnipotence", p. 210.

218   Hume, *Dialogues*, p. 102, pt. 10.

219   Ibid., p. 98, pt. 10.

220   David Benatar, *Better Never to Have Been: The Harm of Coming into Existence* (Oxford: Oxford University Press, 2006), pp. 30, 102. (한국어판: 《태어나지 않는 것이 낫다》, 이한 옮김, 서광사, 2019)

221   후자에 대해서는 다음을 보라. Christina Maslach, "Negative Emotional Biasing of Unexplained Arousal", *Journal of Personality and Social Psychology* 37, no. 6 (June 1979): 953-969; and Gary Marshall and Philip Zimbardo, "Affective Consequences of Inadequately Explained Physiological Arousal", *Journal of Personality and Social Psychology* 37, no. 6 (June 1979): 970-988.

222   다음을 참고하라. Baumeister et al., "Bad Is Stronger Than Good", pp. 323-370.

223   Terry Eagleton, *On Evil* (New Haven, CT: Yale University Press, 2010), pp. 60-61. (한국어판:《악》, 오수원 옮김, 이매진, 2015)

224   Human Security Centre, *Human Security Report 2005: War and Peace in the 21st Century* (New York: Oxford University Press, 2005),

225   Maria Stephan and Erica Chenoweth, "Why Civil Resistance Works: The Strategic Logic of Nonviolent Conflict", *International Security* 33, no. I (Summer 2008): 7-44.

226   다음을 보라. Shelley E. Taylor, "Asymmetrical Effects of Positive and Negative Events: The Mobilization-Minimization Hypothesis", *Psychological Bulletin* 110, no. 1 (1991): 67-85. 다음도 참고하라. Theresa

Glomb, Devasheesh P. Bhave, Andrew G. Milner, and Melanie Wall, "Doing Good, Feeling Good: Examining the Role of Organizational Citizenship Behaviors in Changing Mood", *Personnel Psychology* 64 (2001): 191-223.

227　William James, *The Will to Believe and Other Essays in Popular Philosophy* (New York: Dover, 1956), pp. 24-25.

228　Jane Allyn Piliavin and Hong-Wen Charng, "Altruism: A Review of Recent Theory and Research", *Annual Review of Sociology* 16 (1990): 30, 27-65.

229　Arie Nadler, "Inter-Group Helping Relations as Power Relations: Maintaining or Challenging Social Dominance between Groups through Helping", *Journal of Social Issues* 58, no. 3 (2002): 490.

230　Howard Margolis, *Selfishness, Altruism, and Rationality: A Theory of Social Choice* (Cambridge: Cambridge University Press, 1982), p. 22.

231　Richard McElreath and Robert Boyd, *Mathematical Models of Social Evolution: A Guide for the Perplexed* (Chicago: University of Chicago Press, 2007), p. 82.

232　Robert Wright, *The Moral Animal: Evolutionary Psychology and Everyday Life* (New York: Pantheon, 1994), p. 174. (한국어판:《도덕적 동물》, 박영준 옮김, 사이언스북스, 2003)

233　Richard Dawkins, 다음에서 인용. Matt Riddley, *The Origins of Virtue: Human Instincts and the Evolution of Cooperation* (New York: Viking Penguin, 1997), p. 19. (한국어판:《이타적 유전자》, 신좌섭 옮김, 사이언스북스, 2001)

234　George Williams, 다음에서 인용. Ridley, *The Origins of Virtue*, p. 18.

235　E. O. Wilson, *The Social Conquest of Earth* (New York: Liveright, 2012), pp. 184, 247, 250. (한국어판:《지구의 정복자》, 이한음 옮김, 사이언스북스, 2013) 이와 관련해서는 다음을 보라. Jung-Kyoo Choi and Samuel Bowles, "The Coevolution of Parochial Altruism and War", *Science* 318 (26 October 2007): 636. 다음도 참고하라. Piliavin and Charng, "Altruism: A Review of Recent Theory and Research"; Margolis, *Selfishness, Altruism, and Rationality*; and C. Daniel Batson, *The Altruism Question: Toward a Social-Psychological Answer* (Hillsdale, NJ: Erlbaum, 1991)

236　Batson, *The Altruism Question*, p. 127; C. Daniel Batson, Nadia Ahmad, and E. L. Stocks, "Benefits and Liabilities of Empathy-Induced Atruism", in Miller, *The Social Psychology of Good and Evil*, p. 362.

237　Kristin R. Monroe, Michael C. Barton, and Ute Klingemann, "Altruism and the Theory of Rational Action: Rescuers of Jews in Nazi Europe", *Ethics* 101 (October 1990): 115.

238 Hoffman, *After Such Knowledge*, p. 213.

239 Amartya Sen, "Rational Fools: A Critique of the Behavioral Foundations of Economic Theory", *Philosophy and Public Affairs* 6, no. 4 (Summer 1977): 317, 322-323, 336.

240 Robert Rowthorn, "Ethics and Economics: An Economist's View", in *Economics and Ethics?*, ed. Peter Groenewegen (London: Routledge, 1996), p. 16.

241 Elinor Ostrom, *Governing the Commons: The Evolution of Institutions for Collective Action* (Cambridge: Cambridge University Press, 1990). (한국어판: 《공유의 비극을 넘어》, 윤홍근 옮김, 랜덤하우스코리아, 2010)

242 다음을 보라. Mark Levine, Clare Cassidy, Gemma Brazier, and Stephen Reicher, "Self-Categorization and Bystander Non-Intervention: Two Experimental Studies", *Journal of Applied Social Psychology* 32, no. 7 (2002): 1452-1463.

243 다음을 보라. Muzafaer Sherif, O. J. Harvey, B. Jack White, William R. Hood, Carolyn W. Sherif, *The Robbers Cave Experiment: Intergroup Conflict and Cooperation* (Middletown, CT: Wesleyan University Press, 1988). (한국어판: 《우리와 그들, 갈등과 협력에 관하여》, 정태연 옮김, 에코리브르, 2012)

244 Batson et al., "Benefits and Liabilities", p. 374.

245 예를 들어 다음을 보라. Oliver Kim and Mark Walker, "The Free Rider Problem: Experimental Evidence", *Public Choice* 43 (1984): 3-24.

246 Elinor Ostrom and Oliver E. Williamson (2009 Nobel laureates in Economic Sciences), interview by Adam Smith, December 6, 2009, http://www.nobelprize.org/

247 Arendt, *Eichmann in Jerusalem*, p. 131.

248 Piliavin and Charng, "Altruism", p. 35.

249 Jan Egeland, 다음에서 인용. Lena Khor, *Human Rights Discourse in a Global Network: Books beyond Borders* (Burlington, VT: Ashgate, forthcoming). 레나 코는 비정부기구가 영웅, 악당, 불행을 극복하기 위한 환상적인 해결책을 완비한 특정한 스토리텔링 내에서 작동하는 방식을 분석한다. 그런 틀에 맞게 만들어질 수 없는 위기의 이야기는 대개 미디어와 대중들의 상상에 "받아들여지지" 못한다. 그러나 그런 규약을 따름으로써 미디어에서 성공하는 것은 정보가 손상되었다는 것을 의미한다. 레나 코에 따르면 "그런 상황에서, 위기 속의 복잡함은 단순화되고, 위기 관계자들 사이의 중대한 차이는 모호해지며, 중요한 역사적 선례는 간과된다. 이 [미디어와

인권) 산업은 다른 방법을 발견하거나 사용해서 위기의 이야기를 하는 것을 거부하기 때문"이다.

그것은 파괴적인 결과를 낳을 수 있다.

그 결과는 파괴적일 수 있다. 1994년 르완다 대학살 후 고마의 난민 위기에 대한 미디어의 대응을 생각해보라. 영웅들(국제 구호원)이 피해자들을(후투족 난민) 불행(전쟁으로 집을 잃음)과 나쁜 자연(콜레라)에서 구한다. 한 카메라맨이 말했듯이 그것은 '위대한 TV'였다. 그저 압도적인 이야기였다. 그리고 그것은 싸움을 계속하기 위해 재무장하면서, 도망치고 있는 후투족 집단학살자들에게 물질적 도움과 조직 구조를 제공하기 위해 세계가 진정한 선의를 갖고 일했다는 것을 의미했다.

다음을 보라. Philip Gourevitch, *We Wish to Inform You That Tomorrow We Will Be Killed with Our Families: Stories from Rwanda* (New York: Picador, 1998), p. 163. (한국어판:《내일 우리 가족이 죽게 될 거라는 걸, 제발 전해주세요!》, 강미경 옮김, 갈라파고스, 2011)

250 Samuel P. Oliner and Pearl M. Oliner, *The Altruistic Personality: Rescuers of Jews in Nazi Europe* (New York: Free Press, 1988), pp. 134-136.

251 다음을 보라. Jerry M. Burger, "Self-Concept Clarity and the Foot-in-the-Door Procedure", *Basic and Applied Psychology* 25, no. 1 (2003): 79-86.

252 Piliavin and Charng, "Altruism", p. 43.

253 Eva Fogelman, *Conscience and Courage: Rescuers of Jews during the Holocaust* (New York: Doubleday, 1994), p. 162.

254 Elliot Aronson, "Reducing Hostility and Building Compassion: Lessons from the Jigsaw Classroom", in Miller, *The Social Psychology of Good and Evil*, p. 482.

255 Oliner and Oliner, *The Altruistic Personality*, p. 149.

256 Batson et al., "Benefits and Liabilities", pp. 365-366.

257 Steven Prentice-Dunn and Ronald Rogers, "Deindividuation and the Self-Regulation of Behavior", in *Psychology of Group Influence*, ed. Paul Paulus (Hillsdale, NJ: Erlbaum, 1989), p. 100.

258 Thomas Ashby Wills and Jodi Resco, "Social Support and Behavior toward Others: Some Paradoxes and Some Directions", in Miller, *The Social Psychology of Good and Evil*, p. 425.

259 Oliner and Oliner, *The Altruistic Personality*, pp. 184-185, 177.

260 Piliavin and Charng, "Altruism", p. 31.

261 Ibid., p. 33. 다음을 보라. Perry London, "The Rescuers: Motivation

Hypotheses about Christians Who Saved Jews from the Nazis", in *Altruism and Helping Behavior: Social Psychological Studies of Some Antecedents and Consequences*, ed. J. Macaulay and L. Berkowitz (New York: Academic Press, 1970), pp. 241–250.

262   Mark Osiel, *Obeying Orders: Atrocity, Military Discipline and the Law of War* (New Brunswick: NJ: Transaction, 1999), p. 178.

263   Ibid., pp. 181–182.

264   Ibid., p. 192.

265   Ibid., p. 197.

266   Ibid., p. 35.

267   Ibid., p. 23.

268   Jacques Semelin, *Purify and Destroy: The Political Use of Massacre and Genocide*, trans. Cynthia Schoch (New York: Columbia University Press, 2007), p. 252.

269   자유, 결정론과 비난에 대해 생각하는 데 좋은 출발점은 다음 글이 될 것이다. P. F. Strawson, "Freedom and Resentment", *Proceedings of the British Academy* 48 (1962): 1–25.

270   Hannah Arendt, *The Human Condition* (Chicago: University of Chicago Press, 1958), p. 241. (한국어판:《인간의 조건》, 이진우 옮김, 한길사, 2017)

271   Alan Schrift, introduction to *Modernity and the Problem of Evil*, ed. Alan Schrift (Bloomington: Indiana University Press, 2005), pp. 1–2; Jennifer L. Geddes, introduction to *Evil after Postmodernism: Histories, Narratives, and Ethics*, ed. Jennifer L. Geddes (New York: Routledge, 2001), p. 1; Card, *The Atrocity Paradigm*, p. 28.

272   Friedrich Nietzsche, *Beyond Good and Evil*, trans. R. J. Hollingdale (New York: Penguin, 1990), §201, p. 123. (한국어판:《선악의 저편·도덕의 계보》, 김정현 옮김, 책세상, 2002)

273   Card, *The Atrocity Paradigm*, p. 28.

274   예를 들어 다음을 보라. ibid., p. 3; Adam Morton, *On Evil* (New York: Routledge, 2004), p. 57; Marcus Singer, "The Concept of Evil", *Philosophy* 79, no. 308 (April 2004): 196; Paul Thompson, "The Evolutionary Biology of Evil", *The Monist* 85 no. 2 (2002): 246. (한국어판:《잔혹함에 대하여》, 변진경 옮김, 돌베개, 2015)

275   Eagleton, *On Evil*, p. 16.

276   Ibid., p. 127.

277 Saint Augustine, *Confessions*, trans. R. S. Pine-Coffin (New York: Penguin, 1961), pp. 47-48 (bk. 2, ch. 4) (한국어판:《고백록》, 김희보·강경애 옮김, 동서문화사, 2008)

278 Augustine, *City of God*, trans. Marcus Dods (New York: Modern Library, 1950), p. 387 (bk. 12, chap. 7). (한국어판:《신국론》, 성염 옮김, 분도출판사, 2004)

279 Eagleton, *On Evil*, p. 16.

280 다음을 보라. Norma Field, "War and Apology: Japan, Asia, the Fiftieth, and After", *positions* 5, no. 1 (1997): I; 다음도 참고하라. Barnard, *Language, Ideology, and Japanese History Textbooks*, pp. 4-5.

281 Field, "War and Apology", p. 2.

282 Ibid., p. 12.

283 N. Miura, 다음에서 인용. Barnard, *Language, Ideology, and Japanese History Textbooks*, p. 5. 토머스 쿠시먼은 국가적 사과는 "우선 대학살이 발생할 가능성을 만든 현실정치의 사회구조와 문화적 논리"를 그대로 내버려두는 공허한 절차가 될 수 있다고 주장한다. Thomas Cushman, "Genocidal Rupture and Performative Repair in Global Civil Society: Reconsidering the Discourse of Apology", in *The Religious in Responses to Mass Atrocitiy: Interdisciplinary Perspectives*, ed. Thomas Brudholm and Thomas Cushman (Cambridge: Cambridge University Press, 2009), p. 218.

284 Field, "War and Apology", p. 2.

285 Ibid., p. 25

286 Ibid., pp. 25-26.

287 Barnard, Language, *Ideology, and Japanese History Textbooks*, p. 58.

288 Ibid., p. 61.

289 Ibid., p. 71.

290 리프턴은 중국에서 고백의 문화적 개념에 대해 몇몇 생각을 제시한다. ; 다음을 보라. *Thought Reform*, pp. 390-398.

291 Michel Foucault, *The History of Sexuality*, vol. I. trans. Robert Hurley (New York: Penguin, 1978), pp. 61-62. (한국어판:《성의 역사 I》, 이규현 옮김, 나남, 2010)

292 Leigh Payne, *Unsettling Accounts: Neither Truth Nor Reconciliation in Confessions of State Violence* (Durham, NC: Duke University Press, 2008), p. 19.

293 Ibid., p. 18.

294 Ibid., p. 19.

295 Ibid., pp. 58, 61.

296 Ibid., p. 72.

297 Ibid., pp. 73-74.

298 Ibid., p. 28.

299 Ibid., p. 29.

300 Ibid., p. 30.

301 Renée Epelbaum, 다음에서 인용. Feitlowitz, *A Lexicon of Terror*, p. 20.

302 Simon Wiesenthal, *The Sunflower: On the Possibilities and Limits of Forgiveness* (New York: Schocken, 1997), p. 28. (한국어판:《모든 용서는 아름다운가》, 박중서 옮김, 뜨인돌, 2019)

303 Ibid., pp. 53-54.

304 Cynthia Ozick, "The Symposium", in Wiesenthal, *The Sunflower*, pp. 205, 208, 210.

305 Hampl, *I Could Tee You Stories*, p. 73.

306 Wole Soyinka, *The Burden of Memory, the Muse of Forgiveness* (Oxford: Oxford University Press, 1999), p. 33.

307 Pumla Gbodo-Madikizela, *A Human Being Died That Night: A South African Story of Forgiveness* (Boston: Houghton Mifflin, 2003), pp. 117-118.

308 동독의 지하 여성운동 지도자, 다음에서 인용. Molly Andrews, "Truth-Telling, Justice, and Forgiveness: A Study of East Germany's 'Truth Commission'", *International Journal of Politics, Culture and Society* 13, no. 1 (Fall 1999): 110.

309 Joe Mozingo, "Coming to terms with Sadism", *Los Angeles Times*, December 15, 2010.

310 Kay Schaffer and Sidonie Smith, *Human Rights and Narrated Lives: The Ethics of Recognition* (New York: Palgrave Macmillan, 2004), pp. 175-176.

311 Susie Linfield, *The Cruel Radiance: Photography and Political Violence* (Chicago: University of Chicago Press, 2010), p. 45. (한국어판:《무정한 빛》, 나현영 옮김, 바다출판사, 2018)

312 Patricia Yeager, "Consuming Trauma; or, the Pleasures of Merely Circulating", in *Extremities: Trauma, Testimony, and Community*, ed. Nancy K. Miller and Jason Tougaw (Chicago: University of Illinois Press, 2002), p. 47.

313 피스 보트는 일본에 거점을 둔 비정부 기구로 인권과 환경 문제에 주력하고 있으며, 여객선을 이용해 국제적 대화, 교육, 미디어 활용 기회를 만든다. 대학교 학생 집단이 1983년 처음으로 피스 보트를 시작했다. 일본의 전쟁범죄에 대한 정부의 검열제도에 좌절한 학생들이 일본의

침략에 대해 직접적인 설명을 제공해줄 수 있는 인접 국가 사람들과 교류하는 기회를 추구하고자 했다.

314 Payne, *Unsettling Accounts*, p. 19.

315 Barnard, *Language, Ideology, and Japanese History Textbooks*, pp. 3-4.

316 John Beverly, *Testimonio: On the Politics of Truth* (Minneapolis: University of Minnesota Press, 2004), p. 31.

317 Ibid., p. 30.

318 "The Stanford Mind", Review & Outlook, *Wall Street Journal*, December 22, 1988, p. A14.

319 Beverly, *Testimonio*, p. 73.

320 David Horowitz, "I, rigoberta Menchú, Liar", *Salon*, January 11, 1999.

321 Beverly, *Testimonio*, pp. 92-93.

322 Doris Sommer, *Proceed with Caution, When Engaged by Minority Writing in the Americas* (Cambridge, MA: Harvard University Press, 1999), pp. 116, 120.

323 Shoshana Felman and Dori Laub, *Testimony: Crises of Witnessing in Literature, Psychoanalysis, and History* (New York: Routledge, 1992), p. 60.

324 Lifton, *Thought Reform*, p. 15.

325 Mao Tse-tung, 다음에서 인용. ibid., pp. 13-14.

326 Eugene Kinkead, *In Every War but One* (New York: Norton, 1959), pp. 87-88.

327 Ibid., pp. 87-88.

328 Edgar H. Schein, "Some Observations on Chinese Methods of Handling Prisoners of War", *Public Opinion Quarterly* 20, no. 1 (Spring 1956): 322.

329 Kinkead, *In Every War but One*, p. 138.

330 Schein, "Some Observations on Chinese Methods of Handling Prisoners of War", pp. 326, 325.

331 KinKead, *In Every War but One*, p. 138.

332 Lifton, *Thought Reform*, p. 423.

333 Ibid., p. 75.

334 Peter Brooks, *Troubling Confessions: Speaking Guilt in Law and Literature* (Chicago: University of Chicago Press, 2000), p. 22.

335 Scarry, *The Body in Pain*, pp. 133, 136.

336 Patrick Deer, "The Ends of War and the Limits of War Culture", *Social Text* 25, no. 291 (Summer 2007): 2.

337 Patrick Coy, Lynn Woehrle, and Gregory Maney, "Discursive Legacies: The U.S. Peace Movement and 'Support the Troops'", *Social Problems* 55, no.

2 (2008): 180.

338   다음을 참고하라. Donald Anderson, *When War Becomes Personal: Soldiers' Accounts from the Civil War to Iraq* (Iowa City: University of Iowa Press, 2008), p. xi.

339   Buruma, *The Wages of Guilt*, p. 31.

340   Naomi Klein, *The Shock Doctrine: The Rise of Disaster Capitalism* (New York: Metropolitan, 2007), pp. 329, 339, 326. (한국어판:《쇼크 독트린》, 김소희 옮김, 살림Biz, 2008)

341   Ibid., pp. 380, 349, 337.

342   John Dower, *Cultures of War: Pearl Harbor/Hiroshima/9-11/Iraq* (New York: Norton, 2010), pp. 396-397.

343   Ibid., p. 414.

344   Joseph Stiglitz and Linda Bilmes, "The Three Trillion Dollar Wars", *Times of London*, February 23, 2008.

345   John Dos Passos, *Nineteen Nineteen* (New York: Signet Classic, 1969), p. 341; p. 147도 보라.

346   Anthony Swofford, *Jarhead* (New York: Scibner, 2003), p. 11.

347   J. M. Coetzee, "Into the Dark Chamber: The Novelist and South Africa", *New York Times*, January 12, 1986.

348   Tanaka, *Hidden Horrors*, pp. 27-28.

349   케네스 로스와 찰리 로즈의 인터뷰는 다음을 보라. Kenneth Roth's interview by Charlie Rose, July 13, 2005, www.charlierose.com

350   알제리 전투 사령관의 말은 다음에서 인용. Darius Rejali, *Torture and Democracy* (Princeton, NJ: Princeton University Press, 2007), p. 488 (brackets in original).

351   Rejali, *Torture and Democracy*, p. 489.

352   Ibid., p. 24.

353   Ibid., pp. 483, 492.

354   Bauman, *Modernity and the Holocaust*, p. xi.

355   이 묘사는 다음에서 가져왔다. Franklin, *A Thousand Darknesses*, p. 13.

356   William Pfaff, "An Active French Role", p. 6.

357   Soyinka, *The Burden of Memory, the Muse of Forgiveness*, pp. 38-39.

358   Lynn Hunt, *Inventing Human Rights: A History* (New York: Norton, 2007), pp. 45-46. (한국어판:《인권의 발명》, 전진성 옮김, 돌베개, 2009)

359   Ibid., p. 39.

360   Margaret Cohen, *The Sentimental Education of the Novel* (Princeton, NJ:

Princeton University Press, 1999), pp. 145, 161.

361 Lynn Festa, "Sentimental Bonds and Revolutionary Characters: Richardson's Pamela in England and France", in *The Literary Channel: The Inter-National Invention of the Novel* (Princeton, NJ: Princeton University Press, 2002), pp. 85, 91.

362 Friedrich Schiller, *On the Aesthetic Education of Man* (Oxford: Clarendon, 1967), p. 215. (한국어판:《프리드리히 실러의 미적 교육론》, 윤선구·이경희·조경식·하선규·한진이 옮김, 대화문화아카데미, 2015)

363 Ludwig Wittgenstein, *Tractatus Logico-Philosophicus* (New York: Humanities Press, 1961), p. 147 (6.421). 이 수수께끼 같은 진술에 대한 해설은 다음을 보라. Robert Eaglestone, "One and the Same? Ethics, Aesthetics, and Truth", *Poetics Today* 25, no. 4 (Winter 2004): 595-608. (한국어판:《논리-철학논고》, 이영철 옮김, 책세상, 2006)

364 William Wordsworth, preface to "Lyrical Ballads", in *The Norton Anthology of English Literature*, ed. M. H. Abrams, 5th ed., vol. 2 (New York: Norton, 1986), pp. 166-167.

365 Helen Vendler, "The Ocean, the Bird, and the Scholar: How the Arts Help Us to Live", *New Republic*, July 19, 2004, p. 29.

366 Elaine Scarry, *On Beauty and Being Just* (Princeton, NJ: Princeton University Press, 1999), p. 107. (한국어판:《아름다움과 정의로움에 대하여》, 이성민 옮김, 도서출판b, 2019)

367 Marcia Muelder Eaton, *Merit, Aesthetic and Ethical* (New York: Oxford University Press, 2001), p. 18. 아름다움에 대한 철학의 경시에 관해서는 다음을 보라. Jane Forsey, "The Disenfranchisement of Philosophical Aesthetics", *Journal of the History of Ideas* 64, no. 4 (October 2003): 581-597.

368 Martha C. Nussbaum, *Love's Knowledge: Essays on Philosophy and Literature* (New York: Oxford University Press, 1990), p. 15.

369 Martha Nussbaum, *Cultivating Humanity: A Classical Defense of Reform in Liberal Education* (Cambridge, MA: Harvard University Press, 1997), p. 87. (한국어판:《인간성 수업: 새로운 전인교육을 위한 고전의 변론》, 정영목 옮김, 문학동네, 2018)

370 다음을 참고하라. Martha C. Nussbaum, *Women and Human Development: The Capabilities Approach* (New York: Cambridge University Press, 2000), pp. 70-79. 다음도 보라. Amartya Sen, *Inequality Re-examined* (Cambridge, MA: Harvard University Press, 1992).

371 세계인권선언문의 형식에 대해서는 다음을 보라. Mary Ann Glendon, *A*

World Made New: Eleanor Roosevelt and the Universal Declaration of Human Rights (New York: Random House, 2001), p. 174. 정의의 원칙으로서의 균형에 관해서는 다음을 보라. Scarry, *On Beauty and Being Just.*

372 Ibid., pp. 57-58.

373 Edward Said, *Culture and Imperialism* (New York: Vintage, 1994), p. xii. (한국어판:《문화와 제국주의》, 김성곤, 정정호 옮김, 창, 2011)

374 Samera Esmeir, "On Making Dehumanization Possible", *PMLA* 121, no. 5 (October 2006): 1544, 1547.

375 Joseph Slaughter, *Human Rights, Inc.: The World Novel, Narrative Form, and International Law* (New York: Fordham University Press, 2007), p. 33.

376 Pheng Cheah, *Inhuman Conditions: On cosmopolitanism and Human Rights* (Cambridge, MA: Harvard University Press, 2006), p. 172.

377 Richard Rorty, "Human Rights, Rationality, and Sentimentality", *Yale Review* 81, no. 4 (October 1993): 1-20.

378 Virginia Woolf, *Three Guineas* (New York: Harcourt, Brace and Company, 1938), p. 15. (한국어판:《3기니》, 오진숙 옮김, 솔, 2019)

379 Julie Stone Peters, "'Literature', the 'Rights of Man', and Narratives of Atrocity: Historical Backgrounds to the Culture of Testimony", *Yale Journal of Law and the Humanities* 17 (Summer 2005): 272.

380 Thomas Jefferson, 다음에서 인용 Peters, "'Literature', the 'Rights of Man', and Narratives of Atrocity", pp. 260-261.

381 Francis Hutcheson, 다음에서 인용, Halttunen, *Murder Most Foul*, p. 63.

382 Madame Riccoboni and Françoise Vernes, respectively quoted in Luc Boltanski, *Distant Suffering: Morality, Media and Politics, trans. Graham Burchell* (Cambridge: Cambridge University Press, 1999), p. 101.

383 우리에게는 차이가 없어야 한다. 피터 싱어는 "내가 도움을 줄 수 있는 사람이 9미터 떨어져 있는 이웃집 아이이든 1만 6000킬로미터 떨어져 있는, 이름 모를 벵골 아이이든 간에" 차이가 없어야 한다고 말한다. 그러나 대개 차이가 있기 마련이다. 우리는 바로 전 세계의 아이들이 그 표값에 해당하는 돈이 없어서 굶어죽는 바로 그 순간에도 놀랍도록 태연하게 오페라 표를 구입할 수 있다. 피터 엉거Peter Unger는 싱어 식으로 도덕적 등가물에 대해 논한다. 우리는 아이가 얕은 연못에 빠져 있을 때 옆을 지나면서도 옷을 더럽히기 싫어서 돕고 싶어 하지 않을 수 있다. 인간에게 거리는 도덕적 사실이다. 멀리 있는 고통을 무시해버릴 능력과 관련될 때는 애석히 여기지만, 우리의 아이들, 사랑하는 이들, 우리 가까이 있는 이들을 위해 의무 이상으로 희생할 수 있는 능력과 관련될 때는

인간의 의미의 본질로 느낀다.
다음을 보라. Peter Singer, "Famine, Affluence, and Morality", *Philosophy and Public Affairs* 1, no. 3 (Spring 1972): 231-232.

384 Belinda Luscombe, "Pop Culture Finds Lost Boys", *Time*, February 12, 2007, pp. 62-64.

385 Stanley Cavell, *The Claim of Reason* (New York: Oxford University Press, 1979), pp. 436-437.

386 Hoffman, *After Such Knowledge*, pp. 60, 154, 173, 175.

387 Ibid., pp. 172-174.

388 See LaCapra, *Writing History, Writing Trauma*, pp. 211, 47, 98, 102; Hesford, *Spectacular Rhetorics*, p. 98.

389 Dori Laub, "Bearing Witness, or the Vicissitudes of Listening", in Felman and Laub, *Testimony*, p. 72.

390 Hoffman, *After Such Knowledge*, p. 177.

391 John Kamau and Oliver Burkeman, "Trading Places", *Guardian*, July 4, 2005.

392 Kate Nash, *The Cultural Politics of Human Rights: Comparing the US and UK* (Cambridge: Cambridge University Press, 2009), p. 153.

393 Bernard Williams, *Moral Luck* (Cambridge: Cambridge University Press, 1981), p. 45.

394 Hetty Voûte, *The Heart Has Reasons: Holocaust Rescuers and Their Stories of Courage*, ed. Mark Klempner (Cleveland: Pilgrim Press, 2006), pp. 16-44.

395 Williams, *Moral Luck*, p. 47.

396 Ibid., p. 47.

397 Ibid., p. 48.

398 Ibid., p. 49.

399 Ibid., p. 49.

400 Immanuel Kant, "Grounding for the Metaphysics of Morals", in *Ethical Philosophy: Grounding for the Metaphysics of Morals and Metaphysical Principles of Virtue*, 2nd ed., trans., James Ellington (Indianapolis: Hackett, 1994), §398, p. 11.

401 칸트에게 전적으로 자비로운 동기에서 행동하는 것은 의무를 위해서라기보다는 의무에 따라 행동하는 것이다. 그는 이 점에 반대하지 않지만 그것은 행동을 도덕적으로 가치 있게 만드는 것은 아니라고 생각한다. 최상의 경우 우리는 일종의 도덕적 예비 메커니즘으로서 동정할 수 있는 능력을 발전시킬 수 있는 간접적인 의무를 갖는다고 말한다. 그는

연민은 "의무의 표상이 그 자체로 달성할 수 없는 것에 영향을 주기 위해 본질적으로 우리 안에 있는 충동 중 하나"라고 말한다.

Immanuel Kant, "The Metaphysics of Morals", in *Ethical Philosophy*, §35, p. 122. 이와 관련해서는 다음을 참고하라. Martin Gundersons's "Seeking Perfection: A Kantian Look at Human Genetic Engineering", *Theoretical Medicine and Bioethics* 28, no 2 (2007): 87-102.

402 칸트적 의미에서 무엇이 적절한 도덕적 행위자를 이루는가에 대해서는 당연히 많은 논의가 있었다. 의무 동기를 옹호하기 위해서는 특히 "행동의 중층결정"을 참고하라.

Barbara Herman, "On the Value of Acting from the Motive of Duty", *Philosophical Review* 90, no. 3 (July 1981): 359-382; Marcia Baron, "The Alleged Moral Repugnance of Acting from Duty", *Journal of Philosophy* 81, no. 4 (April 1984): 197-220.

403 Michael Stocker, "The Schizophrenia of Modern Ethical Theories", *Journal of Philosophy* 73, no. 14 (August 1976): 462.

404 Aristotle, *Poetics*, trans. Seth Benardete and Michael Davis (South Bend, IN: St. Augustine's Press, 2002), ch. iv, pp. 8-9. (한국어판:《시학》, 천병희 옮김, 문예출판사, 2002)

405 David Hume, "Of Tragedy", in *On the Standard of Taste and Other Essays*, ed. John W. Lenz (1757; repr., Indianapolis: Bobbs-Merrill, 1965), p. 32.

406 다음을 보라. Norman Holland, *The Dynamics of Literary Response* (New York: Oxford University Press, 1968), pp. 281-307.

407 Noël Carroll, *The Philosophy of Horror* (New York: Routledge, 1990), p. 193.

408 Edmund Burke, *A Philosophical Enquiry into the Origin of Our Ideas of the Sublime and Beautiful* (1757; repr., New York: Oxford University Press, 1990), pp. 122-123. (한국어판:《숭고와 아름다움의 관념의 기원에 대한 철학적 탐구》, 김동훈 옮김, 마티, 2019)

409 Marvin Zuckerman, *Behavioral Expressions and Biosocial Bases of Sensation Seeking* (Cambridge: Cambridge University Press, 1994).

410 William Brewer, "The Nature of Narrative Suspense and the Problem of Rereading", in *Suspense: Conceptualizations, Theoretical Analyses, and Empirical Explorations*, ed. Peter Vorderer, Hans J. Wulff, and Mike Friedrichsen (Mahwah, NJ: Erlbaum, 1996, p. 108.

411 Paul Hernadi, "Why Is Literature: A Coevolutionary Perspective on Imaginative Worldmaking", *Poetics Today* 23, no. 1 (Spring 2002): 33.

412 가령 다음을 보라. David Stewart, "Cultural Work, City Crime, Reading

Pleasure", *American Literary History* 9, no. 4 (Winter 1997): 676-701.

413 John Mitchell Mason, *Mercy Remembered in Wrath* (New York: Buel, 1795), p. 6. 다음도 보라. Carroll, *The Philosophy of Horror*, p. 199.

414 Karen Halttunen, *Murder Most Foul: The Killer and the American Gothic Imagination* (Cambridge, MA: Harvard University Press, 1998), p. 63.

415 Ibid., 69.

416 홉스에서 프로이트에 이르기까지 그런 다양한 시각에 대해서는 다음을 참고하라. Michael Billing, *Laughter and Ridicule: Toward a Social Critique of Humour* (London: Sage, 2005)

417 Elaine Scarry, "The Difficulty of Imagining Other People", in *For Love of Country?*, ed. Martha Nussbaum and Joshua Cohen (Boston: Beacon Press, 2002), p. 103.

418 Scarry, *The Body in Pain*, p. 11.

419 Rousseau, *Politics and the Arts*, p. 25.

420 Lauren Berlant, "The Subject of True Feeling: Pain, Privacy, and Politics", in *Cultural Pluralism, Identity Politics, and the Law*, ed. Austin Sarat and Thomas Kearns (Ann Arbor: University of Michigan Press, 1999), p. 54.

421 Jodi Melamed, *Represent and Destroy: Rationalizing Violence in the New Racial Capitalism* (Minneapolis: University of Minnesota Press, 2011), pp. 36-37.

422 Philip Fisher, *Hard Facts: Setting and Form in the American Novel* (Oxford: Oxford University Press, 1987), p. 108.

423 Ibid., p. 110. 피해 경험에 대한 "자유주의적 죄의식"이 세계의 정세에 역효과를 낳을 수 있다는 점에 관해서는 다음을 보라. Julie Ellison, *Cato's Tears and the Making of Anglo-American Emotion* (Chicago: University of Chicago Press, 1999), pp. 178-181, 183-184.

424 Cavell, *The Claim of Reason*, p. 354.

425 Slavoj Žižek, *The Sublime Object of Ideology* (London: Verso, 1989), pp. 34-35. (한국어판:《이데올로기의 숭고한 대상》, 이수련 옮김, 새물결, 2013)

426 Ibid., pp. 34-35.

427 Rousseau, *Politics and the Arts*, p. 24.

428 Woolf, *Three Guineas*, p. 16.

429 Judith Butler, *Precarious Life: The Power of Mourning and Violence* (New York: Verso, 2004), p. 134 (한국어판:《위태로운 삶》, 윤조원 옮김, 필로소픽, 2018)

430 다음을 보라. Kelly Oliver, *Witnessing: Beyond Recognition* (Minneapolis: University of Minnesota Press, 2001), p. 19.

431 Emmanuel Levinas, *Otherwise Than Being: Or, Beyond Essence*, trans. Alphonso Lingis (Hague: Nijhoff, 1981), p. 119. (한국어판:《존재와 다르게: 본질의 저편》, 김연숙 옮김, 인간사랑, 2010)

432 엘리자베스 앵커는 해체/레비나스 윤리학에 대해 중요한 주의를 준다. 그에 따르면 그런 철학에서처럼 "본보기"를 강조하는 것은, "예고 없이 나타나는 '불가능한' 타자성이 문제가 아닌 상황, 가까이 있는 실제의 흔한 의사 결정 상황을 무가치한 것으로 인식하게 할 수 있고" "타자성에 대해 집중하는 것은 때때로 그 상황을 물신화하고 의도치 않게 …… 물질적 차이를 은폐하는 희생에 극도로 매료되도록 한다". 다음을 참고하라. *Fictions of Dignity: Embodying Human Rights in World Literature* (Ithaca, NY: Cornell University Press, 2012), p. 12

433 Robert Eaglestone, "One and the Same? Ethics, Aesthetics, and Truth", *Poetics Today* 25, no. 4 (Winter 2004): 602-605.

434 Dorothy Hale, "Aesthetics and the New Ethics: Theorizing the Novel in the Twenty-First Century", *PMLA* 124, no. 3 (1999): 903.

435 Paul Fry, *A Defense of Poetry: Reflections on the Occasion of Writing* (Stanford, CA: Stanford University Press, 1995), pp. 204, 4, 55.

436 Hans Ulrich Gumbrecht, *Production of Presence: What Meaning Cannot Convey* (Stanford, CA: Stanford University Press, 2004), pp. 98, 103.

437 T. W. Adorno, "Commitment", in *Aesthetics and Politics, trans. Francis McDonagh* (London: New Left Books, 1977), p. 179.

438 Richard Shelly Hartigan, ed., *Lieber's Code and the Law of War* (Chicago: Precedent, 1983), p. 48.

439 Sophia McClennen, "The Humanities, Human Rights, and the Comparative Imagination", *CLCWeb: Comparative Literature and Culture* 9, no. 1 (2007): 14.

440 Catherine Gallagher and Stephen Greenblatt, *Practicing New Historicism* (Chicago: University of Chicago Press, 2000), p. 20.

441 Ibid., pp. 21, 48, 31.

442 Mary Douglas, quoted in R. L. Stirrat and Heiko Henkel, "The Development Git: The Problem of Reciprocity in the NGO World", *Annals of the American Academy of Political and Social Science* 554, no. 1 (1997): 73.

443 다음을 보라. Ian Baucom, *Specters of the Atlantic: Finance Capital, Slavery, and the Philosophy of History* (Durham, NC: Duke University Press, 2005).

444 Slaughter, *Human Rights, Inc.*, p. 5.

찾아보기

ㅎ

악한 사람들

초판 1쇄 펴낸날   2020년 8월 10일
지은이   제임스 도즈
옮긴이   변진경
펴낸이   박재영
편집   이정신·임세현·한의영
마케팅   김민수
디자인   조하늘
제작   제이오
펴낸곳   도서출판 오월의봄
주소   경기도 파주시 회동길 363-15 201호
등록   제406-2010-000111호
전화   070-7704-2131
팩스   0505-300-0518
이메일   maybook05@naver.com
트위터   @oohbom
블로그   blog.naver.com/maybook05
페이스북   facebook.com/maybook05
인스타그램   instagram.com/maybooks_05

ISBN   979-11-90422-42-0 03900

만든 사람들
책임편집   임세현, 박재영
디자인   조하늘